고 려 의
황    도
# 개 경

한 국 역 사 연 구 회 지 음

고려의
황皇都도
개경

창비

# 고려의 황도 개경을 꿈꾸며

한때 곧잘 불리던 노래 중에 "서울에서 평양까지 택시요금 2만원, 소련도 가고 달나라도 가고 못 가는 곳 없는데……" 하는 가사를 가진 것이 있었다. 서울에서 평양까지의 거리가 무척이나 가깝다는 의미일 것이다. 서울에서 서북쪽으로 60여km만 달려가면 평양보다도 훨씬 가까운 곳에 고려의 오백년 도읍지 개성이 있다. 조선시대라면 걸어서 쉬엄쉬엄 가도 이틀이면 갔고, 지금이라면 당일 답사 코스였을 그곳을, 고려시대 연구자들은 바로 지척에 두고서도 실향민 같은 안타까운 심정으로 꿈속에서나 그려본다.

개성은 고려시대에는 '개경'으로 불렸다. '개경'과 '개성'은 이 지역에 위치했던 개성현이나 개주에서 비롯한 명칭이다. 이외에도 개경은 서울(수도)을 뜻하는 경성, 주산인 송악산과 관련된 송도·송경·송악 등으로 불렸으며, 황제국을 칭하던 의식에서 비롯한 황도·황성이라는 이름도 있다. 이름이 많았다는 점은 그만큼 사랑받은 도시라는 증거가 아닐까. 이 책에서는 이러한 이름들 중 고려시대의 수도를 지칭하는 정식명칭으로는 개경을 선택했으며, 다른 시기의 개경을 지칭할 때는 '개성'을 쓰기로 하였다. 다만 책제목에서는 고려왕조가 황제국이었음을 상징적으로 보여주는 명칭인 황도를 개경과 함께 썼다.

개성이 역사의 무대 전면에 나서게 된 것은 통일신라 말기, 전국이 분열된 상황에서 새로운 통일제국의 패자가 나오려던 시기였다. 대대로 예성강 주변을 기반으로 성장해온 왕건의 아버지 왕륭王隆이 후고구려의 궁예에게 귀부歸附하면서 이곳은 후고구려의 주목받는 지역이 되었다. 896년 궁예는 왕건에게 송악산에 발어참성勃禦塹城을 쌓게 하고 2년 후 이곳을 수도로 삼았다. 그후 7년간 궁예는 이곳을 수도로 삼다가 철원으로 천도하였다. 918년 궁예를 몰아내

5

고 고려를 건국한 태조 왕건은 다시 이듬해 송악으로 재천도하였다. 고려 태조가 이곳을 수도로 삼은 것은 송악의 지리적 조건이 유리한 데 더하여 이곳이 오랜 세월 자기 집안의 근거지였기 때문이었다. 이렇게 해서 신라의 변방이던 송악은 처음으로 역사의 중심무대가 되었다.

919년 고려왕조의 수도로 자리잡은 이래 개경은 몽골군의 침입으로 강화도로 천도했던 39년간을 제외한 434년 동안 고려왕조의 서울이었다. 이런 점에서 개경은 고려시기 역사의 중심지로서 정치의 주무대였고, 국가경제 운용의 중심지인 동시에 생활공간이었다. 따라서 개경은 한국 중세도시 연구뿐 아니라 고려사 연구에도 매우 중요하다. 그럼에도 불구하고 개경에 대해 눈에 띄는 연구는 일제시기 우현 고유섭又玄 高裕燮 선생의『송도고적』에 불과할 정도로 연구수준은 기초적인 단계에 머물러 있다. 이는 조선왕조의 수도 한양이나 1천년 신라 고도 경주와 크게 비교되는 점이다.

개경은 한 나라의 수도로서 그만의 특징을 가지고 있다. 가장 먼저 주목해야 할 것은 개경이 우리 역사에서 수도로서는 처음으로 한반도의 중심부에 위치했다는 점이다. 이로써 고려는 명실상부한 통일왕국으로서 전 국토를 효율적으로 관리할 수 있게 되었다. 또한 풍수지리설에 따른 명당의 조건을 갖춘 곳이라는 점도 개경이 이전의 수도와 다른 특징이다. 개경은 수도가 되기 전부터 명당으로 일컬어지던 곳이다. 주산인 송악산, 자남산·부흥산−덕암봉의 좌청룡, 오공산자락의 우백호, 남쪽의 용수산을 사신사四神砂로 한 장풍국藏風局의 명당이다.

한편 개경의 수도계획에 있어 성곽제도나 입지 선정 등은 고구려 평양성의 전통을 계승했다. 또한 중국의 역대 도성제도에서 규정하고 있는 면조후시面朝後市나 좌조우사左祖右社의 개념에 따라 수도가 구획되었다. 이전 시기 전통을 계승하고 중국제도를 변형 수용하여 이룬 개경의 특징은 조선의 수도 한양에 직접적인 영향을 미쳤다. 다만, 개경은 장기간에 걸쳐 수도의 모습을 갖추었고, 한양은 이러한 경험의 축적을 바탕으로 비교적 단기간에 수도로서의 면모를 완비했다는 것이 다를 뿐이다.

개경은 벽란도를 드나들던 이슬람 상인들을 통해 '코리아'란 이름을 세계에 알리기도 했을 만큼 유연하고 개방적인 상업도시이기도 했다. 또한 개경은 최초로 우리 역사에서 경기京畿로써 수도를 보위하였다. 이 점은 황도皇都라는 명칭과 함께 황제국 체제를 지향한 고려의 수도 개경의 위상을 보여주는 것이다. 이렇듯 개경은 고려시대의 국가위상과 이전·이후 시기의 도성을 이어주는 좋은 연구대상이다.

이런 문제의식 속에서 1996년 가을 개경의 역사를 종합적이고 체계적으로 연구하기 위해서 한국역사연구회의 몇몇 연구자들이 개경사 연구반을 만들었다. 그리고 그동안 기초자료의 정리와 강독, 연구사 정리, 연구발표회, 연구논문 발표 등 꾸준히 공동연구를 진행해왔다. 이 책은 그 공동연구에서 탄생한 하나의 열매이다.

이 책의 내용은 크게 두 부분으로 구분된다. 1부에서는 고려의 수도로서 개경의 구조를 각각 풍수·성곽·궁궐과 관청·태묘와 사직·절·행정구역 등으로 나누어 살펴보았다. 2부는 당시 사람들의 생활과 관련하여 도로·시장과 주거·조세·구휼제도·교육·연등회와 팔관회 등의 축제를 다루었다. 책의 제목을 '고려의 황도 개경'이라고 한 것은 고려시대만을 대상으로 수도 개경을 살펴보았기 때문이다. 그 이후 개성의 역사에 대해서는 「개경의 변천과 미래의 개성」으로 소략하게 대신하였다. 아울러 내용 가운데 배경설명이 필요한 사항은 본문 옆에 보충설명을 달았다. 읽는 분들의 이해에 조금이나마 도움이 되기를 바란다.

고려시대의 개경에 대해서 전반적으로 다루었다고는 하지만, 과연 반세기 전 우현 선생의 문제의식을 발전적으로 계승했는지는 의문이다. 그러나 부족하나마 연구의 활성화에 기여하고, 고려사에 대한 일반인들의 관심에 부응할 수 있었으면 한다. 더 나아가 분단극복에 조금이라도 도움이 되었으면 하는 것이 우리들의 작은 바람이기도 하다. 하루 빨리 자유로운 개성 답사가 실현되어 이 책에서 어쩔 수 없이 범했던 잘못들을 바로잡을 수 있기를 간절히 바란다.

글쓴이 가운데 김기덕·도현철 선생은 우리 연구반에 속해 있지 않음에도 기꺼이 빈 공간을 채워주었으며, 안병우·채웅석 선생은 거친 초고를 꼼꼼하게 읽어줌으로써 글의 완성도를 높일 수 있게 해주었다. 이 자리를 빌려 다시 한번 감사드린다. 끝으로 출간을 흔쾌히 맡아서 예쁜 책으로 만들어주신 창작과비평사의 여러분들께 고마움을 전한다.

2002년 1월 21일

우면산자락에서 개경을 그리며

한국역사연구회 개경사 연구반

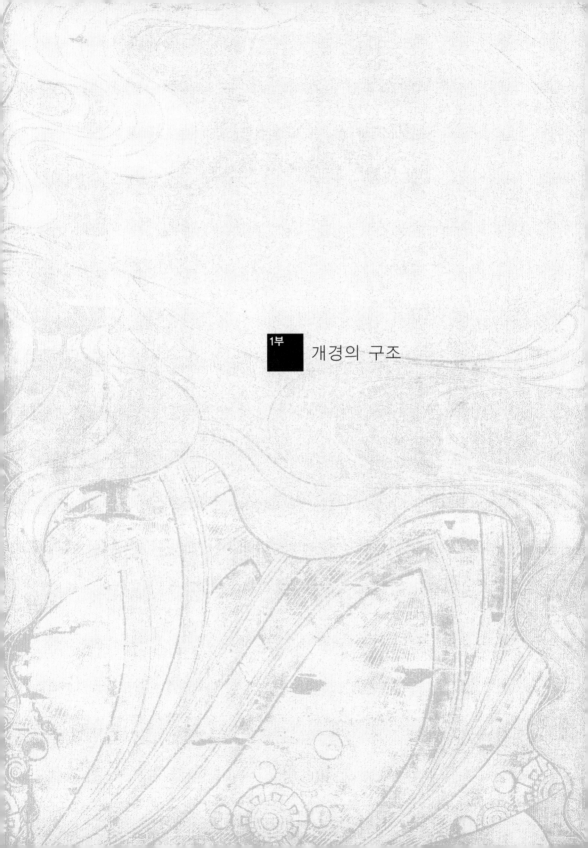

1부　개경의 구조

# 개경의 풍수

## 1. 개경의 자연지리

개경은 조선의 수도 한양과 함께 한반도의 중앙부에 위치하고 있다. 신라의 경주에서 고려 개경으로의 변동은 수도가 한반도 중앙부로 이동했음을 의미한다. 따라서 수도의 위치만 보더라도 고려와 조선은 초기부터 한반도 통일정부로서의 위상을 확고히 했음을 알 수 있다. 개경은 예성강과 임진강 사이에 자리하고 남쪽으로는 한강과 임진강이 합류한 강화도의 북쪽 해안과 접해 있다. 동경 126°31′∼126°35′ 북위 37°55′∼38°에 위치하며, 연강수량은 1253mm이다. 연평균기온은 10.4°C, 1월 평균기온 −6.2°C 내외, 8월 평균기온 25.3°C로 한서의 차가 심한 대륙성 기후이나, 같은 위도상의 다른 지역에 비하면 온화한 편이다.

『산경표山經表』에 따르면 개경의 산세는 임진북예성남정맥臨津北禮成南正脈에 속한다. 개경을 중심으로 주변 산세를 살펴보면, 위로는 대흥산성大興山城이 있는 성거산聖居山과 천마산天摩山으로 연결되고 아래로는 진봉산進鳳山으로 이어진다. 즉 개경은 백두대간에서 비롯한 임진북예성남정맥의 정기가 끝에서 맺어진 천마산·송악산松嶽山·진봉산의 맥에 자리하고 있는 것이다.

『산경표』에 따른 우리나라의 산세

백두산
두만강
정백정간
압록강
두류산
백
청북정맥
묘향산
낭림산
청천강
청남정맥
두
두류산
화개산
대동강
해서정맥
금강산
설악산
임진북 한북정맥
임진강
예성남정맥
대
개경
천마산
오대산
한강
한남금북정맥
태백산
낙
속리산
동
정
계룡산
금강
낙동강
맥
금남정맥
영취산
간
주화산
금남호남정맥
호남정맥
지리산
낙남정맥
백운산

『산경표』에 따르면 우리나라는 백두산에서 시작해 지리산에서 끝나는 백두대간白頭大幹을 큰 산줄기로 하여 이뤄졌다. 백두대간에서 갈라져나온 산줄기들은 1정간正幹과 13정맥正脈을 이룬다. 정맥들은 모두 강을 둘러싸고 있으나 장백정간만은 강을 끼지 않고 있다. 정간과 정맥들은 다시 작은 산줄기로 이어지고 이것이 마침내 평지와 만나며 한반도가 이루어진다. 백두대간에서 두류산-화개산-수룡산-천마산-송악산-진봉산으로 이어지는 산의 흐름이 임진북예성남정맥이다.

    그러나 개경 부근에 이르러서는 산세의 험준함이 줄어 대체로 얕은 산 위주의 구릉지를 이루고 있는 것이 특징이다. 산들이 낮기는 하지만 주위를 빙 두르고 있어, 개경은 그 자체가 하나의 커다란 분지 지세이다. 동쪽으로는 일출봉, 서쪽으로는 월출봉·봉명산鳳鳴山, 남쪽으로는 용수산龍岫山·진봉산·덕적산德積山·군장산軍壯山 등 해안지대로서는 상대적으로 험준하다고 볼 수 있는 산세에 둘러싸여 있어, 풍수상으로 흔히 장풍국藏風局의 땅이라 한다.

김홍도 「기로세련계도」
(1794년 비단에 채색)에 보
이는 개경의 산세

산세에 비해 용수用水는 불충분한 편이다. 송악산에서 발원하는 배천白川과 오공산蜈蚣 山에서 발원하는 오천烏川이 대표적인 것이 지만, 개경의 남쪽 지구는 음료수원으로 상 수도 시설을 갖추기 전까지는 우물을 이용 할 수밖에 없을 정도였다고 한다.

개경은 서방 12km 지점의 예성강 포구인 벽란도에 의존해 중국이나 황해 연안의 여 러 지방과 교통하였고, 동쪽으로는 임진강과 사천沙川의 합류점에서 약 5km 정도 떨어진 동강리東江里에도 고려 때 번성한 포구가 있었다 고 전해진다.

개경은 개성開城·송악松嶽·송도松都·중경中京·황도皇都·왕경王京 등 다양한 명칭으로 불렸다. 이중 개경 못지않게 가장 일반적인 명칭 이 송악·송도·송경松京이다. 이는 개경 바로 뒤에 있는 산—풍수용 어로는 주산主山 또는 진산鎭山—이라고 하는 송악산에서 나온 것이 다. 송악산의 본래 이름은 부소산扶蘇山이다. 그런데 신라의 풍수가였 던 팔원八元이라는 사람이 부소산의 형세를 보고 태조 왕건의 4대조 인 강충康忠을 찾아와 부소군郡을 부소산의 북쪽에서 남쪽으로 옮기 고 헐벗은 산에 소나무를 심어서 산의 암석이 드러나지 않도록 하면 삼한을 통일할 인물이 태어날 것이라고 예언했다고 한다. 산이 화강 암의 몸체를 그대로 드러내놓고 있으니, 아침 이슬을 먹고 자란다는 말이 있을 정도로 척박한 땅에서도 잘 견디는 나무인 소나무를 심어 서 보완하라는 것이다. 강충은 풍수가의 말을 그대로 따랐다.

송악산이라는 명칭이나, 개경을 흔히 송악이라고 부르는 것은 이 때문에 생겨난 것이다. 이 이야기는 왕건의 선대에 대해 기록한 김관

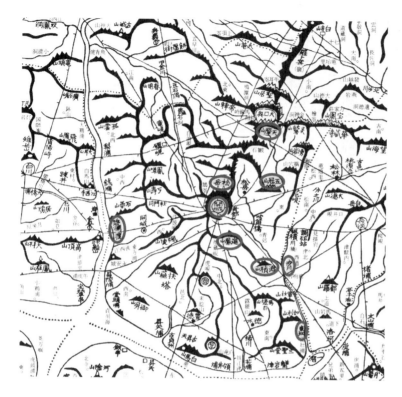

「대동여지도」 개경 부근

의 金寬毅의 『편년통록』에 나오는 것인데, 그 내용 중에는 풍수와 관련
된 일화가 많다. 이처럼 고려시대에는 자연조건이 풍수적 사고와 쉽
게 결합하였다. 그것은 고려시대 사람들의 의식에 풍수지리적 사고가
크게 자리잡고 있었기 때문이다.


## 2. 개경의 사신사

  풍수風水란 자연과 인간의 합일合一사상을 바탕으로, 삶의 조건에
적합한 자연환경을 선택하고자 하는 지혜의 산물이다. 풍수에 적합한

장소는 장풍藏風과 득수得水의 조건이 잘 조화된 곳이다. 그렇지 못한 곳은 바람을 갈무리하지 못하고 물을 제대로 얻지 못한다. 풍수라는 말 자체가 인간이 살기에 좋은 땅인지 아닌지를 판단할 수 있는 가장 중요한 요소로 바람과 물을 꼽는 데서 나온 것이다.

그런데, 바람과 물이 풍수학에 있어 가장 중요한 요소이긴 하지만, 풍수의 주체는 역시 땅이다. 그 땅이 인간이 살기에 적합한지 아닌지를 판단할 수 있는 가장 좋은 도구가 바람과 물의 조건인 것이다. 그러므로 풍수라고 할 때에는 이미 땅이 전제되어 있다. 따라서 풍수는 풍수지리風水地理인 것이다.

결국 풍수이론은 바람·물·땅의 3요소로 이루어진다. 이 점은 오늘날에도 그 합리성이 충분히 인정된다. 바람이 거의 없거나 혹은 반대로 바람에 직접 노출된 땅은 만물을 충분히 자양하지 못한다. 물 또한 마찬가지이다. 침수될 정도로 물이 너무 많아도, 그 반대로 물이 너무 없어도 그 땅 역시 만물을 자양할 수 없다.

그러므로 인간이 살아가기에 적합한 땅이면 그곳을 둘러싼 바람과 물의 조건 또한 인간이 살아가기에 가장 적합하게 작용한다. 그 반대도 성립한다. 바람과 물의 조건이 가장 적합한 곳은 곧 그 땅의 조건이 인간이 살아가기에 적합한 곳이다. 그런데 그것을 과연 어떻게 알 수 있는가? 이 때문에 바람·물·땅의 조건을 파악하기 위한 여러 풍수이론이 전개되었다. 그중에서 가장 기초적이면서도 가장 큰 영향력을 갖는 것이 바로 사신사四神砂 이론이다.

사신사란 풍수의 대상이 되는 땅의 전·후·좌·우에 있는 산을 말한다. 풍수에서 산을 사砂라고 하는 것은 예전에 모래로 산의 형태를 만들어 설명한 데서 비롯하였다. 동양에서는 만물을 사방에서 보호해주는 동물을 전주작前朱雀·후현무後玄武·좌청룡左靑龍·우백호右白虎라고

하는데, 풍수에서는 이를 산에 적용한 것이다.

사신사의 기본적인 조건은 크게 3가지이다. 첫째, 사신사가 고루 갖추어져 있어야 한다. 둘째, 사신사가 서로 균형을 이루고 있어야 한다. 어느 하나가 너무 크거나 너무 작아서도 안된다. 그러므로 첫째 조건에서 알 수 있듯이 이 가운데 어느 하나가 아예 없으면 사신사는 균형이 크게 무너진 것이 된다. 셋째, 사신사는 그 대상이 되는 땅을 사방에서 보호해주는 것이므로 감싸는 모양을 하고 있어야 한다. 거꾸로 등을 보이는(背反) 모습을 하고 있어서는 안된다. 이런 조건이 특별한 것은 아니다. 우리가 흔히 어떤 사물을 사방에서 보호한다고 할 때 당연히 생각

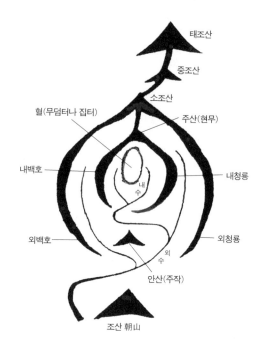

할 수 있는 사항들이다. 이와같은 모습을 갖추면 기본적으로 사신사 안에 있는 땅은 바람과 물의 조건이 인간이 살아가기에 적합한 상태를 가진 것으로 간주된다.

사방에 있는 사신사가 각기 하나의 산으로만 되어 있지 않을 때도 많다. 좌측의 청룡이나 우측의 백호에 해당하는 산이 여럿 있을 수 있다. 이 경우 가장 가까이 있는 것을 내內청룡, 내백호라고 하며, 그 바깥의 것을 외外청룡, 외백호라고 한다. 뒤쪽에 있는 현무도 역시 그것을 낳아준 많은 산들의 흐름이 있다. 이것을 마치 족보에서처럼 주산主山(풍수에서는 현무를 흔히 주산이라고 한다)-소조산小祖山-중조산中祖山-태조산太祖山이라고 표현한다. 앞쪽의 주작도 여럿 있을 수 있다. 이 경우 가까운 데서부터 차례로 주작-안산案山-조산朝山-조산照山이라고 표현한다. 흔히 주작과 안산은 구별하지 않을 때가 많고, 풍수에

**사신사의 기본개념** 현무는 흔히 주산이라고 한다. 소조산을 따로 설정하지 않는 경우도 있다. 또한 주작과 안산을 따로 설정하지 않고 하나로 보기도 한다. 이러한 것은 실제 산의 조건에 따라 전부 구별할 필요가 있을 만큼 복잡한 경우도 있고, 혹은 일부 생략해도 좋을 정도로 단순한 경우가 있기 때문이다.

서는 주작보다 안산이라는 표현을 많이 사용한다.

그럼 개경으로 돌아가보자. 개경의 주산은 송악산이다. 송악산은 한눈에 보아도 힘찬 기상이 솟아나오는 모습이어서 기운이 뭉친 주산으로서 손색이 없다. 좌청룡은 자남산子男山을 내청룡으로, 부흥산富興山과 덕암봉德岩峯을 외청룡으로 하고 있다. 우백호는 오공산이다. 청룡은 내청룡과 외청룡이 있지만, 백호는 하나뿐이다. 그리고 전주작은 주작현, 안산은 용수산이 된다.

내청룡과 내백호, 주산과 주작으로 이루어진 범위를 내국內局이라고 한다. 그리고 외청룡과 외백호, 주산과 안산으로 이루어진 범위를 외국外局이라고 한다. 개경의 경우 내국은 자남산·오공산·주작현으로, 외국은 우백호인 오공산을 공유하면서 부흥산과 덕암봉·오봉산·용수산으로 구성되어 있다. 내국과 외국 이중으로 둘러싼 안쪽의 중앙 만월대滿月臺 터가 부소명당明堂 혹은 송악명당이라고 일컬어지는 곳이다.

만월대라는 이름은 후대에 붙여진 것이다. 어느 때부터인가 사람들이 궁궐 전체를 만월대라 부르게 되었는데, 이는 그곳의 모양이 만월의 형태를 이루고 있기 때문이었다. 지금도 남아 있는 만월대의 정전正殿인 회경전會慶殿 계단을 보면 무척 위압적인 느낌을 준다. 그것은 회경전 터를 일종의 구릉지에 조성하면서 자연지세를 손상하지 않기 위해 가급적 본래의 지형을 깎아내지 않았기 때문이다. 이러한 자세는 만월대의 여러 건물 배치에서도 나타난다. 낮은 곳은 축대를 높이 쌓고 높은 곳은 깎아내리지 않은 채 계단을 쌓아 올라가는 식으로 경사면에 궁궐을 지어놓았다. 그리고 지형에 맞추어 자연스럽게 건물의 좌향坐向을 취하였다. 이처럼 가급적 자연지세를 거스르지 않고 그대로 이용하는 태도는 우리나라 풍수의 특징이라고 할 수 있다.

개경의 수류水流는 세 갈래의 물줄기로 구성되는데, 만월대의 내국에서 모아지는 한 줄기와 자남산 동쪽의 선죽교善竹橋를 지나는 한 줄기 그리고 오공산의 남쪽에서 동으로 흐르는 물줄기이다. 이 세 줄기는 내성內城의 남대문 밖에서 합수하여 동남방의 수구문을 통해 성밖으로 흘러나가 사천에 합류하여 임진강으로 흘러들어가는 서출동류西出東流의 흐름을 가지고 있다.

그러나 개경의 국면局面이 좁은 까닭에, 자연지세상 산에서 내려오는 물이 모두 중앙으로 모이기 때문에 여름철 강우기에는 수세水勢가 거칠고 급격하여 순조롭지 못한 결점이 있다. 이 때문에 흔히 개경은 수덕水德이 부족하다고 표현되어왔다. 따라서 물의 합류점 부근의 광명사·일월사·개국사 같은 절은 수세를 진압하려는 비보풍수裨補風水의 일환으로 세워진 것이라는 시각도 있다. 즉, 하천의 범람이 우려되는 취약지점과 합류점에 절을 건설함으로써 인공건조물로 하천의 측방 침식을 억제하고, 승려들로 하여금 하천을 감시하게 하는 동시에 유사시에는 노동력으로 대처할 수 있도록 한 방안이었던 것이다.

이처럼 사신사가 모두 갖춰진 지형을 택했다는 점, 그리고 사신사로 둘러싸인 분지지형을 중시하여 그를 따라 성곽이 건설되었다는 점, 또한 각 산이 주요 건축물들의 입지조건이 된다는 점에서 개경은 풍수적 관점과 도시설계가 잘 맞물린 곳이라 할 수 있다.

그런데 한 나라의 도읍이 되기 위해서는 이와같은 풍수적 관점뿐만 아니라 국방 및 교통 그리고 물산物産 및 문화의 중심지 역할도 함께 고려되어야 한다. 한반도 중부지방에 위치한 개경은 예성강과 임진강을 좌우로 두르고 송악산 아래 분지지형에 자리잡은 도시이다. 이들 하천 유역에 연백延白·장단長湍 평야 등의 농경지가 있어 경제생활에 필요한 물자를 마련할 수 있다. 여기에 동쪽으로 임진강, 서쪽으로는

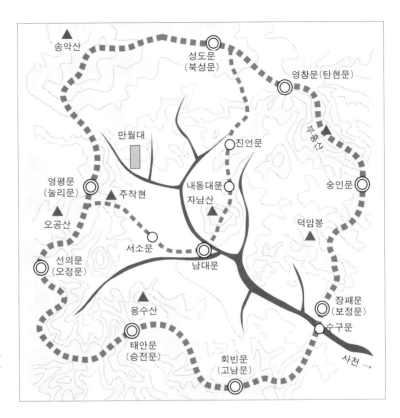

개경의 산과 물. 풍수적 요소
와 직접적으로 관련되는 주
위의 산과 물의 흐름을 중심
으로 그린 개경의 형세이다.

예성강이 있고, 이들 하천이 만나는 하구는 한강으로 합쳐진다. 이처
럼 개경은 풍수지리적 여건뿐만 아니라 재생산구조와 제반 물류物流
의 중심지로서의 역할도 원활히 수행할 수 있어, 한 나라의 수도로서
부족함이 없다고 할 수 있다.

　다만 개경은 바다에서의 접근은 한양보다 유리한 반면, 만약 그 바
다가 막힐 경우 내륙의 강을 통한 조운漕運은 힘들어진다. 이 점은 해
양국가로 출발한 고려의 성격과도 관련된다고 할 수 있다. 개경 일대
를 근거지로 한 해양세력 출신인 고려 태조 왕건에 의해 나라가 창업
되고, 또한 당시의 활발한 교류를 바탕으로 한 고려의 해양국가적 성

격을 고려해본다면 바다에서의 접근이 유리한 개경이 더욱 중시되었을 것이다. 그것이 개경이 고려의 수도로 선택된 이유였다.


## 3. 도참사상과 천도논의

개경에 도읍을 정한 뒤 11대 문종文宗(재위 1046~83) 대에 오면 지리도참사상이 나타난다. 도참圖讖이란 은밀한 말이나 문자로써 장래의 일을 예언·암시하는 것으로 흔히 비기秘記·밀기密記·비결秘訣이라고도 한다. 그리고 그것이 풍수와 관련될 때 지리도참이 된다. 고려 중기 이후에 빈번하게 등장하는 지리도참은 기본적으로 고려의 수도인 개경의 지기地氣가 쇠했다는 생각을 전제로 한다.

그러나 풍수이론으로 보았을 때 완벽한 땅은 없다. 흔히 풍수적 조건에 문제가 생겼을 경우에 나오는 가장 일반적인 처방은 취약한 부분을 직접 비보裨補하는 것이다. 한편 바로 그 취약한 부분을 문제삼아 지기쇠약설이 제기되기도 한다. 특히 고려시대에는 개인의 묘자리보다는 주로 도읍을 대상으로 한 도읍풍수가 유행했는데, 이 경우 개경 지기 쇠약설은 정치적 이해관계와 맞물려 여러 정치세력들이 손쉽게 활용하는 소재가 되었다. 고려 중기 이후 정국의 변동에 개경의 지기쇠왕地氣衰旺이 자주 등장하는 것은 이 때문이다.

풍수에서 어느 지역의 땅이 과연 지기가 쇠했는가 아닌가 하는 것은 참 판별하기 어려운 것이다. 더욱이 한 개인의 묘터나 집터가 아닌 한 나라의 도읍인 경우에는 풍수적 요소 외에 인적·물적 교류라는 시대적 조건이 첨가된다. 따라서 한 나라 도읍의 지기가 쇠했으므로 다른 풍수적 조치를 취하여 국가의 수명을 연장해야 한다는 주장은 상

**이궁과 가궐** 이궁과 가궐은 흔히 같은 뜻으로 이해하고 있다. 그러나 이궁은 가서 묵는 '침소寢所'의 의미가 강하다면, 가궐은 정치·행정적인 의미가 큰 것으로 보인다. 따라서 궁궐宮闕이라고 하면 왕의 침소의 의미와 정치·행정적 의미가 결합된 곳이다. 실제 용례를 보면 이궁·별궁別宮·행궁行宮은 모두 정궁 외에 다른 곳에 있는 침소의 기능을 갖는 용어이다. 가궐은 강화천도기에 삼랑성 가궐·신니동 가궐의 건설에서 처음 나오는 용어로, 어려운 상황에서 번듯한 형태를 갖추지는 못했겠지만, 단순한 침소로서의 의미만이 아니라 정치·행정적으로 상징성을 갖는 용어라고 보아야 할 것이다.

당히 주관적일 수밖에 없다. 또한 풍수의 전제가 자연과 인간의 합일이라고 할 때, 정치적 소용돌이를 일으키며 전개되는 도참사상은 정치적 이해관계와 풍수가의 술수術數가 결탁한 수준을 넘어서기 어렵게 마련이다.

풍수적 사고에 깊게 물들어 있던 고려시대의 경우, 이미 문종 때부터 지기쇠왕론에 근거한 지리도참설이 계속해서 제기되었다. 그 대표적인 것을 들어보면 다음과 같다. 문종 때에는 도참설에 의해 다른 곳의 왕성한 지력을 빌려 개경의 지력을 연장하고자 이경離京과 이궁離宮이 건설되었다. 숙종 때에는 남경南京(지금의 서울) 천도론이 제기되었고, 그에 따라 남경에 궁궐이 조성되기도 하였다. 또한 예종 때에는 서경西京(지금의 평양)의 지력을 빌리고자 궁궐을 조성하였다. 인종 때에는 저 유명한 묘청妙淸의 서경천도운동이 대대적으로 일어났으며, 결국 묘청의 반란(1135~36)으로 이어졌다. 의종 때에도 다양한 지리도참설이 등장하여 여러 곳으로 연기궁궐延基宮闕(수도의 지기쇠약을 보충하고자 풍수적 조건이 좋은 위치에 세운 궁궐)의 터를 보러 다니기도 하였다. 명종 때에는 세 군데의 이궁 즉 삼소궁三蘇宮을 경영하였다. 신종 때에는 산천비보도감山川裨補都監을 설치하여 운영하였다.

그후 강화천도기에는 그 어려운 조건 속에서도 이궁이나 가궐假闕이 조성되었다. 고종 때 강도江都 마니산 남쪽에 이궁을 건설한 것이나, 원종 때 정족산성 안의 삼랑성三郞城 가궐과 신니동神泥洞 가궐을 조성한 것이 그것이다. 이들 강화의 이궁이나 가궐은 지금도 그 흔적이 남아 있다. 그중 신니동 가궐터는 현재 선원사지禪源寺址 발굴지와 겹침으로써 많은 논란이 제기되는 실정이다.

그뒤 공민왕 때에 다시 천도논의가 제기되었다. 당시 한양·백악白岳·강화·평양·충주 등 여러 지역에 대한 천도논의가 있었고 이중 백

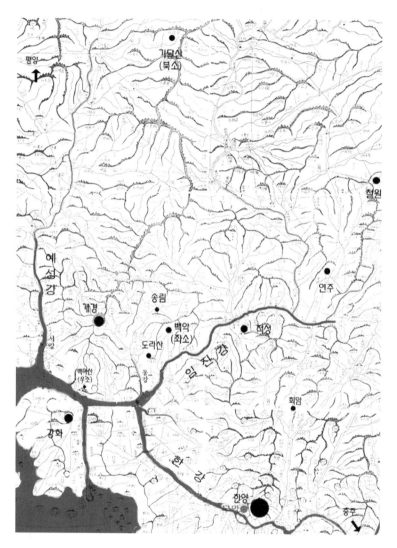

고려시대의 천도 후보지. 고려 중기를 넘어서면서 개경의 지기쇠약설이 제기된 결과, 개경의 지기를 보완하기 위한 이궁과 가궐의 건설논의나 아예 수도를 옮기는 천도론이 계속 나왔다. 그림은 「대동여지도」에 천도 후보지로 거명된 곳들을 표시한 것이다.

악으로는 실제 천도가 이루어지기도 하였다. 우왕 때에는 더욱 극심해진 왜구의 위협 때문에 내륙지역으로 천도하려는 분위기가 조성되어 잠시 남경으로 천도하기도 하였다. 공양왕 때에도 역시 남경으로 천도한 적이 있었다. 고려말의 천도는 사실상 왕이 농한기 등에 잠시가 있었던 이어移御의 성격이 컸으나, 천도 논의 자체는 정국의 추이와 관련하여 개경 지기쇠약설의 형태를 띠고 계속 제기되었다.

고려와 조선을 위시해 우리나라의 왕조는 세계사에 유례가 없을 정도로 장기 지속했다는 특징을 갖는다. 이런 점에서 보면 지기쇠왕설은 근거가 희박하다고 할 수 있다. 500년 가까이 이어온 고려 수도 개경은 중국사나 세계사에 비추어볼 때도 특수한 예에 속한다. 그런데 고려시대에 비해서 조선의 경우는 국가적 차원에서 지리도참이 논의되지는 않았다. 이것은 중요한 의미를 갖는다. 조선왕조 지배층의 경우, 개인적으로는 묘지풍수의 길흉론吉凶論에 더욱 경도되기는 하였으나 국가적 차원에서는 모호한 지리도참에 휘둘리지 않는 합리적인 이해수준에 도달했음을 말해주기 때문이다.

그것은 궁궐의 경영에 있어서도 마찬가지이다. 조선시대에도 이궁을 두었다. 그러나 그것을 풍수적 관점에서 운영하지는 않았다. 이때의 이궁은 법궁法宮 즉 정궁正宮인 경복궁에서 발생할지도 모르는 불행한 사태에 대비하여 건설해둔 것으로, 그것도 정궁에서 가까운 위치에 두었다. 따라서 이때의 이궁 건설은 기본적으로 행정적인 측면에서 고려된 것이었다. 그에 비해 고려의 이궁이나 가궐은 행정적인 측면보다는 풍수적인 측면 더 나아가 풍수적 말폐末弊라고 할 수 있는 도참사상에 근거해 건설된 것이다.

1392년 고려는 망하고 조선이 건국되었다. 그리고 몇번의 우여곡절을 거쳐 결국 한양으로 천도하였다. 새 도읍지로 한양을 결정함에 있어서도 당연히 풍수적 관점이 반영되었다. 사신사로 둘러싸인 장풍의 측면이나 청계천·한강의 득수의 측면에서 한양은 빼어난 풍수적 조건을 갖추었다. 풍수적 관점을 빼고서 한양의 천도를 얘기할 수는 없다. 그러나 이에 더해서 당대의 사회·경제적 조건 또한 크게 고려되었다. 조선 초기 천도에 대한 다양한 논의는 바로 이 두 가지 측면을 합일시키고자 하는 논쟁이었다. 그런 가운데 풍수적 조건 외에 인적·물적 교류라는 측면에서도 뛰어난 조건을 갖춘 한양이 새로운 도읍지로 선택되었다. 옛 고려의 근거지에서 탈피한다는 정치적 조건에다 해로海路 외에 강과 육로陸路를 통한 접근 또한 용이하다는 점에서 한양은 새로운 국가 조선에 한층 적절한 수도였다.

〔김기덕〕

# 개경을 에워싼 성곽

　고려 건국을 전후한 시기는 대내외적으로 새로운 사회의 성립을 위한 격심한 혼란기였다. 즉 대내적으로는 나말여초의 사회혼란을 겪고 있었고, 대외적으로는 당송唐宋교체기 중국사회의 변화와 발해 멸망 이후 거란 등 북방세력의 새로운 위협 등이 대두하였던 것이다. 고려 초기부터 평양을 서경西京이라 하여 궁성宮城·황성皇城·나성羅城을 쌓아 개경 이북의 중요 거점을 확보한 것과 북방지역에 많은 성곽들을 쌓은 것도 대내외적 혼란에 대비한 수도의 방어가 주목적이었다. 또한 고려시대의 많은 외침의 와중에서 수도가 점령당하기도 했지만 이를 극복할 수 있었던 것도 중요 지역의 성곽을 통한 방어력의 집중에서 비롯되었다고 할 수 있다. 이를 송나라 사람 서긍徐兢은 "조정에서 간간이 사신을 보내어 그 나라를 무마하기 위해 그 지경에 들어가면, 성곽들이 우뚝우뚝하여 실로 쉽사리 업신여길 수 없다"(『고려도경高麗圖經』권3, 성읍)라고 묘사하기도 했다.

　고려시기의 성곽은 대개 단일 성곽이나 중성을 쌓은 2중성 구조로 이루어졌고, 성문·수구水口·성두城頭의 시설을 갖추었으며, 그 외곽에 차성遮城이나 보자堡子 등을 두어 중심 성곽을 보호하였다. 개경·서경·강도와 같은 국가의 중심 도성은 궁성·황성·나성의 3중성 구조였는데, 이는 군사적·상징적 성격을 모두 함축하였다.

개경의 지형은 외곽에서는 북쪽의 천마산(782m)·국사봉(764m)·제석산(744m), 동북쪽의 화장산(563m), 동남쪽의 진봉산(310m), 서북쪽의 만수산(228m) 등이 둘러싸고, 가까이에는 북쪽의 송악산(489m)에서 남쪽의 용수산(177m)으로 연결되는 구릉들이 이어져 있다. 이를 무인집권기의 문인 이규보李奎報(1168~1241)는 다음과 같이 읊고 있다.

신령한 사당 주악군主岳君에 보이려고, 때로 절정에 오르니 바라보기에 의젓하네. 성중의 1만 가옥들은 벌들이 모인 것 같고, 노상의 1천 사람들은 개미가 달리는 것 같구나. 무성한 상서로운 구름은 궁궐을 둘렀고, 총총한 왕기는 하늘 문을 끌어안고 있네. 곡산鵠山의 형승에 용이 서린 듯한데, 여기서부터 황도皇都의 줄기와 뿌리가 굳어진

**개경의 성곽**

| 종류 | 규모 | 출처 |
|---|---|---|
| 발어참성 | 둘레 약 8.2km | 전룡철(북한학자)의 논문 |
| 궁성 | 둘레 2.17km, 동서 373m, 남북 725m, 마름모, 넓이 25만m²(약 75,000평) | 전룡철 |
| 황성 | 둘레 2,600칸(1間=1.818m, 약 4.7km) | 『고려사』 지리지 |
| | 둘레 4.7km, 동서 1,125m, 남북 1,150m, 사각형, 넓이 125만m²(약 378,000평) | 전룡철 |
| 나성 | 둘레 10,660보(1步=6尺, 1尺=35.510cm, 약 22.7km), 높이 27척(약 9.5m), 두께 12척(4.2m) | 『고려사』 지리지 |
| | 둘레 10,660보, 높이 27척, 낭옥 4,910칸(약 8,900m) | 『고려사절요』 |
| | 둘레 60리(1里=1,296尺, 약 27.6km) | 『고려도경』 |
| | 둘레 16,060보(약 34.2km), 높이 27척 | 『세종실록』 지리지 |
| | 둘레 23km, 동서 5,200m, 남북 6,000m, 넓이 2,470만m²(약 7,471,000평) | 전룡철 |
| 내성 | 둘레 20리 42보(약 7.8km) | 『세종실록』 지리지 |
| | 둘레 20리 40보(약 7.8km) | 『동국여지승람』 |
| | 둘레 11.2km, 동서 1,300m, 남북 3,700m, 넓이 468만m²(약 1,415,700평) | 전룡철 |

황성의 범위에 대해 『고려사』 및 북한의 연구 결과(전룡철, 「고려의 수도 개성성에 대한 연구(1)」, 『력사과학』 2, 1980)를 토대로 발어참성의 하반부로 보는 경우와 고려초기에는 발어참성의 범위를 그대로 이용하다가 1029년(현종 20)에 나성의 완성으로 변화되었을 가능성을 제시한 견해(신안식, 「고려전기의 축성과 개경의 황성」, 『역사와 현실』 38, 2000)가 있다. 이들 견해의 진실은 차후 이 지역에 대한 발굴결과를 기다릴 수밖에 없지만, 여기서는 후자의 견해를 따르고 있음을 밝혀둔다.

(『동국여지승람東國輿地勝覽』권4, 산천)

개경의 성곽은 이러한 자연지세를 그대로 수용하는 가운데 토성의 판축법을 이용하여 내부의 넓은 지역을 포용하는 포곡형의 형식을 취하였다. 그 성곽으로는 발어참성勃禦塹城·궁성·황성·나성, 그리고 1393년(조선 태조 2)에 완성된 내성이 있었다.

# 1. 황제의 성, 황성

개경의 궁성은 정궁인 본궐本闕(본대궐·만월대 등으로도 불림) 및 기타 국왕과 관련된 시설들을 둘러싼 것이다. 궁궐은 919년(태조 2) 철원에서 개경으로 천도했을 때 후고구려의 궁궐을 이용해 창건한 것으로 파악되지만, 구체적인 기록이 남아 있지 않아 그 화려함을 잘 알 수가 없다. 하지만 궁성은 본궐의 화려함을 보듬을 수 있는 넉넉함을 지녔을 것이다. 그 성문으로는 승평문昇平門(남쪽)·동화문東華門(동쪽)·서화문西華門(서쪽)·현무문玄武門(북쪽)이 있었다.

이러한 궁성을 둘러싸고 있던 것이 황성이다. 황성이 존재했다는 사실은 누구나 의심하지 않지만, 이를 확인할 수 있는 자료는 현재 거의 남아 있지 않다. 『고려사高麗史』에서는 그 둘레와 20개의 성문 이름만을 확인할 수 있을 뿐이다. 서긍의 『고려도경』에서는 이를 왕부王府 혹은 내성이라고 하여 왕궁 및 계림궁雞林宮·부여궁扶餘宮 등의 별궁과 상서성·중서성·추밀원·팔관사 등의 관청을 에워쌌다고 하며, 13개의 성문 중에서 동쪽 성문인 광화문廣化門 이외의 이름은 밝히지 않았다.

황성의 모태가 된 성곽은 송악산을 주산으로 해서 쌓은 발어참성이었다. 이 성곽은 태조 왕건의 아버지 왕릉王隆(세조)이 신라후기에 유행했던 도참사상을 근거로 궁예를 달래서 자신의 본거지인 송악에 쌓은 것이다. 송악은 898년(신라 효공왕 2) 7월부터 905년(효공왕 9) 7월 철원으로 천도할 때까지 후고구려의 수도였다가, 919년부터 명실상부한 고려의 수도가 되었다. 이어 960년(광종 11) 3월에 개경을 황도皇都라고 했을 때 발어참성 역시 궁성을 에워싼 황성으로 개칭했을 가능성이 있다. 황성이란 곧 황제가 사는 성곽을 지칭하는 것으로 고려사람들의 세계관을 엿볼 수 있으니, "해동천자海東天子는 지금의 제불帝佛이시니, 하늘을 보좌하여 교화를 펴는 일 도우러 오셔, 세상 다스리시는 데 은혜 깊으시니……"(『고려사』 권71, 악지 풍입송)라는 노래 등이 이를 잘 대변해준다.

황성 성문의 위치를 알려주는 기록은 현재 거의 남아 있지 않다. 물론 "선의문宣義門은 곧 왕성의 정서문正西門인데, 서西는 금방金方으로 5상常에서는 의義에 속하기 때문에 이름하게 된 것이다" "부의 내성(황성)은 13문으로 둘러싸여 있다. 각기 편액이 게재되었는데, 방향에 따라 의의를 나타내었다. 광화문이 정동正東의 문으로 긴 거리와 통했다" 등 『고려도경』의 기록을 통해서 성문의 위치와 방향을 대략 확인할 수 있다.

그런데 『고려사』에서는 황성의 성문을 20개라고 하였지만 『고려도경』에서는 13개라고 밝히고 있다. 『고려도경』이 1124년(인종 2)의 상황을 묘사한 것이라면, 황성의 구조가 1029년(현종 20) 나성의 완성 이후 재정비되었음을 시사하는 것이다. 그 재정비에는 나성과 겹치는 서쪽·북쪽 벽면의 성문 혹은 중복된 성문 명칭의 조정 등이 있었을 것인데, 황성과 나성의 통덕문 혹은 선의문 등이 그 대표적인 사례이다.

**고려사람들의 황제의식과 세계관** 고려는 대외적으로는 중국 황제로부터 책봉을 받는 제후국의 형식이었지만, 대내적으로는 황제국체제로 운영되었다. 정치제도에서의 3성6부제三省六部制는 당나라를 모방한 것으로 황제국의 통치제도였다. 왕실 용어에서도 고려국왕은 스스로를 황제라 하고 그 아들들을 제왕諸王이라 했으며, 제후국의 국왕이 명령을 내릴 때 사용하던 교서敎書 대신 천자天子의 용어인 조서詔書·제서制書·칙서勅書 등을 썼고, 개경을 황도皇都라고 하는 등 황제가 사용하는 용어들이 발견된다. 이것은 고려사회가 다양한 지방세력을 통합하는 가운데 성립되었으므로 각 지방세력들을 제후로 보고 국왕은 이들 위에 군림하는 천하의 중심, 즉 천자라는 우월의식에서 비롯한 것이다.

마애약사상과 명문. 경기도 하남시 소재. 약사부처상 옆에 3줄로 27자의 글자가 새겨져 있다. 그 내용은 977년(경종 2)에 불상을 다시 만들고, 임금의 만수무강을 축원하는 것이다. 특히 "황제만세원皇帝萬歲願"이라 하여 경종을 황제로 적고 있는 것이 눈에 띈다.

황성 성문의 명칭에서 고려할 수 있는 방향을 추정해보면, 동쪽으로는 광화문·통양문通陽門·상동문上東門·선인문宣仁門·청양문靑陽門, 남쪽으로는 주작문朱雀門·남훈문南薰門, 서쪽으로는 영추문迎秋門·선의문, 북쪽으로는 태화문泰和門(太和北門으로도 불림)·현무문玄武門·북소문北小門 등이다.

성문은 사람들의 출입처일 뿐만 아니라 국가의 중대사를 알리거나 사건에 얽힌 애환들이 서려 있는 곳이다. 광화문은 동쪽을 향한 황성의 중심 성문이었는데, 이는 조선시대의 광화문이──고려시대의 광화문廣化門과 조선시대의 광화문光化門은 한자 표기가 다르다──남쪽으로 배치된 것과는 달랐다. 이 성문은 궁성의 승평문과 같이 3문 형식이었고, 가운데 문은 왕과 중국 사신들이 주로 이용했으며 일반 사람들은 좌우 문을 이용하였다. 남쪽 문에는 의제령儀制令(준수해야 할 예의규범) 4가지 일을 고시하였고, 북쪽 문에는 건괘요사乾卦繇辭의 5글자(乾·元·亨·利·貞)가 고시되었다. 또한 봄날에는 춘첩자春帖字(입춘날 대궐의 기둥이나 대문에 써붙이는 글)가 걸리기도 하였는데, 그 한 구절을 소개하면 다음과 같다.

눈자취 아직도 삼운폐三雲陛에 있는데
햇살이 비로소 오봉루五鳳樓에 오르네
제후들 잔 올려 축수하니
곤룡포 자락에 서광이 어렸도다.       (『고려도경』 권4, 광화문)

한편 황성의 성문에 얽힌 사연들도 많았다. 1009년(목종 12) 2월 강조의 정변으로 폐위된 목종은 정문인 광화문을 이용하지 못하고 북쪽 후원의 선인문을 통해서 귀법사歸法寺로 쫓겨났다. 1034년(덕종 3) 6월에는 주작문의 낭옥廊屋에 벼락이 쳤는데, 그해 9월에 덕종이 죽었다. 1105년(숙종 10) 10월에는 숙종이 서경에서 돌아오던 도중 장평문 밖에 이르러 병으로 수레 안에서 죽자 궁궐로 들어가지 못하고 궁성의 서화문에서 발상하였다. 성문은, 국왕이나 귀족들의 휘황찬란한 행차도 있었지만, 이처럼 국가의 중대사를 예고하거나 쫓겨가는 이들의 처량한 모습과 죽음과 같은 애환이 서려 있는 곳이기도 하였다.

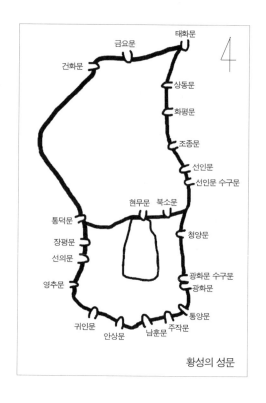

황성의 성문

## 2. 서울을 지키는 성, 나성

### 나성의 축조과정

개경의 나성은 궁성, 황성, 그리고 일반 거주지인 5부방리五部坊里 등을 포괄하던 성곽이다. 이는 1009년(현종 즉위)에 축성 논의가 있은 후, 1010년(현종 1)과 1018년의 거란 침략과 1014년의 김훈金訓·최질 崔質의 반란 등 대내외적인 상황으로 공사가 늦춰지다가, 1019년 2월에 거란 침략을 격퇴한 이후 1020년 8월에 대대적인 궁궐의 수리와 강감찬姜邯贊의 건의에 따라 활발하게 추진되어 1029년에 비로소 완

32

성되었다.

이와같이 고려의 나성은 조선시대 한성漢城이 정도와 더불어 곧바로 축조된 데 비해 정도한 지 110년이 지나서야 축조되었다. 후삼국 통일전쟁이 치열하게 벌어지고 있던 고려초기의 상황에서 대대적인 토목공사를 일으키기는 어려웠을 것이고, 개경은 후고구려의 수도로서 일찍부터 그 시설들이 어느정도 갖춰져 있었음을 상기할 필요가 있다. 더구나 고려전기의 정치적 상황이 개경 세력을 주축으로 정치권력이 안정되지 못했고, 새로운 수도의 대안으로 계속해서 제기되어 온 서경에 대한 미련을 버리지 못한 점 역시 나성 축조에 영향을 주었을 것이다. 개경이 수도로서의 확고한 위상을 가지게 된 계기는 무엇보다도 성종(재위 981~97) 때부터 현종(재위 1009~31) 때에 걸친 거란의 침략이었고, 이는 아울러 나성 축조의 중요한 배경이기도 했다. 나성은 곧 국가 경영과 왕권의 안정 등을 위한 중요한 시설의 상징이기도 하였던 것이다.

또한 나성은 개경의 행정구획을 판가름할 수 있는 중요한 시설이었다. 개경의 행정구획은 919년 정월 철원에서 개경으로 천도하면서 궁궐을 짓고, 관부 및 시전市廛·5부방리의 획정으로 일단 정비되었다고 할 수 있다. 개경의 구획은 이미 후고구려의 수도로서 기능할 때부터 그 대강의 윤곽이 있었겠지만 자세한 기록은 전해지지 않고, 수도로서의 면모를 갖춘 것은 성종·현종 때를 거치면서였다. 특히 5부방리의 구획과 영역은 개경과 나성의 구조를 이해할 수 있는 중요한 기준이 된다.

(현종) 20년(1029)에 좌복야 이응보異膺甫·어사대부 황보유의皇甫俞義·상서좌승 황주량黃周亮 등과 더불어 개경의 나성을 쌓았다. 왕가

**거란의 침입** 거란(요遼)의 고려 침입은 크게 세 차례에 걸쳐 이루어졌다. 993년(성종 12) 10월에 소손녕蕭遜寧이 침입(1차 침입)한 이후, 1010년(현종 1) 11월에 강조康兆가 목종을 시해한 죄를 묻는다는 구실로 거란의 성종이 40만 대군을 이끌고 직접 침입하였고(2차 침입), 1018년(현종 9) 12월에 소배압蕭排押의 대규모 침입이(3차 침입) 있었다. 1차 침입에서는 서희의 외교담판으로 강동 6주江東六州를 획득하는 전과를 올렸고, 2차 침입에서는 거란군이 개경까지 침입하여 궁궐과 종묘가 불타는 등 큰 피해를 입었고, 3차 침입에서는 강감찬의 귀주대첩龜州大捷 등으로 승리할 수 있었다. 이러한 전쟁 이후 고려와 거란은 국교가 회복되어, 강동 6주의 환원 및 송나라와의 국교를 단절하고 거란의 연호를 쓰게 되면서부터 1125년(인종 3) 거란이 멸망할 때까지 평화관계를 유지할 수 있었다.

개경 나성의 토성 모습

　도王可道가 사람을 시켜 일산日傘(우산의 일종)을 들고 빙 둘러서게 하고는 높은 곳에 올라서 앞으로 나오게 하거나 뒤로 물러나게 하여 그 넓고 좁음을 고르게 하고 성의 터를 정하였다. 그 공로로 검교태위 행이부상서 겸태자소사 참지정사 상주국 개성현 개국백 식읍 7천호를, 그리고 작위에 이르러서는 수충 창궐공신을 더하고 왕씨의 성을 내리고 개성현의 장전庄田을 주었으며 그 처 김씨에게는 개성군부인을 봉하였다.

(『고려사』 권94, 열전 왕가도)

　한편 고려시대의 나성 안팎 주민들의 사정은 과연 어땠을까? 오늘날에도 도시계획의 획선 하나가 엄청난 부를 좌우하고 서울의 강남이냐 강북이냐가 부를 판별하는 상징이 되듯이, 고려시대의 왕가도는 오늘날 도시계획의 최고담당자처럼 부를 두고 칼자루를 쥔 얄궂은 사람으로 여겨졌을 것이다. 아무튼 나성은 도성 정비를 완성하는 결과물이었고, 이를 기준으로 도성의 안과 밖, 그리고 동교·서교·북교·

강세황 「송도기행첩」(국립
중앙박물관 소장) 중 대흥산
성 모습

남교(東郊·西郊·北郊·南郊, 성동·성서·성북·성남)의 지역적 구분을 명확하
게 할 수 있었다.

　나성 축조사업에 참여한 연인원은 정부丁夫 30여만명과 공장工匠
8450명이었다. 공사를 주도한 기구는 나성조성도감羅城造成都監이었
고, 그 주도세력은 왕가도·이응보·황보유의·황주량 등이었다. 이렇
게 대대적인 국가사업으로 만들어진 나성은 고려시대 축조물의 상징
이자 고려사람들의 자부심 그 자체였다.


　거란의 성종이 개경에 침입해서 궁궐을 불태웠다. (고려의) 현종이
개경을 수복하고 나성을 쌓자 나라 사람들이 기뻐서 이 노래〔金剛城〕
를 불렀다. 어떤 사람은 말하기를 몽골병을 피해 강화로 천도했다가
다시 개경으로 돌아와서 이 노래를 지었다고도 한다. '금강성'이라고
한 것은 그 성의 견고하기가 쇠같이 굳음을 말한 것이다.

(『고려사』 권71, 악지 금강성)

결국 나성의 완성은 100여년 동안 꾸준하게 진행되어오던 도성 정비의 마무리였다고 할 수 있다. 또한 이는 강조의 정변으로 즉위한 현종이 거란의 침략과 김훈·최질의 반란 등 대내외적인 어려움을 극복한 이후, 정국의 안정 혹은 왕권의 안정을 구가할 수 있었던 배경이기도 하였다.

## 나성의 규모와 성문

개경은 북쪽의 산악지대와 동부와 남부의 평지 및 구릉지대로 이루어졌고, 행정관서·주거·수공업·농업 지역 등이 분포하였다. 행정관서는 나성 중심부의 서북부 지역에 주로 위치했는데, 궁성과 황성을 중심으로 배치되어 있었다. 주거지역은 광화문 앞 십자가+字街를 중심으로 한 상업지역이나 평지와 얕은 구릉지대에 주로 분포했을 것이고, 수공업지역은 수로水路를 중심으로 위치했던 것으로 알려져 있다. 농업지역은 그리 넓지 않았을 것으로 추정되지만 개경의 수로가 동남쪽으로 치우친 관계로 그 지역을 중심으로 분포했을 것이다. 이외에도 도성을 방어하는 군대의 주둔지와 사원 등이 있었다.

이러한 시설들을 둘러싼 나성은 그 둘레가 약 23km였다는 규모만으로 볼 때 조선시대의 한양성이 약 18km이었음을 고려하면 상당히 넓었다고 할 수 있다. 예컨대 1019년(현종 10) 정월 거란이 침략하자 도성 밖의 민호民戶를 전부 성안으로 불러들였다거나,(『고려사』 권4) 나성의 축조기간이 약 21년이 걸린 것과, 그 수리에만도 1, 2년 이상 소요된다는(『고려사』 권82, 신우 3년) 기록 등을 통해서 그 규모를 상상할 수 있다.

나성은 송악산·오공산(204m)·용수산·덕암봉(108m)·부흥산(156m)

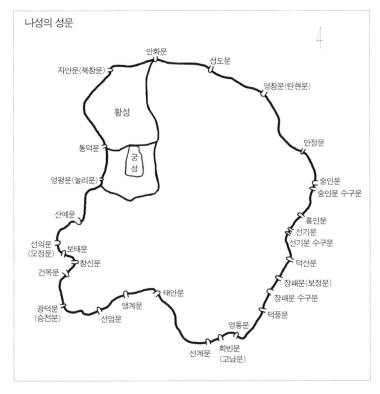

나성의 성문

등 산악의 능선을 그대로 이용하여 축조되었고, 행정적·군사적인 용도를 고려하여 성문이 배치되었다. 『고려사』에서는 대문 4개·중문 8개·소문 13개의 성문 이름을 확인할 수 있고, 『고려도경』에서는 12개의 성문 이름을 알 수 있으며, 『동국여지승람』에서는 22개의 성문을 확인할 수 있지만 4개 성문(건덕문 乾德門·창신문 彰信門·영양문 迎陽門·회창문 會昌門)은 『고려사』의 성문 이름과 다르다. 북한학자 전룡철에 의하면, 현재 북쪽 성벽에 4개, 동쪽 성벽에 7개, 서쪽 성벽에 8개, 남쪽 성벽에 6개의 성문 자리를 확인할 수 있다고 한다. 이러한 성문의 위치에 대해서는 부분적인 의견의 차이가 있지만 대체로 『고려사』의 성문 배열을 인정하는 편이다. 그리고 성문에는 장교·군인·산직장상·감문위군 등의 위숙군圍宿軍이 교통과 군사적 관계를 고려하여 배치되었다.

개경의 성곽에는 성문이 많은 편이었다. 황성은 20개, 나성은 25개의 성문이 있었다. 이것은 개경의 도시구조를 이해할 수 있는 중요한 단서가 된다. 나성의 성문은 황성과 겹치는 것을(자안문 紫安門·안화문安和門·성도문成道門·영평문永平門·통덕문通德門으로 추정) 제외하면, 북동·정동·동남·정남·서남쪽에 주로 분포하였다고 할 수 있다. 이러한 성문들은 5부방리의 배치와 밀접한 관계가 있었고, 그에 따라 주거·상업·수공업·농경 지역 등이 분포하였을 것이다. 그리고 아래에서 보듯이 성문의 용도와 출입에는 제한을 두었다.

　　왕성王城(나성)의 모든 문은 거의 초창기에 만든 것인데, 선의문은 사자使者가 출입하는 곳이고, 북창문北昌門은 사자가 돌아가거나 사묘祠廟하러 가는 길이기 때문에 아주 엄숙하게 꾸며져 다른 문은 이에 미치지 못한다. 회빈문會賓門과 장패문長覇門 등부터는 그 제도가 대략 같은데, 오직 그 한가운데에 쌍문을 만들어 신분의 높고 낮음에 구애됨이 없이 모두 출입할 수 있게 하였다.　　(『고려도경』권4, 외문)

　　우선 4개의 대문으로 이해되는 것이 숭인문崇仁門·장패문·회빈문·선의문이다. 숭인문은 동쪽 성문으로서 조선초기에 내성이 축조된 이후 외동대문으로도 불렸고, 수구문水口門이 딸려 있었다. 이 성문 안쪽에는 목청전穆淸殿이 있었으며, 성 밖 동쪽에는 홍호사弘護寺와 군대의 사열장, 격구擊毬놀이장이 있었다. 또한 왕이 태묘에 제사하고 돌아올 때도 숭인문을 지났다. 장패문은 오늘날의 보정문保定門 터이며, 동남쪽의 성문으로서 2문 형식이었고, 수구문을 끼고 있었다. 이 성문 안쪽에는 탁타교橐駝橋, 숭화사崇化寺·용화사龍華寺·미타사彌陀寺·자씨사慈氏寺 등이 있었고, 그 외곽에서는 홍왕사興王寺·청교역靑郊驛·사포서司圃署 등의 시설을 확인할 수 있다. 회빈문은 오늘날의 고남문 터이며, 남쪽 성문으로 2문 형식이었다. 이 성문 안쪽에는 숭교원崇敎院, 외곽에는 원구圓丘 등의 시설이 있었고, 국토의 남쪽이나 강화도로 내려가는 주요 관문이었다. 선의문은 오늘날의 오정문 터이며, 정서쪽의 성문으로서 3문 형식이었고, 국왕과 사신의 행차에 이용된 중요한 성문이었다. 이 성문 외곽에는 서교정·황교 등의 시설들이 있었고, 나성에서 30리(약 14km, 1里=1296尺, 1척=35.510cm) 떨어져 있던 예성강 입구의 벽란정으로부터 서교를 지나 이 성문을 통해서 도성으로 들어갈 수 있었다.

대문은 전투가 벌어졌을 때 누가 먼저 이곳을 점령하느냐가 승패를 판가름할 정도로 중요하였다. 1388년(우왕 14) 6월 이성계李成桂는 위화도회군을 단행하고 개경을 장악하기 위해 숭인문 밖 산대암山臺巖에 주둔하였다. 이성계는 우선 유만수柳曼殊를 숭인문으로, 좌군을 선의문으로 각각 진격하게 했지만 최영崔瑩의 활약으로 실패하고 말았다. 그러나 이성계의 강성한 군대는 숭인문을 통해 나성 안으로 들어갔고 결국 도성을 장악할 수 있었다. 그 결과 우왕 및 최영의 딸 영비寧妃와 우왕의 애첩 연쌍비燕雙飛는 회빈문을 통해서 강화도로 유배되었다.

대문 외에도 여러 크고 작은 성문들이 나성 안팎을 연결하기 위해 배치되어 있었다. 우선 각종 시설물이나 그 기능과 관련하여 위치를 추정할 수 있는 성문들이 있다. 자안문(북창문)은 외국 사신이 돌아가거나 사묘祠廟와 송악산으로 가는 길에 위치하였고, 안화문은 나성 내의 안화사安和寺와 그 명칭이 비슷하여 이 절과 관계된 것으로 이해된다. 이 성문들은 송악산에 위치하여 황성의 북쪽 벽면과 겹치는 것으로 판단되지만 명확하지는 않다. 이 성문의 안쪽 지역은 나성의 완성 이전에는 황성의 상반부로서 궁성을 보호하는 군사지역이었거나 왕실의 후원 기능을 했다. 특히 안화사의 위치와 이를 연결하는 도로는 이 지역을 이해할 수 있는 근거가 되기도 한다.

동쪽의 성문인 안정문 安定門은 오늘날의 탄현문 터로 추정되고, 그 안쪽에는 성균관 成均館·순천관 順天館·현성사 賢聖寺, 그 외곽에는 귀법사·영통사 靈通寺 등의 시설이 있었다. 태안문 泰安門은 남쪽 성문으로 그 안쪽에 보제사 普濟寺·도일사 道日寺·금선사 金善寺 등의 절이 있었다. 서남쪽 성문인 광덕문 光德門은

나성의 북창문 전경

오늘날의 승전문 터이다. 산예문 狻猊門은 서쪽 성문으로 나성에서 20리(약 9.2km) 떨어져 있던 산예역 驛과 관계되었을 것이다. 서쪽 성문인 영평문은 오늘날의 눌리문 訥里門이며, 황성·나성·내성이 동시에 만나는 곳으로 추정되고, 그 외곽에 서보통원 西普通院이 있었다. 통덕문 역시 오늘날의 서쪽 지역인 도찰현에 위치하였다. 영평문과 통덕문은 황성과 나성이 겹치는 지역에 위치하였고, 송악산의 서쪽 능선에서 오공산 능선으로 이어지는 곳으로 나성 외곽의 서쪽 도로에서 곧바로 황성으로 들어올 수 있는 주요 관문이기도 하였다.

위치는 불명확하지만 5부방리의 명칭이나 물의 흐름과 비교하여 그 방향을 어느정도 추정할 수 있는 경우도 있다. 영창문 靈昌門과 동부의 영창방 令昌坊, 홍인문 弘仁門과 동부의 홍인방 弘仁坊, 덕산문 德山門과 남부의 덕산방 德山坊, 덕풍문 德豊門과 남부의 덕풍방 德豊坊, 앵계문 鶯溪門과 중부의 앵계방 鶯溪坊, 건복문 乾福門과 서부의 건복방 乾福坊 등이 명칭에서 서로 비교된다. 그리고 나성의 성문 중에서 수구문을

40

낀 성문은 숭인문·선기문宣旗門·장패문이었는데, 개경의 수로가 서쪽에서 발원하여 동쪽-동남쪽으로 흘러나갔음을 고려하면 그 방향을 추정할 수 있는 것이다.

이와같이 나성의 성문은『고려사』의 자안문에서 시계방향으로 그 위치를 비정할 수 있는데, 교통·주거·유동인구·군사 등 여러 기능들을 고려하여 만들었을 것이다. 이런 점에서 나성의 25개 성문은 황성의 성문과 더불어, 성곽의 방어에서는 불리했지만 오히려 도시의 효율적 이용이나 도성 외곽과의 유기적 관계에서는 유리했다고 할 수 있다.


## 3. 개경의 조선 성곽, 내성

개경의 내성內城은 황성과 나성 사이에 있던 성곽이다. 북한의 연구 성과를 통해서 보면, 북쪽과 서쪽 성벽은 기존의 나성 성벽을 그대로

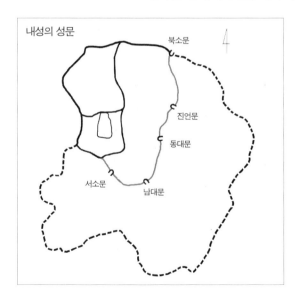

내성의 성문

북소문

진언문

동대문

서소문  남대문

이용한 토성으로서 둘레는 약 5.8km이고, 남쪽과 동쪽 성벽은 돌로 새롭게 쌓은 것으로 약 5.4km이며, 현재 북쪽과 동북쪽 성벽의 석성 부분은 비교적 보존상태가 좋다고 한다(전룡철「고려의 수도 개성성에 대한 연구(1)」,『력사과학』2, 1980).

개경의 궁성과 황성은 현종 때 거란의 침략으로 파괴되기도 했지만, 새롭게 수축했다는 기록이 잘 발견되지 않는다. 반면 나성은 무너져서 혹은 외적에 대비하기 위해 수축했다는 기록들이

종종 발견된다. 그러나 강화천도 시절(1232~70, 고종 19~원종 11)의 개경은 황폐화되었고, 개경환도 이후에도 원 간섭기에는 기존의 성곽이 제대로 재정비되지는 않았을 것이다. 그런 가운데 원 간섭기 이후 고려말기에 왜구의 침략이 빈번하여 개경까지 위협하는 지경에 이르자, 고려 조정에서는 철원으로 천도하려는 움직임까지 있었다. 이에 무장 최영은 개경의 나성이 너무 넓어서 비록 10만의 병사가 있더라도 지키기가 쉽지 않다고 하며 그보다 작은 내성을 쌓아 변고에 대비하자고 하였다(『고려사』 권113, 열전 최영). 따라서 내성은 황성과 나성의 기능을 보완한 것이라기보다는 군사적인 면이 강조된 것이었다.

내성의 축조는 곧바로 시행되지 못하다가 1391년(공양왕 3)에 가서야 비로소 공사가 시작되어 1393년(조선 태조 2)에 완성할 수 있었다. 그 성곽의 둘레는 20리 40보(약 11.2km)이며, 성문으로는 동대문·남대문·동소문·서소문·북소문 등을 확인할 수 있다(『동국여지승람』 권4). 이렇게 이루어진 내성은 고려왕조의 멸망과 한양 천도에 따라 역사의 뒤안길로 밀려날 수밖에 없었다. 물론 조선초기에 개성이 잠시 도읍의 역할을 하기도 했다. 1399년(정종 1) 한양에 재변이 많다는 이유로 개경으로 환도한 것이다. 그러나 곧이어 이방원 李芳遠과 그의 형 이방간 李芳幹의 권력쟁탈전인 제2차 왕자의 난(1400년, 정종 2) 때 바로 개성의 내성을 사이에 두고 치열한 전투가 벌어졌고, 이 싸움에서 승리한 이방원은 형 정종을 하야시키고 조선의 왕으로 등극했다. 이후 1405년(태종 5) 한양으로

오늘날의 개성 남대문. 개성시 북안동에 있는 조선초기의 문루로 북한 국보급 문화재 34호이다. 무지개 문의 축대 위에 정면 3칸(12.63m), 측면 2칸(7.96m)의 합각지붕으로 이루어진 단층 누각이 있다. 1950년 한국전쟁 때 파괴되었다가 1954년에 복구되었다.

의 재환도는 개성의 수도로서의 운명을 마감하게 하는 것이었다.

결국 개성의 내성은 멸망한 고려왕조의 상징이면서, 조선초기의 정치동향에 따라 희비가 엇갈리는 얄궂은 운명을 간직하기도 하였다. 현재 개성시 북안동 중심네거리에 위치한 남대문은 그러한 역사의 증거이다.

〔신안식〕

# 정치와 행정의 중심지, 궁궐과 관청

## 1. 고려 궁궐의 이름

남은 대는 적막한데 꽃은 주인 없고 옛 궁전은 황폐하여 대숲만 우거졌네.

(이승소李承召『동국여지승람』권5)

조선 궁궐—여기서 궁궐은 법궁, 즉 정궁을 지칭한다—의 이름은 무엇인가? 이런 질문은 아무도 던지지 않을 것이다. 모든 사람이 적어도 '경·복·궁'이란 이름은 알기 때문이다. 하지만 고려의 궁궐에 대해서는 이런 질문을 던지지 않을 수 없다.

흔히 고려 궁궐 이름으로 알려져 있는 것은 만월대滿月臺 또는 망월대望月臺이다. 그러나 무슨 궁궐 이름이 '대臺'로 끝나겠는가. 이 이름들은 고려 궁궐이 이미 폐허로 변한 조선시대 14, 15세기에 붙여진 것이다. 또 고려말 조선초만 해도 그저 건덕전乾德殿 터라고 불리곤 했는데, 건덕전은 만월대 터에 있던 전각 이름이다.

한편 조선전기 국가에서 편찬한『동국여지승람東國輿地勝覽』에는 '연경궁延慶宮'이란 이름이 전해지기도 한다. 하지만 이 이름은 다른 이궁離宮의 이름인데, 잘못 알려진 것이라고 이미 조선후기에 고증된 바 있다. 그럼 도대체 이름이 무엇일까? 한 왕조의 법궁을 이름조차 알 수 없다는 이야기인가?

이러한 복잡한 문제가 발생한 근본원인은 고려 때 궁궐이 여러번 화를 당했기 때문이다. 몽골 침입을 포함해 큰 화재만 해도 4번 이상이었을 뿐만 아니라 공민왕대 이후로는 제대로 중건되지 못하였다.

12세기에 고려에 사신으로 왔다가 자신이 보고들은 경험을 글과 그림으로 남긴 서긍徐兢의 『고려도경高麗圖經』에는 법궁의 전각 이름만 기록되어 있을 뿐, 법궁 전체의 이름에 대해서는 언급된 바가 없다. 한편 『고려사』의 기록에서 가장 많이 확인할 수 있는 명칭은 '본궐本闕'이다. 조선시대 이후에는 본대궐이라고도 많이 일컬었던 것으로 보인다. 그럼 '본궐' 또는 '본대궐'이 궁궐의 이름인가? 이것은 이름으로 보기에는 너무 일반적이어서 이름이 아닌 것 같은 느낌이다. 이렇게 이름을 제대로 알 수 없다면, 혹시 원래부터 이름이 없었던 것은 아니었을까? 이런 추정은 '천자의 나라'인 중국의 경우, 궁궐의 이름이 없는 경우가 많은 데에서 유추해볼 수 있다. 중국 당·송·원나라

**본궐의 연혁**

| 서기 | 900 | 1000 | 1100 | | 1200 | 1300 |
|------|-----|------|------|---|------|------|
| 궁궐＼왕 | 태조 | 현종 | 인종 명종 | | 원종 | 공민왕 |

본궐
919 ——————— 1011
1126
중건
1132　1171
1179　　1232 강화천도
중건　1225 화재
1270
중건　　　　1362 손실

출처: 이강근 『한국의 궁궐』(대원사 1991), 92면.

▶1011년(현종 2) 거란 침입　　　　▶1126년(인종 4) 이자겸·척준경의 난 때문
▶1171년(명종 1) 화재　　　　　　▶1220~30여년 사이(고종 연간) 화재 및 몽골 침입
▶1270년(원종 11) 개경환도 후 중건　▶1362년(공민왕 11) 홍건적의 난

등의 수도에서도 궁궐은 이름이 따로 없이, 대내大內라고 불리거나 황성이라고 불리는 데 그쳤다. 이를 보면, 이름이 없었던 것은 어쩌면 천자국을 자처하던 고려사람들의 생각을 반영한 것인지도 모른다.

여기서는 당대 사실을 가장 많이 반영하는 『고려사高麗史』의 기록에 따라 '본궐本闕'을 선택해서 쓰겠다.

## 2. 본궐과 주요 이궁의 역사

공식기록에는 처음 본궐이 지어진 것이 919년(태조 2)이라고 나와 있다. 그러나 궁예가 개경에 도읍을 정할 당시 이미 송악松岳 궁궐을 지었고, 태조 2년이면 왕건이 철원에서 송악으로 돌아온 바로 그해였다. 이렇게 짧은 기간에 궁궐을 새로이 지었을까? 아마도 이때의 기록은 실질적인 창건기사라기보다는 송악으로 도읍을 정했다는 관용적 표현으로 보는 것이 무리가 없을 듯하다.

궁예 때 창건되어 961~63년(광종 12~14) 사이에 대규모 증축을 거치기도 한 본궐은 세기가 바뀐 1011년(현종 2) 거란의 침입으로 모조리 소진되는 불행을 맞는다. 현종顯宗은 거란이 물러간 후 나주羅州에서 개경으로 돌아와 2년에 걸쳐 궁궐을 중건하였다. 아마도 이때부터 12세기 후반 의종 때까지가 본궐이 정궁으로서의 면모와 위상을 충실히 보여준 전성기라 할 것이다.

1126년(인종 4) 이자겸李資謙·척준경拓俊京의 난과 1171년(명종 1)의 화재로 본궐은 큰 피해를 입었으나 이 당시만 해도 바로바로 중건되었다. 인종 때 본궐이 불타버린 내용은 사료에 상세하게 나와 있는 편이다. 당시 궁궐 안으로 들어가려던 이자겸·척준경 일당은 궁궐 방비한 뒤 불을 지르고 많은 사람들을 살해하였다. 이에 놀란 왕은 해를 입을까 두려워하여 이자겸에게 선위하고자 했으나 양부兩府의 의논을 겁내었고, 한편으로는 이자겸의 발호를 못마땅하게 여기던 이수李需와 귀족관료인 김부식 등의 반대로 저지되었다.
이자겸은 그뒤 왕을 자기 집으로 이어移御하게 하고 국사를 제멋대로 처리했으며, 인종을 여러 차례 독살하려 하였다.
이와같이 어려운 상황 속에서도 인종의 밀명을 받은 내의內醫 최사전崔思全이 이자겸과 척준경의 사이를 떼어놓는 데 성공하여, 이자겸은 척준경에 의해 제거되고 결국 유배지인 영광에서 죽었다. 척준경은 그 공으로 후한 상을 받기도 하나, 이듬해 권세를 함부로 부려 좌정언左正言 정지상鄭知常의 탄핵을 받아 유배되었다. 1144년 인종은 척준경의 공을 참작하여 검교호부상서를 제수하였으나 그는 곧 등창으로 죽었다.

가 생각보다 거세자, 한밤중에 궁성의 동쪽 성문인 동화문에 불을 질러버렸다. 궁인들을 비롯해 모두가 혼비백산하여 흩어졌고, 불길은 잡을 수가 없었다. 결국 인종은 이자겸에게 핍박받아 다른 궁궐로 이어하니, 곧 이자겸에게 붙잡힌 인질 신세가 된 셈이었다. 불타버린 본궐에 남은 건물들이라고는 후원에 멀리 떨어져 있던 정자 몇 개뿐. 난이 진정된 후 인종은 옛 궁궐을 바라보며 말없이 눈물만 흘렸다 한다. 100여년간 유지되어온 본궐이 내란으로 다 타버린 것은 인종에게 큰 충격이었다. 아마도 왕실의 권위가 끝을 알 수 없는 바다으로 추락한 느낌이지 않았을까. 그래서인지 이자겸의 난이 수습된 후 인종은 궁궐을 중수하며 전각 이름을 모조리 바꾸어버리는 대역사大役事를 단행하였다.

본궐의 권위가 다시금 크게 위협받은 것은 몽골과의 전쟁이 장기화하면서 무인정권에 의해 강화천도가 단행된 때였다. 강화도로 수도를 옮기면서 집권자들은 궁전은 물론, 절들의 명칭까지도 모두 송도의 것을 따랐다고 한다. 이로써 강화도는 '작은 개경'을 방불케 하는 외형을 갖추게 되었다. 천도는 했지만, 고려 정부에서는 개경이 발상지인만큼 궁궐의 주요 전각 유지에는 계속 신경을 썼다. 고종 말에는 개경과 남경(지금의 서울)의 궁궐에 왕의 옷을 보관하면 국운이 연장될 수 있다는 도참에 따라 그대로 실행하기도 했다. 그러나 몽골 침입이 거세지면서 전국토는 초토화되기 시작했고, 개경도 그런 피해에서 비켜갈 수 없었다.

몽골과 강화를 맺은 고려 정부가 개경으로 돌아온 다음에 본궐도 다시 건설되었다. 그러나 예전만한 위용을 자랑하지는 못하였고, 이후 왕들은 본궐보다는 다른 궁궐들, 즉 이궁에서 주로 거처하였다. 그리고 본궐은 1362년(공민왕 11)에 홍건적의 난으로 잿더미가 되어버렸다.

그럼 이궁離宮은 무엇인가? 어느 시대를 막론하고 왕은 한 궁궐에만 거주하지는 않는다. 자그마한 별장 규모의 궁궐에서부터 거의 법궁에 버금갈 만한 이궁까지 다양하게 거처를 지어서 때때로 옮겨다녔다. 앞서 언급한 현종 때나 인종 때, 본궐이 불타버리자 왕들은 당연히 이궁들에 거처하였다. 이때 많이 쓰인 궁궐은 수창궁壽昌宮이었다. 또 무신정변으로 쫓겨난 의종 같은 경우에는 수많은 별궁別宮과 누정을 지어 유락을 즐겼다고 한다. 사실 사료에는 이런 이궁들 말고도 이름만 한번씩 등장하는 궁들도 매우 많다.

강화도에서 돌아온 뒤에 왕들은 사판궁沙坂宮·남산궁南山宮·제상궁堤上宮 등의 여러 이궁에서 생활하였다. 본궐에서 왕이 실질적으로 거주하면서 정사를 행했다는 증거는 그다지 보이지 않는 반면, 주로 반승飯僧(궁중에서 승려에게 음식을 대접하는 행사)이나 각종 불교 도량道場 같은 종교행사와 사신 접대 등이 여기서 열려, 주로 의식 공간으로 사용된 것으로 보인다. 그럼에도 개경환도 후 대부분의 즉위식은 바로 본궐에서 거행되었다. 이는 본궐이 예전과 같은 위용을 자랑하거나 기능을 하지는 못했음에도 불구하고 여전히 고려 왕실을 상징하는 곳으로서의 의미를 지니고 있었음을 보여준다.

1362년 홍건적의 침입으로 다시 불타버린 본궐은 끝내 중창되지 못했다. 대규모 궁궐을 중창할 정도의 여력이 없었을 뿐만 아니라, 개경환도 이후 본궐에 대한 거리낌이 늘었던 것과도 관련이 있다. 왜 지금도 이사를 가서 흉사가 겹쳐 일어난다 싶으면 집터 탓으로 의심하곤 하지 않는가. 그렇다고 본궐이 완전히 잊혀진 것은 아니었다. 그곳은 어쨌든 고려왕조가 시작된 개창지였고, 고려의 전성기를 상징하는 곳이었다. 조선초까지도 고려를 그리워하던 이들에게 본궐은 여전히 재건되어야 할 장소로 여겨졌다.

**원 간섭기의 고려** 고려와 원이 처음으로 접촉한 것은, 몽골이 금나라를 공격한 틈을 타 금나라의 지배 아래 있던 거란족이 반란을 일으켰다가 몽골에 쫓겨 1216년 고려 영토로 들어오면서부터였다. 고려와 몽골 연합군이 거란족을 멸하고 1219년 형제맹약을 맺은 이후 고려는 현물 위주의 과도한 요구에 응해야 했는데, 그런 가운데 당시 고려에 온 몽골 사신이 피살되면서 양국관계는 파탄에 이르게 된다. 결국 1231~58년까지 30여 년간 무려 6차례에 걸쳐 대규모 전쟁이 일어나게 되었으며, 1231년 1차전쟁 이후 고려정부는 강화도로 천도해 몽골과 장기적인 항전태세를 갖추었다. 개경으로 환도한 1270년대 이후, 공민왕 초 반원정책을 펴기까지 약 80년간을 흔히 원 간섭기라고 한다. 이는 원과 고려왕실의 결합에 따른 새로운 대외관계라고 할 수 있다. 원은 고려 국왕을 통해 고려를 지배하려 해서 국왕권을 지배범위 속에 두었기 때문에, 이들을 통해 관제개혁, 군사기구의 개혁 등 상부구조 지배에는 어느정도 성공할 수 있었다. 특히 원 간섭기에는 충렬왕·충선왕·충숙왕·충혜왕 등 국왕이 즉위했다가 실각하고 뒤에 다시 복위하는 이른바 중조重祚 현상이 거듭되었다. 이러한 사실은 국왕을 지배범위 속에 두고 고려를 지배하려는 원나라의 고려 지배의 속성을 잘 보여주는 것이었다. 그러나 원의 고려 지배가 사회의 하부구조에까지 철저하게

48

한편 이궁 중에서 1309년(충선왕 1)에 중수된 연경궁延慶宮은 이후 유력한 궁궐로 기능하였다. 이런 점이 조선초에 본궐의 이름을 연경궁이라고 착각했던 원인의 하나로 보인다.

수창궁의 내력도 만만치 않다. 강화천도 시기 수창궁 역시 폐허에 가까웠고, 이후에는 별 역할을 하지 못하다가 1381년(우왕 7)에 다시 조영造營되었다. 그러나 이 궁에서 고려의 왕들은 그다지 재미를 보지 못하였다. 조선의 태조 이성계가 이곳에서 즉위하였고, 그의 아들 태종 이방원이 즉위한 곳도 이곳이다. 고려의 궁궐로서 조선의 왕들을 둘이나 즉위시켰으니 수모를 당했다고 할 법도 하다.

고려 후기 이궁들의 운영과정을 보면 흥미로운 사실을 발견할 수 있다. 이는 바로 전대의 왕이 사용한 궁궐이 그를 계승한 왕에 의해 철거당하고 새로운 궁궐이 창건된다는 점이다. 충렬왕은 즉위하면서 부왕인 원종의 제상궁을 철거하여 5대 사찰을 짓는 데 사용하였다. 한편 충렬왕이 말년에 지은 이현신궁梨峴新宮은 충선왕이 즉위하면서 철거하고 그 자재를 가져다 연경궁 중건에 사용해버린다. 이런 사실

수창궁의 용머리 조각. 1478
년 수창궁을 찾았던 유호인
은 이곳에 대해 이렇게 묘사
했다. "계단과 화초는 우거
진 풀 속에 묻히고, 고목나
무는 억세어 창칼을 세워놓
은 듯한데 까막까치가 그 위
에 울고 있었고, 그 서편에
연당에는 푸른 연줄기만이
거울 같은 물 속에 어리비치
고 개구리가 울어대고 있었
다." 이때의 수창궁은 후원
일부만 남고 개성의 의창義
倉으로 사용되었다.

들은 원 간섭기에 들어서면서 변화된 궁궐 운영방식을 보여주는 것이다. 즉 사왕嗣王이 선왕의 정치체제를 청산하면서 그의 궁궐까지 철거하는 것인데, 한 왕의 궁궐이 다음 세대의 궁궐로서 기능하지 못하게 되는 것이다. 이는 고려 왕들의 원 연경燕京 생활과 측근세력의 형성이라는 당시의 복잡한 정치상황과 밀접한 관련이 있다.

이 시기 궁궐 운영방식의 변화는 이후에도 큰 영향을 미쳤다. 이후 왕들은 선대 왕의 궁궐을 거부하고 자신들의 치세를 상징하는 궁궐을 새로이 창건하는 방식을 답습하게 된다. 공민왕이 말년에 건설한 화원花園이라든가 우왕 때 중건한 수창궁 등은 이러한 맥락에 속한다. 한편 공민왕대 이후 다시 제기되기 시작한 천도론도 비슷한 정치적 의미를 지녔다고 할 수 있다. 새로운 정치의 시작을 알리려는 의도나 정치적 돌파구로서 수도를 옮기려는 논의가 활발하게 제기된 것이다. 공민왕 때에서야 천도논의가 다시 제기된 것은 개경으로 환도한 후 천도논의를 공식적으로 제기할 수 없었던 원 간섭기의 상황 때문이었다. 그런 점에서 공민왕 때 기철奇轍 등의 부원附元세력을 제거한 직후에 천도론이 제기된 것은 시사하는 바가 크다.

이러한 고려말의 상황은 조선초에도 그대로 계승되었다. 이성계가 적극적으로 천도를 원했던 것, 태종이 한양으로 돌아오면서 이미 건설된 부왕의 궁궐인 경복궁을 거부하고 자신의 궁궐인 창덕궁을 건설한 것 등은 원 간섭기 이래로 변화된 궁궐 운영방식을 그대로 반영한다.

## 3. 본궐의 구조와 기능

왕이 거처하는 궁궐은 둥근 기둥에 네모난 두공頭工을 썼고, 용마

충렬왕과 충선왕의 갈등 충선왕은 충렬왕과 원 세조 쿠빌라이의 딸 제국대장공주齊國大長公主사이에서 난 큰아들이다. 1277년(충렬왕 3) 세자에 봉해지고, 1296년 11월 원나라 공주와 혼인하였다. 그런데 혼인식에 참석하고 귀국한 어머니 제국대장공주가 1297년 5월 병사하자 7월 문상하러 온 세자는 충렬왕의 총애를 빙자, 세력을 떨치던 궁인 무비無比와 그 당류 등을 공주를 저주하여 죽게 했다는 죄목으로 숙청하고 이듬해 정월 충렬왕의 선위禪位를 받아 즉위하였다. 즉위후 폐단 척결과 관제개혁, 정치 쇄신 등 일련의 과격한 개혁정치를 펴던 충선왕은 즉위한 지 8개월 만에 원으로부터 강제퇴위를 당해 원나라로 가게 되었다. 이로써 왕위는 다시 충렬왕에게 돌아가 충선왕은 이후 10년간 원나라에 머무르게 되었다. 그동안 고려에서는 즉위 전부터 있던 왕 부자간의 불화가 표면화되어 1299년 충선왕파를 중심으로 반란을 획책한 한희유무고사건韓希愈誣告事件이 일어났고, 이어 충렬왕파에서는 부자간을 이간하며 충선왕비 계국대장공주를 서흥후 전瑞興侯琠에게 개가시키고 왕위도 세습시키려는 음모를 꾸몄고, 충선왕의 환국을 저지하는 운동도 일으켰다. 이 불화는 1305년 충렬왕이 충선왕 폐위를 직접 건의하러 원나라로 감으로써 절정에 달하였다. 그러나 원나라 성종成宗이 후계자 없이 죽어 황위쟁탈전이 일어나자 충선왕은 평소 가

까이 지내던 하이산(무종武
宗)을 도와 옹립함으로써 원
나라 조정에서 위치가 강대해
졌고 따라서 충렬왕파의 왕유
소 일당을 처형하여 부자간의
싸움은 끝이 났다. 이로써 고
려 국정의 실권은 충선왕에게
로 돌아갔다.

루는 날아갈 듯 연이어 있으며, 울긋불긋 꾸며져 있어 멀리서 바라다
보면 넓고 넉넉해 보인다. 그러나 (막상 가보면) 숭산(송악산) 등성
이에 기대고 있어 길이 울퉁불퉁하고 고목들이 무성하여 악사嶽祠나
산사山寺 같아 보인다.                                    (서긍『고려도경』)

본궐은 송악산 아래에 위치했는데, 산이 약간 북서쪽에 치우쳤기
때문에 궁궐도 도성의 중심이 아니라 서북쪽에 치우쳐 있었다. 황성
의 정문인 광화문을 들어서서 서쪽으로 가다 보면 북쪽으로 꺾인 곳
에 궁성의 정문인 승평문昇平門이 있다. 광화문부터 승평문을 거치는
이 길에는 광명천이라는 내가 흐르고 있었는데, 광명천은 궁궐 건물
배치의 자연적 경계가 되었다.

승평문은 본궐의 정남문이었다. 3문 형식으로 이루어져 웅대했는

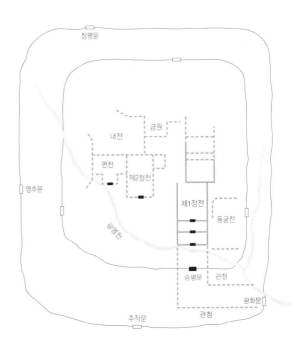

본궐의 배치 추정도. 신봉문
과 승평문 사이를 흐르는 광
명천은 궁궐 배치에 결정적
인 요인이었을 것으로 추정
된다. 이 물줄기 북편의 평탄
한 곳에 초창시 궁궐의 중심
부가 자리잡았는데, 현종 때
동쪽의 경사지를 살려 회경
전 등을 지은 것으로 보인다.

데, 가운데 문은 왕과 외국사신들이 이용하였고 다른 사람들은 좌우의 문을 이용했을 것이다. 이 문을 중심으로 서로 마주하여 좌우로 동덕문이 있었다. 위에는 겹으로 누각樓閣을 만들고 곁에 두 누관樓觀을 세웠다. 문 안쪽의 좌우에는 두 개의 정자를 만들어 모두 동락정同樂亭이라고 이름했으며, 작은 담장 몇백이 서로 연속되어 신봉문神鳳門(의봉문儀鳳門)까지 이어졌다. 외부에서 정전인 회경전會慶殿(선경전宣慶殿)

## 11, 12세기 본궐의 중요 건물명과 용도

| 기능 | 건물명 | 1138년(인종16) 개정 건물명 | 건물의 용도 및 사용례 | 비고 |
|---|---|---|---|---|
| 정전 | 회경전 | 선경전 | 제1정전. 백고좌도량, 기우제, 송의 조칙 받음 | |
| | 건덕전 | 대관전 | 제2정전. 조회, 백관의 진하, 정식 시조視朝 | |
| 편전 | 선정전 | 선인전 | 편전, 시사, 단형斷刑, 사연賜宴 | |
| | 문덕전 | 수문전 | 학문소. 강서講書의식 | |
| | 장화전 | | 행랑에 왕실 보물 보관 | 도경에만 나옴 |
| | 원덕전 | | 유사시 군사회의. 죄인의 형벌 | 도경에만 나옴 |
| 내전 | 중광전 | 강안전 | 왕의 침전, 즉위식 거행 | |
| | 연영전 | 집현전 | 학문소, 왕이 기거 | 학사를 둠 |
| | 명경전 | 금명전 | 불법佛法 강수, 왕사王師 임명 | |
| | 응건전 | 건시전 | 왕의 침전 부속건물, 왕의 보살계 | |
| | 장령전 | 봉원전 | 소규모불사, 강서講書, 서적편찬 | |
| | 함원전 | 정덕전 | 재추의 연회 | |
| | 자수전 | 영수전 | 왕대비전 | |
| | 곤성전 | | 왕비전 | |
| | 연친전 | 목친전 | 내연內宴 장소 | |
| 동궁전 | 정양궁 | 숙화궁 | 왕자전 | 우춘궁(도경) |
| | 수춘궁 | 여정궁 | 왕자전 | |
| | 건명전 | 저상전 | 왕자전 | |
| 제사용 건물 | 선덕전 | 목청전 | 덕종, 정종, 문종, 의종의 혼전 | |
| | 경령전 | | 왕의 초상화 봉안 | |
| | 성숙전 | 영헌전 | 왕이 별에 제사지냄 | |
| | 자화전 | 집회전 | 진전으로 추정 | |
| | 함경전 | 항복전 | 불전으로 위패 봉안 | |
| 강학과 연회 | 귀령각 | | 신하들과 연회, 군사의 사열 | |
| | 청연각 | | 강학 장소 | 학사를 둠 |
| | 보문각 | | 강학 장소 | 학사를 둠 |

* 본궐의 전성기라 할 11,12세기의 전각들 중 주요한 것들을 기능별로 구별하여 살펴본 것이다.

회경전터(위). 현종 5년에 재건할 때 새로 지어진 것으로 추정된다. 대규모 불교행사나 송사宋使 접대 등 특별한 의식 때에만 사용되었다.

만월대터 전경(아래). 약 50m 정도의 구릉지대에 자리잡았는데, 이런 점은 평탄한 지형에 궁궐을 자리잡은 이전 시기 궁궐들이나 조선의 궁궐과 사뭇 다른 점이었다. 현재 강화도에 남아 있는 고려궁터도 약간 경사가 있는 구릉지대에 자리하고 있다.

으로 들어가는 길을 상상해보자. 궁궐 안으로 들어간다는 두근두근한 마음을 안고 승평문 또는 좌우 동덕문의 문턱을 넘어서면, 긴 담장으로 둘러싸인 넓은 구정毬庭과 의젓한 신봉문, 창합문 등이 겹겹이 보인다. 창합문을 넘어서야 궁궐 건물들에 접근할 수 있다.

　1920년대부터 만월대 지역에 대한 조사가 이루어졌는데, 주로 지상에 노출된 건물 초석과 축대, 석조계단 유적 등을 통해 건물배치가 부분적으로 추정되었고, 『고려도경』의 기록을 바탕으로 중심건물인 회경전, 그 앞의 창합문, 신봉문, 구정 등이 비정되었다. 이러한 조사에서는 회경전 주변만을 궁궐의 중심영역으로 인식하여, 본궐의 기본건물은 회경전과 그 뒤편의 몇몇 건물들이 배치각도를 약간 달리하면서 앞뒤로 서 있는 모습이라고 파악해왔다. 그러나 실제 기록을 살펴보면, 이 중심 유구에 비정된 전각들 말고도 많은 전각들이 존재했음을 알 수 있다.

실제 전각들에서 행해진 일들을 기록에서 살펴보면, 본궐의 전각들 중에서 회경전은 의례용 공간이었다. 서긍도 중국황제의 조서를 받는 등의 특별한 행사 때에만 회경전을 사용하고 평상시에는 왕이 함부로 거처하지 않는다고 할 정도로 이곳은 의식용 공간이었던 것이다.

사신 접대나 불교행사 등에서 중심을 이루던 공간이 회경전 또는 그 전문殿門이었다면, 팔관회나 군대 사열, 규모 큰 불교행사, 왕의 격구놀이 같은 활동적 행사가 벌어진 곳은 신봉문에서 승평문에 이르는 구정이었다. 신봉문은 본궐의 여러 문 중에서도 가장 화려하고 웅장했다는데, 누각 형식으로 되어 있어 이곳에서 왕은 그 아래 구정에서 벌어지는 행사들을 관람하곤 하였다. 일종의 VIP석이었던 셈이다. 구정의 규모는 수천명에 달하는 인원을 수용할 정도로 매우 넓었다.

의식용 공간 외에도 회경전에 버금갈 만한 건물이 건덕전乾德殿이었다. 건덕전은 그 기능으로 볼 때 편전이라기보다는 회경전과 비슷한 역할을 수행한 제2의 정전이라 할 수 있지만, 회경전보다 약간 등급을 낮춰야 할 필요가 있을 때 사용되었다. 예를 들어 사신을 접대하더라도,

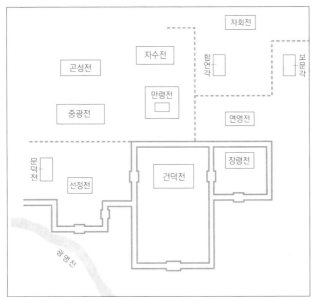

건덕전 주변 건물배치 추정
도. 건덕전을 중심으로 좌측
에 편전인 선정전이. 선정전
뒤로 왕비전, 왕대비전 등의
침전들이 있었다. 건덕전의
동북편에는 왕의 편전과 후
원의 건물들이 있었다.

송의 사신은 대부분 회경전에서 맞
았으나, 금金이나 요遼의 사신들은
대부분 건덕전에서 맞는 데 그쳤
다. 이 점은 중화와 오랑캐를 엄밀
히 구분했던 고려사람들의 정신세
계를 엿볼 수 있는 부분이기도 하
다. 건덕전 부근에는 편전 역할을
한 선정전, 왕이 진사들을 친히 시
험본 연영전각延英殿閣 등이 있었으
며, 왕의 침전과도 가까웠다.

건덕전 뒤에는 만령전 萬齡殿이
있었는데, 규모는 좀 작아도 오밀
조밀 화려하게 꾸며두었다. 이것은 궁중의 여자들, 비빈과 시녀들이 거
처하던 전각이었다. 만령전 좌우로는 행랑이 죽 잇닿아 있어 그 칸칸마
다 여자들이 살았다. 만령전만이 침전은 아니었다. 그 서북쪽의 이름을
알 수 없는 고만고만한 건물들도 침전의 구실을 했으며, 비빈들 중 일부
는 본궐 안이 아니라 따로이 궁을 가지고 전토를 받은 경우도 있었다.
만령전 북쪽으로는 송악산 자락이 그대로 펼쳐져서 산중턱에서 내려다
보면 만령전 건물과 양쪽의 긴 행랑이 보이기도 하였다. 산자락은 그대
로 본궐의 후원 노릇을 하여, 그 안 경승처에 정자들을 품고 있었다. 이
곳에서는 때로는 수박희手搏戱 같은 놀이가 벌어지고, 연등회 같은 날엔
여인네들이 모여 등불을 산처럼 켜놓고 즐기기도 하였다.

이렇게 볼 때 본궐은 단일한 구조가 아니라 광화문에서 승평문을 거
쳐 건덕전과 편전, 침전으로 연결되는 부분과, 회경전 일곽의 두 영역이
복합적으로 구성되어 있었던 것이다. 이는 처음부터 그랬던 것이 아니

라 현종 4년 본궐을 중수할 때 변한 것으로 보인다. '회경전'이라는 명칭이 현종 때 이후에나 나타나는 것으로 보아 건덕전 구역이 초창지역이고, 회경전 구역은 현종 때 창건된 것으로 보인다. 정전 역할을 할 수 있는 건덕전이 이미 있음에도 불구하고 현종 때 회경전 구역을 창건한 이유는 몇가지로 추정해볼 수 있다. 현종 자신이 힘들게 즉위하여 왕권을 강화해갔다는 점에서 볼 때 왕실의 위엄을 떨치기 위한 정치적 목적이 그 한가지요, 궁궐 내에서 대규모 불교행사를 치를 정전이 필요했다는 것이 두번째 이유가 되겠다. 이렇게 용도에 따라 두 개의 정전을 운용하는 것은 고려에만 특별한 경우는 아니었다. 이미 중국 당대에도 수도 장안長安에 태극궁太極宮과 대명궁大明宮이라는 두 궁궐을 운용하면서 용도에 따라 달리 사용한 선례가 있다.

그렇다면 한창때 본궐의 모습은 어떠했을까? 서긍의 입을 빌리면 다음과 같았다고 한다.

접견하는 궁전 이름과, 대마루 끝 기와에 솔개꼬리 장식을 거리낌 없이 했으니, 여기서 성상(송 황제)의 계책이 크고 원대하여 오랑캐를 작은 일로 책망하지 않고, 그들의 충성하고 순종하는 큰 의리만 아름답게 여김을 알았다.
(서긍『고려도경』권5)

고려가 궁궐 장식이나 이름짓는 데 있어 중국 황제나 할 법한 일들을 했다고 투덜대면서도 별 꼬투리를 잡지 못하는 상황을 합리화하는 내용이다. 실제로 본궐의 정전인 회경전의 경우에는 송나라 궁궐의 정전이름과 같은 한자인 '경慶'자를 차용하고 있다. 사람으로 치면 같은 항렬을 쓰는 셈이니, 송과 고려를 같은 급으로 여기던 고려사람들의 자부심을 엿볼 수 있다.

**수박희手搏戱** 수박희 혹은 각저희角抵戱, 상박相撲 등은 모두 맨손으로 하는 무예로서, 택견의 원형으로 여겨진다. '수박'은 손뼉을 가리키는 말로 추측되며 그것을 한자로 옮기는 과정에서 수벽치기·수박手拍·수벽타手擘打 등의 여러 표기가 나온다. 기록상으로는 『후한서』나 『일본서기』 등에 이미 우리나라 사람들이 수박희를 즐긴다는 내용이 등장하고 있으며, 4세기경 고구려의 고분벽화(집안현 무용총이나 안악 제3호분 등)에도 무예를 겨루는 그림이 있어 삼국시대경에는 이미 광범위하게 유행한 놀이였음을 알 수 있다. 고려시대에도 수박은 매우 중요한 무예로 여겨져서 무사들은 반드시 그 기법을 익혀야 했다. 고려시대에 이르러 수박희는 궁중에서뿐 아니라 민간에 이르기까지 폭넓게 성행하였다.

또한 정전인 회경전은 웅장하고 화려하기가 모든 전각 중 제일이었다는데, 그 터의 높이만도 5장(약 10~15m 정도)이 넘고, 동서 양쪽의 섬돌을 붉게 칠하고 난간은 구리로 만든 꽃으로 꾸몄다고 한다. 현재 남아있는 조선의 궁궐에 섬돌을 붉게 칠한다거나 난간을 구리로 만든 꽃으로 장식한 경우가 없다는 점을 생각한다면, 고려의 본궐은 그 화려함이 남달랐음을 상상해볼 수 있다. 화려함과 사치를 극도로 절제하는 것을 미덕으로 삼은 것이 조선시대였다면, 그런 것을 과시할 수 있었던 것이 고려시대였다.

이렇게 전성기를 구가하던 본궐도 오랜 전란을 겪고 난 뒤에는 제 모습을 되찾을 수 없었다. 1270년 몽골과 강화를 맺고 고려정부는 개경으로 돌아왔지만, 본궐을 예전 그대로 복구하지는 못한 듯하다. 과거 정전으로 사용된 건덕전이나 회경전은 복구되지 못하고 왕의 침전이던 강안전만이 복구되었다. 이때부터 왕들은 본궐에서 일상적으로 거처하지 않고 주로 이궁에서 지냈다. 본궐은 즉위식이나 왕실의 불교 행사장으로 주로 이용되었던 것이다. 이후 공민왕 때에 이르면 사료에 보평청 報平廳이라는 건물이 보이는데 이 보평청은 바로 편전을 지칭하는 것이다. 공민왕 이전까지는 보평청이란 명칭이 보이지 않고 간혹 편전이라는 기록만 있다가 이때에 이르러 기록에 자주 등장한다. 그리고 조선 건국 후 창건된 한양의 경복궁에 바로 보평청이 세워진다.

웅장했던 개경의 궁궐모습을 기대하며 만월대에 올라도 지금은 신봉문과 회경전의 쓸쓸한 주초만이 방문객을 맞이하고 있다. 이렇게 만월대는 고려말부터 이미 폐허가 되기 시작하여 조선시대에 들어서면 이 주춧돌을 빼다 집 짓는 데 사용하는 일이 빈번하기도 하였다. 그래도 결정적으로 그 터가 망가지게 된 것은 한국전쟁 때 미군이 이

자리에 병원을 지으려고 불도저로 밀어버린 때문이라고 한다.


## 4. 고려 수도에 있던 조선 궁궐들

작년에 다시 용이 난 해(이성계가 왕위에 오른 해)를 만나고, 오늘 성조聖祖의 궁궐을 바라보니, 추모하고 존경하는 마음이 어찌 곱절만 되겠는가. 생각하니 넓고도 굳센 뜻이 무궁하구나.

(조선 숙종 「숙종어제경덕궁시肅廟御製敬德宮詩」)

고려의 수도 개경에는 조선의 궁궐이 있다. 바로 '추동궁궐秋洞宮闕'이라고도 불린 경덕궁敬德宮이다. 수창궁에서 남쪽으로 한참 내려오면 경덕궁 터가 있는데, 조선 태조 이성계가 왕이 되기 전에 살던 곳이고, 이방원이 기거한 적도 있다. 태종이 아직 왕위에 오르기 전 이곳에서 살 때, 후에 태종의 후궁이 된 시비 김씨가 백룡을 보았다는 얘기가 전해온다. 그래서 그런지 조선 태종 때에 이르러 궁궐을 만들고 태종이 자주 거처하기도 했으나, 얼마 지나지 않아 퇴락하여 터만 남게 되었다. 그럼에도 경덕궁은 단오날이면 개성에서 가장 흥청대는 곳이었다. 이곳에 있던 큰 느티나무에 그네를 매고 마당 한복판에 씨름판을 만들어, 고운 옷으로 차려입은 사람들이 하루를 즐기는 곳이었다 한다.

궁궐로 만들어지지는 않았지만 개경에는 또다른 이성계의 집이 있었다. 나중에 목청전穆淸殿이라는, 이성계의 초상화를 모시는 진전眞殿이 된 이곳은 이성계가 조선을 개국하고 왕위에 오를 수 있도록 풍수가가 잡아준 자리라는 설화가 전해진다.

**개경에 있던 조선 궁궐들**

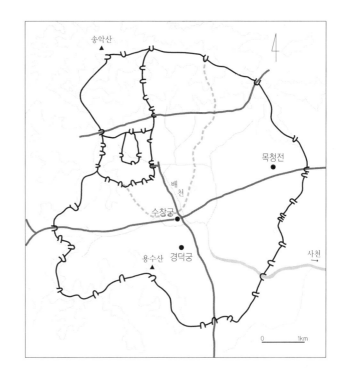

상왕이 된 후 정종의 행적 조선 정종은 재위시에도 정무보다는 격구擊毬 등의 오락에 탐닉하면서 보신책을 삼았지만, 왕위에서 물러난 뒤에는 상왕〔仁文恭睿上王〕으로 개경 인근의 인덕궁仁德宮에 거주하면서 격구·사냥·온천·연회 등으로 유유자적한 생활을 하였고, 태종의 우애를 받으며 천명을 다하였다. 1419년(세종 1) 12월 온인공용 순효대왕溫仁恭勇 順孝大王의 시호를 받았고, 1420년 4월 중국으로부터 받은 공정恭靖의 시호를 더하여 공정온인 순효대왕恭靖溫仁 順孝大王으로 개시改諡되었다. 오랫동안 묘호廟號가 없이 공정대왕恭靖大王으로 불리다가 1681년(숙종 7) 정종定宗의 묘호를 받았다. 그의 능인 후릉厚陵은 현재 개성 남쪽 풍덕에 있다.

한편 개경 외곽에도 조선의 궁궐이 있었다. 바로 정종의 무덤인 후릉厚陵 경내에 있던 인덕궁仁德宮이다. 정종은 태종에게 왕위를 물려주고 나서 상왕으로 이곳에 거주했는데, 그 자신이 개경과 관련이 많았다. 아버지인 태조 이성계가 기껏 한양으로 천도했는데, 정종은 개경으로 돌아갔기 때문이다. 이는 정종 자신의 뜻이라기보다는 태조의 한양천도에 대한 일종의 정치적 반동이었다고 볼 수 있다. 결과적으로 정종은 자신의 치세기간 대부분을 개경에서 보낸, 개경과 가장 관련이 깊은 조선의 왕이 되었다. 상왕으로 거주한 곳은 개경 남쪽이었으며, 바로 그곳에 묘자리가 정해졌다.

태종이 한양으로 재환도한 이후로 개경은 국가의 중심으로서의 위상을 잃었고 수많은 전각들 역시 점차 퇴락하였다. 집은 역시 주인이

정치와 행정의 중심지, 궁궐과 관청  59

없으면 그 존재가치를 잃는 모양이다.


## 5. 행정의 무대, 개경의 관청

왕권사회에서 정치의 기본무대는 궁궐일 수밖에 없다. 그러나 국가
가 운영되기 위해서는 복잡한 행정조직이 필요하고, 그 조직이 머무
는 장소가 있기 마련이다. 고려도 역시 수많은 관서들을 운용하였고
그중에서도 중앙관서들은 수도 개경에 있었다.

오늘날 서울에는 관청 밀집지역이 있으며, 과천처럼 아예 계획적으
로 행정도시를 염두에 두고 만든 곳도 있다. 조선시대 한양에는 육조
六曹거리(지금의 서울 세종로)라 불리는 관아 밀집지역이 있는 한편, 다
른 관부들은 도성 곳곳에 산재해 있었다. 개경은 어떠하였는가? 개경
도 역시 한양처럼 관아 밀집지역이 있는 한편 곳곳에 관아들이 산재
해 있는 절충적인 형태를 보였다.

전근대시기 도성제도에서는 관아의 위치도 규정하고 있다. 바로
『주례 周禮』의 '전조후시 前朝後市'가 그것으로, 궁궐의 앞쪽에 관아가,
뒤에 시장이 위치한다는 개념이다. 조선 한양의 경우에는 육조거리가
궁궐인 경복궁 앞에 위치함으로써 이에 부합하고 있다. 그러나 개경
의 경우에는 조선의 육조거리에 해당하는 관도官途가 본궐의 동쪽에
있다.

관도는 관청이 있는 거리만을 의미하는 것은 아니고, 개경 안의 몇몇
간선도로를 지칭하는 말이었다. 관아가 위치한 관도는 본궐의 정문인
승평문에서 황성의 동문인 광화문을 지나 십자가에 이르는 도로였다.

관부들의 위치를 살펴보면, 승평문에서 광화문에 이르는 곳에는 재

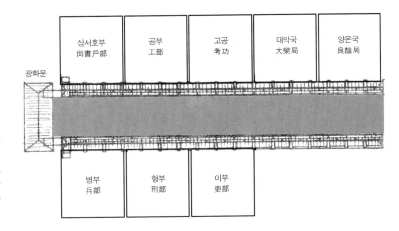

| 상서호부<br>尚書戶部 | 공부<br>工部 | 고공<br>考功 | 대악국<br>大樂局 | 양온국<br>良醞局 |

광화문

| 병부<br>兵部 | 형부<br>刑部 | 이부<br>吏部 |

개경 관부의 배치 추정도. 동서 방향의 간선 도로를 따라 관아가 자리잡았는데, 북편에 위치한 관아는 남쪽으로 정문을 내고, 남편의 관아는 북쪽으로 내어 길을 사이에 두고 마주보았다.

**상서성** 고려시대 3성省의 하나로 백관을 총령하던 정무집행기관이며, 상서도성尚書都省과 6부六部로 구성되었다. 982년(성종 1)에 당나라제도를 채용하여 어사도성御事都省을 두고 아래에 어사6관御事六官을 설치했다가 995년에 상서도성과 상서6부로 고치면서 이부·병부·호부·형부·예부·공부를 두고, 그 아래에 9개의 속사屬司를 설치함으로써 직제를 확립했다. 한편 상서도성은 품계상으로는 중서문하성과 동격이었지만 실제적인 지위는 그렇지 못하여 중앙 관청이 지방 관청에 발송하는 공문을 관장하거나 외교문서를 발송하는 일을 하였으며, 청사廳舍를 이용하여 조서詔書를 받들거나 비를 기원하며 과거를 관장하고 형벌을 의논하는 등의 기능만을 담당하였다.

상급들이 모여 일을 논의하던 상서성尚書省·추밀원樞密院·중서성中書省·문하성門下省 등 핵심 중앙부서들이 있었다. 이중에서도 가장 모습이 으뜸인 관서는 상서성이었다. 정면의 대문을 지나 들어가면 중앙 3칸의 당堂 좌우로 10여 칸의 행랑이 열지어 있어 그 건물 규모가 가장 컸다.

한편 광화문을 나오면 동쪽으로 향한 관도 좌우로 여러 관서들이 줄지어 있었다. 북쪽 길가에는 상서호부尚書戶部·공부工部·고공考功(고공사考功司라고도 하며 관리들의 공적과 과실을 검열, 심의하는 일을 맡는다. 건국 초기에는 사적司績이라고 하였다)·대약국大藥局·양온국良醞局(술과 감주 등을 빚어 공급하는 사업을 맡은 부서로 뒤에 사온서에 합쳐졌다) 등이 열지어 있었는데, 모두 문을 길가로 내고 각각 관부 이름을 현판으로 걸고 있었다. 남쪽 길가는 또 어떠했는가. 병부·형부·이부의 세 관사가 길을 향해 열지어 있었고, 그 동남쪽으로는 주전감鑄錢監·장작감將作監 등의 부서가 있었다. 이 근처에는 감옥도 있었다. 형부 바로 맞은편에 감옥이 있었는데, 원형으로 담장이 높이 솟은 건물이었다. 가벼운 죄인은 형부로 보내고 중죄인이나 도둑은 감옥으로 보냈다고 한다.

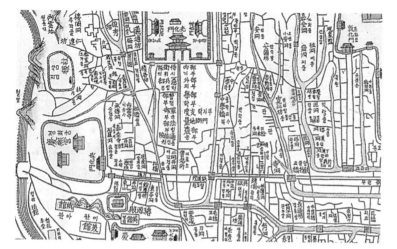

「한성부지도」(1902년경)에 보이는 한양의 육조거리. 관아의 정문이 길을 향해 나 있다는 점 등은 고려의 개경과 마찬가지이나 관아가 남북 방향의 간선도로를 따라 자리잡았다는 점이 차이다. 대한제국기의 지도라서 등장하는 관부의 이름이 조선의 것과는 다르다.

관아들은 그 기능에 따라 관련된 장소 근처에 있기도 하였다. 빈객에 대한 예우를 담당하던 예빈성禮賓省이나 왕명을 문서로 작성하는 일을 맡은 한림원翰林院 같은 기관은 본궐 안 건덕전 서남쪽에 있었다. 또한 시장 관련 일을 맡은 가구소街衢所와 경시사京市司 같은 기관은 시장거리인 십자가에 동서로 마주보고 있었다.

몽골 침입으로 강화도로 천도했다가 돌아온 이후에 개경의 관서들이 어떻게 되었는지는 정확히 알 수 없다. 경시사 같은 관부는 그대로 십자가에 위치했던 것으로 추정되지만, 다른 관부들은 정확한 위치를 파악할 수 없다. 한편 새로운 관부들이 등장하기도 하였다. 무인정권기 이후 핵심 정치기관이었던 도병마사都兵馬使의 경우, 고려가 멸망할 무렵까지도 독립 건물을 갖지 못했다. 그러다가 원 간섭기를 거치며 도평의사사都評議使司로 이름이 격하된 도병마사는 고려의 마지막 왕인 공양왕 때에 이르러서야 자남산 기슭에 건물을 갖게 되었다. 한편 원의 간섭을 상징하는 부서인 정동행성征東行省은 고려 후기의 특징적인 관부인데, 지금의 태평관太平館 자리에 있었다.

정동행성征東行省 일명 정동행중서성으로, 고려 후기 원나라가 일본정벌(정동)을 위해 설치했다가 뒤에 여·원元 관계를 상징하는 형식적 기구로 기능한 관청이다. 1280년(충렬왕 6) 원나라 세조가 처음 설치했으며, 세조가 죽은 뒤에는 원에 하정사賀正使를 파견하는 의례적인 기구로 바뀌었다가 1299년에는 다시 고려의 내정을 간섭하는 기구로 변하였다. 비록 형식적인 기관이었지만 원나라의 제도여서 관리들이 권력을 마음대로 하는 경우가 많았고, 부원세력附元勢力의 이익을 대변하는 기구로 기능했다. 1356년(공민왕 5) 반원정책을 추진하면서 폐지하였다.

관도에 중심기관들이 자리하면서도 도성 안 곳곳에 여러 기관들이 산재한 개경의 관아 배치는 조선의 한양에 그대로 영향을 주었다. 한양 역시 관도에 해당하는 육조거리가 있었으며, 그곳의 관부들은 길을 사이에 두고 마주보는 형태였다. 또 도성 안 곳곳에 크고 작은 여러 기관들이 산재하였다. 그러나 한양의 경우는 육조거리가 정확하게 궁궐의 남쪽에 위치하여 '전조후시'라는 도성계획 이념에 좀더 부합했다는 차이가 있다.

〔장지연〕

## 1. 고려 태묘와 사직의 역사

'사社'는 토지의 주主이나 땅이 넓어 다 공경할 수 없으므로 흙을 봉하여 '사'로 삼아 그 공에 보답코자 하였고, '직稷'은 오곡의 장長이나 곡식이 많아 편중되게 제사드릴 수 없으므로 직신稷神을 세워 이를 제사하는 것이라 하였다.

(『고려사』 권59, 예 1, 사직 성종 10년 윤2월)

국가의 근본은 종묘가 으뜸이다. 그렇기 때문에 옛날부터 제왕들은 누구나 종묘를 증축하고 비궁匪宮을 창립하여 자목부소子穆父昭의 위치를 설정하고 모든 제향의식을 행하였던 것이다. 우리나라는 시기에 알맞게 정의의 깃발을 들고 천운에 순응하여 왕조의 기초를 열었고 여러 대를 거쳐왔으나 이에 걸맞은 제전을 아직 갖추지 못했다. 변변치 못한 내가 왕위를 계승하여 국가를 훌륭히 다스리는 방책을 더욱 간절히 생각하여 작년부터 태묘를 경영한 것이다.

(『고려사』 권3, 성종 11년 12월)

태묘太廟 혹은 종묘宗廟란 현재의 자신을 존재하게 해준 조상에 대한 보은·보본 사상에서 시작된 관념인데, 특히 충효를 매우 중히 여기는 중국과 우리나라 같은 유교문화권에서 두드러지게 발전했다. 중국에서는 고대국가 시기에 이미 유교사상에 입각한 종묘 제사의례 및 그것들을 수용하는 건축형식들이 완비되어 하나의 국가제도로 정해졌다.

한편 사직社稷은 농경사회에서 파생한 제의로, 땅의 신과 곡식의 신에게 제사를 지내기 위한 단壇이다. 유교문화권이면서 농경사회였던 우리나라와 중국 같은 나라에서 종묘와 사직은 하나의 단어, 즉 종묘사직〔宗社〕이라는 단어로 합성되어 국가의 존립 자체를 상징하는 말로 쓰일 정도였다.

유교적인 종묘·사직 제도 자체는 삼국시대에도 이미 존재한 것으로 짐작되는데, 고려가 이들의 제도를 계승하여 발전시킨 것은 아니었다. 고려의 예제제도는 전반적으로 삼국시대나 통일신라 시기의 전통을 계승하기보다는, 중국의 오례五禮 체제를 받아들여 새로운 예제질서를 구축하려 한 성격이 강했다.

고려에서 종묘·사직을 설치한 것은 개국 후 70여년이 흐른 성종 때였다. 983년(성종 2)에 박사 임노성이 송에서 태묘당·사직당의 그림과 기記를 가져와 왕에게 바쳤고, 그로부터 5년 후에 5묘를 비로소 정하였다. 최종적으로 991년(성종 10)에 사직단을, 이듬해인 992년에 태묘를 낙성하였다.

당시 고려 왕조에서 종묘제도를 정하면서 참고로 한 것은 주로 당나라의 종묘제도였다. 이 무렵 송나라가 2대 태종의 통치기였던 점을 감안한다면 임노성이 송에서 들여온 자료는 그 전 왕조인 당나라의 제도였을 가능성이 크다.

종묘제도를 수용하면서 문제가 된 것은 태조 이래 혜종惠宗·정종定宗·광종光宗이 모두 태조의 아들로서 형제 사이라는 점이었다. 왕위 계승상으로는 순차가 있었지만, 모두 형제이니 같은 등급이 아닌가. 이른바 위차位次와 세차歲次 사이의 갈등이었다. 결국 성종 12년에 정한 태묘 제도는 형제간에 왕위를 계승한 경우는 모두 같은 세대로 취급하여 1묘로 삼았으며, 당나라와 같은 9실제를 택했다. 그리고 성종의 아버지였으나 즉위한 적이 없는 대종戴宗도 추증하여 혜종·정종·광종과 함께 부묘하였다.

사직단은 그 모양은 현재 남아 있는 서울의 조선시대 사직단과 거의 흡사하지만, 규모는 훨씬 컸다. 사직단은 하나의 단이 아니라, 토지의 신을 위한 동쪽의 사단社壇과 곡식의 신을 위한 서쪽의 직단稷檀으로 구성되어 있었다. 각 단의 크기는 같으며, 5방에 5방색(음양오행의 오행을 색으로 나타낸 것으로, 청·백·적·흑·황색을 말함)의 흙으로 덮었다. 너비는 5장 정도, 높이는 3척 6촌 정도 되었고 사방에 계단을 두었다. 이 크기는 중국 당나라와 같은 것이었다.

고려의 종묘·사직제도는 두 제도를 같은 시기에 함께 도입했다는 점에서 주목할 만하다. 삼국시대 각국은 물론 통일신라에도 종묘제도나 사직제도가 없었던 것은 아니다. 그러나 당시에는 이러한 제도를 유교 예제의 전체적인 구도 아래서 통일성 있게 도입한 것이 아니었다. 각국에서 형성된 고유한 제사체계에 덧붙여 시기에 따라 필요로 하는 제도를 선별적으로 도입했기 때문이다. 이런 점에 비추어볼 때 고려의 종묘·사직제도 도입은 유교와 그 예제에 대한 이해가 심화되었음을 증명해주는 것이기도 하다.

이렇게 만들어진 종묘와 사직이 처음으로 맞은 위기는 1011년(현종 2)의 거란의 침입이었다. 이때 거란군이 개경에 들어오자 현종은 황

**고려초의 왕위계승과 혼인정책** 태조 왕건은 후삼국을 통일하기 전과 건국 초기에는 지방의 부유층이자 유력층인 가문과 혼인하다가 본격적인 후삼국 통합전쟁 단계에 들어서는 각 지방 무장층의 딸들과 혼인하였다. 그러나 후삼국을 통일한 후에는 신라의 왕족과 혼인하는 형태로 바뀐다. 태조는 정권기반이 취약했기 때문에 이와같은 혼인을 통해 자기 세력을 구축해나갔던 것이다. 제2대 왕인 혜종과 정종도 통일한 혼인형태를 답습한다. 이런 혼인형태는 당시 왕권이 대단히 불안하여 지방유력층과의 혼인을 통해 왕실을 보호하려는 목적에서 나온 것이었다.

태조는 29명의 비를, 혜종은 4명, 정종은 3명의 비를 그런 목적에서 맞아들였다. 그러다 점차 왕족이 늘어나기 시작하자, 이제는 왕족끼리 혼인을 통해 왕실의 권위와 경제적 기반을 지켜나가려 하였다. 이렇게 해서 다음 왕인 광종 때부터 근친혼이 왕실혼인의 관행으로 나타나게 된다. 그러나 태조·혜종·정종의 혼인 형태 역시 그 취지는 근친혼과 같다고 할 수 있다.

광종대 이후 근친혼에서 공통적으로 나타나는 현상은, 근친혼의 범위가 모두 태조 비 가운데 충주 유씨와 황주 황보씨의 왕자와 왕녀 간에 이루어지고 있다는 사실이다. 태조는 29명의 비 가운데 6명은 왕후라 칭하고 나머지 23명은 부인이라 칭했다. 왕후와 부인의 칭호는 그 소생자가 왕위계승 자격이 있느냐 아니냐에 따라 구분되었다. 그러나 6명의 왕후 소생 가운데서도 실제로 고려 초에 왕위를 계승한 이들은 나주 오씨, 충주 유씨와 황주 황보씨 소생자뿐이다. 혜종은 나주 오씨의 소생이었고, 정종과 광종은 충주 유씨, 경종은 충주 유씨. 다음의 성종은 황주 황보씨, 목종은 충주 유씨 가계 출신으로 왕위도 이 두 가계에서만 교대로 계승되었고, 왕위가 다른 가계로 옮겨가면 전왕 가계의 왕자를 사위로 맞아 왕위를 잇게 하였다. 이런 경향에서 벗어난 것은 현종부터로, 현종 이후 이성異姓 후비와의 혼인이 확대되면서 근친혼의 범위나 사례도 점차 축소되었다.

급히 개경을 떠나 나주까지 몽진을 가야 했는데, 이때 개경의 태묘와 궁궐, 민가들은 모조리 소각되었다. 침입이 마무리된 후 3년 동안은 신주를 모실 곳을 짓지 못해 각 왕릉에서 모시고 제사를 지내다가 1014년(현종 5)에야 임시로 재방齋房을 짓고 태묘의 신주를 모셨다. 같은 해에 사직단도 수리하였다. 그러다 1027년(현종 18)에야 본격적으로 태묘를 중수했다.

이후 태묘 제도는 정종靖宗(재위 1035~46) 때에 이르러 한차례 논란을 겪게 된다. 현종의 아들인 정종이 형인 덕종德宗을 이어 즉위하면서 덕종을 부묘하는 데 문제가 생긴 것이다. 당시 태묘에는 시조묘인 태조와 혜·정·광·대종(1昭), 경종·성종(1穆), 목종(2昭), 현종(2穆)이 부묘되어 5묘가 완비된 상태인데, 여기에 덕종을 부묘하려면 윗대의 신주를 체천遞遷(태묘에서 신주를 모셔다 왕릉에 모시거나 신주를 태워 묻어서 태묘에서 내가는 것)해야 했다. 신주를 옮기지 않는(不遷之主) 태조를 제외한다면, 혜·정·광·대종의 신주를 체천해야 하는데, 그러기에는 이들이 조부 항렬로 아직 체천할 때가 되지 않았다. 그래서 논란이 일다가 결국은 덕종도 그냥 부묘하여 3소 2목이라는 옛 제도에 없는 제도를 행하게 되었다. 인종仁宗(재위 1123~46) 때에는 친진親盡(상복을 입을 대수가 다했다는 의미로, 제사의 의무가 없어졌음을 뜻한다)이 된 혜종·정종·광종·대종과 성종·목종 등의 신주를 체천하고 다시 2소 2목의 5묘를 행하기도 하는 등의 변화를 겪었고, 의종毅宗(재위 1146~70) 때에 이르러 정종·광종 등 7위의 신주를 모신 별묘를 건립하면서 다시금 그 제도가 정비되었다. 의종 때 별묘에 모신 신주는 정종定宗·광종·경종·성종·목종·덕종·정종靖宗이었고, 태묘에는 태조·혜종·현종·문종·순종·선종·숙종·예종·인종을 모셨다. 그 신주를 살펴보면, 대체로 태묘에는 의종의 직계조상에 해당하는 선왕들의 신주가, 별묘에는 방

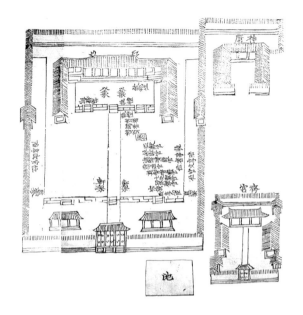

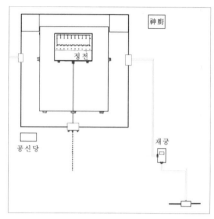

『국조오례의』의 「종묘전도」(왼쪽)와 고려의 태묘 추정도(오른쪽). 조선 종묘의 동쪽과 서쪽에 월랑이 있는 점과 공신당 건물이 담 안에 있는 점 등이 고려 태묘와 다르나 재궁의 위치, 월대의 존재 등 기본적인 구성은 양쪽이 대동소이하다.

계인 선왕의 신주가 모셔진 것을 알 수 있다. 의종 때 별묘를 건립하면서 재정비된 묘제는 7묘제였는데, 이는 천자의 묘수에 해당하는 것이다. 희종熙宗(재위 1204~11) 때에는 혜종과 현종이 모두 공로와 덕성이 있다고 하여, 태조와 함께 백세불천위百世不遷位로 정하였다.

사직의 경우, 1052년(문종 6)에 황성 안 서쪽에 사직단을 신축하고, 그 달에 왕이 직접 가서 제사를 지내는 변화가 있었다.

태묘·사직단의 또 한번의 커다란 시련은 바로 몽골 침입이었다. 1232년(고종 19) 고려 정부는 강화도로 천도하면서, 태묘와 사직의 신주들도 같이 옮겼다. 이들은 원종 때 개경으로 환도한 후에야 돌아올 수 있었다. 태묘의 경우, 1272년(원종 13)에 건물이 완성되기 전까지는 개경 이판동尼坂洞에 잠시 신주를 모시기도 하였다. 이후 1291년(충렬왕 17) 무렵 합단哈丹의 침입으로 1년여 잠시 강화도로 천도했을 때나 공민왕대 홍건적의 침입 때도 태묘와 사직의 신주들은 황급히 옮겨지

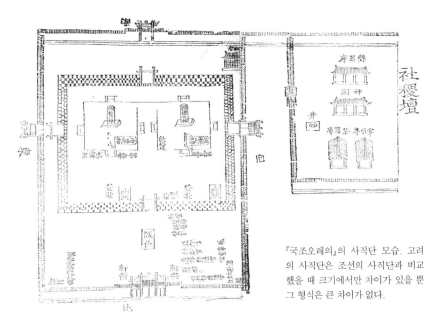

『국조오례의』의 사직단 모습. 고려
의 사직단은 조선의 사직단과 비교
했을 때 크기에서만 차이가 있을 뿐
그 형식은 큰 차이가 없다.

곤 하였다.

그러다 1310년(충선왕 2) 9월에 태묘를 개건했다. 충선왕은 세자시절부터 원나라에서 생활하여 대도大都(원의 수도, 지금의 북경)의 모든 제도를 직접 보아 잘 알고 있었다. 원의 간섭 아래에서 제후 5묘라는 규정을 의식하지 않을 수 없었을 것이다. 당시 원의 종묘도 7칸이었는데 제후국인 고려가 9실을 유지하기는 힘들었을 터이고, 그렇다고 9실의 신주를 일시에 5실로 강등하기도 쉽지 않았다. 그 결과 5실제의 5칸에 현종이나 혜종 같은 불천위를 모시는 동서익실東西翼室로 나머지 4실을 고쳐 지었다. 예제를 준수하고 원의 견제를 막으면서도 고려의 전통을 유지하는 절묘한 해법이었던 셈이다.

이후 부원세력을 몰아내고 난 1357년(공민왕 6)에야 9실제로 되돌리자는 논의가 일어나고 1363년(공민왕 12) 홍건적의 침입이 가라앉은 후 개경으로 돌아와 9실의 신주를 재봉안했다. 그러나 태묘의 건축적

합단哈丹의 침입 1290년(충렬왕 16) 원나라의 반군 합단이 고려를 침입한 사건이다. 그는 만주에서 반란을 일으켰으나 원나라 장수에게 패하자 방향을 바꿔 고려의 동북변을 침입하였다. 1290년초 합단적이 국경에 침입하자 고려에서는 11월 주요 책과 태조의 소상을 강화도로 옮겼으며, 12월 충렬왕은 강화도 선원사로 옮겼다. 합단적은 1291년 1월 원주, 3월 충주, 5월 연기에서 크게 패함으로써 사실상 붕괴하였다. 7월 개경환도가 결정되면서 충렬왕의 강화도 생활은 사실상 끝이 났지만, 공식적으로 수도를 다시 개경으로 옮긴 것은 1292년 정월이었다.

특성은 충선왕 때의 것에서 크게 변하지 않았다.

　왕조만 보존되면 그래도 제모습을 찾을 수 있었던 종묘·사직은 고려가 망하면서 그 운명을 다하였다. 그나마 사직은 조선시대에 지방 각 군현에도 설치되었기 때문에 이후에도 나름대로 이용되었다. 그러나 종묘의 운명은 그렇지 않았다. 망한 왕조의 조상신은 모실 가치가 없는 것이다. 조선이 건국되고 태조 이성계가 즉위한 그해 10월에 개경의 종묘는 헐리고, 그 자리에 태조 이성계를 위한 새로운 종묘가 건설되는데, 이 또한 천도 논의가 일어나면서 중지되었다. 이로써 고려 개경의 종묘는 400년의 오랜 역사를 마감하였다.

## 2. 태묘·사직의 위치

　태묘와 사직은 어디에 건설하는가? 태묘·사직 제도는 그 기원이 오랜 만큼 도성 안에서의 위치에 대해서도 오래 전부터 정해진 격식이 있었다. 중국 주나라의 관제를 기록한 『주례』에 따르면, 궁궐을 중심으로 태묘는 왼쪽, 사직은 오른쪽에, 즉 동쪽에 태묘가, 서쪽에 사직단이 위치해야 한다(좌조우사左祖右社의 원칙). 지금의 서울을 생각해 보면 바로 알 수 있다. 경복궁의 서쪽에 사직공원이 있고, 동쪽에 종묘가 있다. 조선의 종묘와 사직은 그 위치가 정연한 대칭이 아니었던 데 비해, 중국의 종묘·사직은 궁궐을 중심으로 대칭으로 위치하는 경우가 많았다.

　그렇다면 개경에서는 어떤 모습이었을까? 그런데 이보다 먼저 해야 할 질문이 있다. 개경에서 태묘와 사직은 어디에 있었을까? 이러한 의문을 불러일으키는 이유는 관련 기록이 워낙 적을 뿐더러 유구

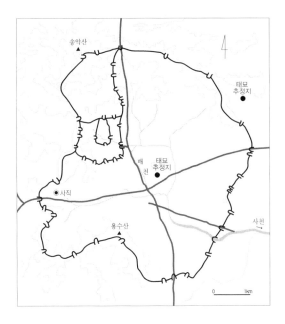

개경 태묘와 사직 위치 추정
도. 사직은 나성의 서문인
선의문 안쪽에. 태묘는 나성
밖과 나성 안에 두 곳의 추
정지가 있다. 대체로 궁궐의
좌우에 위치하고 있어 좌조
우사左祖右社의 개념에 부
합한다.

遺構도 제대로 남아 있지 않아서 그 위치를 정확하게 집어낼 수 없는 형편이기 때문이다.

우선 태묘의 경우, 추정지가 두 곳이다. 하나는 개경의 나성 안이고, 다른 하나는 나성 밖 부흥산 기슭이다. 15세기에 편찬된 『동국여지승람』에서는 나성 안 이판동 부근을 태묘라고 보았지만, 조선 후기에 나온 개성 관련 읍지에서는 두 곳 모두를 '태묘동'이라고 하며 부흥산 기슭의 태묘를 원묘原廟라고 추정하였다. 그렇다면 어디가 진짜 태묘의 위치였을까? 발굴조사 등이 이루어지지 않았기 때문에 확실하게 알 수는 없지만, 조선개국 당시의 기록으로 미루어볼 때 부흥산 기슭의 태묘 자리가 원래의 위치이고, 나성 안 이판동 추정지는 개경환도 후 태묘 건물을 짓기 전까지 이 부근에 신주를 모셨던 데서 비롯한 것이 아닌가 짐작된다.

사직은 991년에 축조되었다가, 60년이 흐른 후 황성 안 서쪽에 신축했다는 『고려사』의 기사가 전해진다. 지금 사직의 위치로 남아 있는 곳은 나성의 서쪽 문인 선의문(오정문) 안쪽 자리이다. 지금까지 황성은 궁예 때 지어진 발어참성의 남반부, 즉 만월대를 중심으로 한 일부 지역에 불과한 것으로 여겨져왔기 때문에, 현재 남아 있는 사직단 터 외에 만월대 부근에 사직단 터가 더 있을 가능성도 생각해볼 수 있다. 그러나 현재 알려진 사직단 터 외에는 기록이나 유구로 확인되는 곳이 없다. 이때 기사에서 황성이라는 말이 고유명사가 아닌 보통명사처럼 사용된 것이라고 해석한다면 사직단 터는 현재 남아 있는 위치에서 변경된 적이 없다고 볼 수 있다. 여하간 현재 사직의 자리로 남아 있는 곳은 선의문 안쪽, 옛 불은사 터 옆자리이다.

전반적으로 보면 태묘는 본궐의 동쪽에, 사직은 본궐의 서쪽에 위치해서『주례』의 '좌조우사' 에 들어맞는다. 그러나 태묘와 사직의 위치를 선정하는 데에는 좌조우사 외에 다른 요소도 함께 고려한 것으로 보인다. 바로 개경의 지세였다. 풍수에서 명당, 혈을 둘러싼 사신사四神砂가 중요하다는 것은 앞서 본 바 있다. 이에 더해 사신사는 그곳에 위치할 건물들의 입지를 결정하는 중요한 요소가 된다. 개경에서도 사직은 사신사 중 백호에 해당하는 오공산자락에, 태묘의 경우는 청룡에 해당하는 맥에 의지해 터를 잡았다. 이런 점을 모르고 본다면 궁궐과 태묘·사직의 위치는 서로간에 아무런 상관관계가 없이 불규칙하게 자리잡은 것 같다. 그러나 이 셋의 위치를 풍수적으로 살펴보면 그렇지 않다는 사실을 알 수 있다. 개경 전체의 주산이 되는 송악에 의지하여 가장 중요한 궁궐을 두고, 그 좌우 산줄기인 청룡과 백호에 의지하여 태묘와 사직을 지은 것이다. 이런 점은 조선의 한양에도 계승되었다. 주산인 백악白岳에 의지하여 경복궁을 건설하고 백호인 인왕산仁王山에 기대어 사직을, 타락산駝駱山(낙산, 낙타산) 연맥에 종묘를 지은 것이 바로 그 예이다.

## 3. 태묘와 사직의 제사들

태묘나 사직에 지내는 제사는『고려사』예지禮志의 길례조吉禮條 중 대사大祀에 속한다. 이는 큰 제사라는 뜻이니 꽤나 중시하던 제사임을 알 수 있다. 태묘에 지내는 제사는 날짜가 정해진 것으로는 한식과

조선 종묘제례 설행 모습. 종묘제례는 참가인원이나 순서, 복식과 제물 등에서 다른 어떤 제례보다 높은 격식을 갖춘 것이었다. 아래는 제례의 헌관들.

납일臘日(동지 뒤 세번째 술일戌日) 제사가 있다. 이외에 4절기 중 첫달에 좋은 날을 택해 지내는 제사들도 있었다. 이러한 제사들 중에서도 관리를 보내 지내는 것이 아닌, 왕이 친히 행하는 제사는 더욱 격이 높았다.

태묘에서 제사지낼 날이 정해지면, 왕은 7일 전부터 재계에 들어가고, 3일 전에는 관련 부서들에서 분주하게 제사지낼 준비를 한다. 왕을 비롯한 여러 관리들의 자리와 음악을 연주할 악공들의 자리 배치, 태묘 주변 청소, 제사에 쓸 희생犧牲 준비 등등으로 분주하고, 희생이 살쪘는지를 검사하는 날에는 태묘 부근에 사람 다니는 것도 금지하였다.

제사 하루 전날 새벽녘, 의장대는 전정殿庭에 주욱 정렬하여 그 엄숙한 분위기를 더하고, 높은 품관의 신하들과 종친들은 각각 전문殿門 밖에, 그 이하 관리들은 의봉문儀鳳門 밖에서 문관은 동쪽에, 무관은 서쪽에 서서 정렬한다. 잠시 후 북소리와 함께 자황포를 갖춰 입은 왕이 전각에 나와 좌정하여 간단한 예를 행하고, 전殿에서 나와 가마를 타고 태묘로 향한다.

이 시각 태묘에서는 각 제관들이 제복을 갖춰 입고, 제상을 차리기 시작한다. 여러 모양의 술잔마다 각기 다른 술을 담고, 각양각색으로 생긴 제기에 나물·각종 곡식·국·고기·떡 등을 담아 정성스럽게 차려 신이 내려오는 것을 맞을 준비를 한다. 제상을 차리면서 행여 지저 분해졌을지도 모르는 당堂의 위아래를 다시 소제하고, 각 신실神室에 들어가 신주를 내와 제사 자리에 차려놓고, 왕의 수레가 도착하기를 공손하게 기다린다.

왕의 행차가 흥례문興禮門을 지나 의봉문을 지날 때 대기하고 있던 백관은 왕의 출궁을 환송하고, 궁궐의 정문인 승평문昇平門을 지나서야 시신侍臣들은 말을 타고 태묘로 향한다. 어슴푸레한 속에서 관리들의 패옥佩玉이 부딪치는 잘그락잘그락 소리와 느릿한 장단으로 또각또각 걸어가는 말발굽 소리만이 들리는, 태묘로 가는 왕의 행렬은 장엄하면서 공경을 다한 엄숙한 것이었다.

왕이 태묘에 도착하여 재궁齋宮에 들어가면, 음악을 연주할 악공들과 춤을 추는 무공들이 태묘 뜰에 들어와 자리를 잡는다. 고요한 가운데 악공들과 무공들의 저벅저벅 줄지어 걸어들어오는 소리는 제사가 임박했음을 알린다. 관리의 인도를 받아 면류관과 곤룡포로 갈아입은 왕이 정문으로 들어와 뜰 아래 동쪽의 제 위치에 설 때까지 뜰 아래의 악공들은 느릿느릿하면서도 엄숙한 분위기의 음악을 연주한다.

"맡은 자들이 다 준비하였으니 행사를 진행하시길 바랍니다"라는 관리의 말에 왕이 손을 씻고 당에 올라 각 신위에 술을 올리는 것으로 드디어 태묘의 제사가 시작된다. 술을 올리고 난 후 왕이 뜰 아래 자리로 돌아오면, 제기 뚜껑을 열고 곡식들을 올리는 등의 준비를 갖춘다. 그리고 왕이 다시 당에 올라 음식을 바치고, 올린 술을 맛보는 등 제례를 행한다. 왕이 내려올 즈음에는 그 다음 술을 바칠 아헌관亞獻官(태자가 있을 경우에는 태자가 아헌관이 된다)과 종헌관終獻官이 당에 올라 예를 행하고, 이때 전에서는 무공의 춤이 시작된다.

이후 음복을 하고, 신을 돌려보내는 송신送神의 예를 행하며, 신주

**삼헌三獻의례** 전통제례의 서에서 술잔을 세번 올리는 일이 삼헌으로, 초헌初獻·아헌亞獻·종헌終獻이 그것이다. 아헌 때 술잔을 올리는 제관을 아헌관이라고 한다. 아헌관으로는 보통 기제사 등 일반 제사에서는 제주의 부인이 잔을 드리게 되고, 종묘·문묘의 제례나 특정한 행사를 치르기 위하여 서제序祭로 지내는 제사에서는 초헌관 다음으로 중요한 역할을 하는 사람이 잔을 드리게 된다. 방법은 초헌 때와 같아서 먼저 제상 앞에 무릎을 꿇고 앉은 아헌관에게 집사자가 제상에 있는 술잔을 내려주면 아헌관이 술잔의 술을 퇴주退酒 그릇에 붓고, 다른 집사자가 술병을 들고 잔이 차게 술을 따라 준다. 아헌관이 술잔을 향불 가까이 가져갔다가 내리면 집사자는 그 술잔을 받아 신위 앞에 올려놓는다. 조상의 혼백을 함께 모시는 합설合設인 경우 먼저 고위(考位, 죽은 아버지, 할아버지 등의 位) 앞에 올리고, 비위(죽은 어머니, 할머니 등의 位)는 그 다음에 올린다.

74

를 다시 모셔들이고 제사 때 읽은 축문이 씌어진 축판祝板은 불사른다. 축판은 모두 대나무로 만든 죽책竹冊을 썼지만 태조 왕건의 축판만은 옥으로 만든 옥책을 썼다. 조선시대에는 태조 이성계의 것도 모두 죽책을 썼다.

예식이 끝나고 왕이 재궁으로 돌아가 잠깐 머무는 사이 관리들과 의장대는 돌아갈 준비를 한다. 예식이 시작될 즈음은 새벽녘이었으나 각 신주마다 술과 음식을 올리고, 이것을 초헌관인 왕과 아헌관, 종헌관이 반복했을 것을 생각하면 전체 과정은 적어도 반나절은 걸리는 기나긴 예식이었을 것이다. 어느새 해가 중천에 뜬 시각에 북소리와 함께 왕은 곤룡포와 면류관에서 강사포絳紗袍(왕이 신하들에게 하례받을 때 입는 붉은빛의 예복)로 갈아입고 가마에 올라 궁궐로 돌아온다. 승평문에서 남아 기다리고 있던 백관들은 마중나와 두번 절하고 왕을 맞아들이고, 궁궐 안으로 왕이 들어옴으로써 기나긴 하루의 제례는 끝을 맺는다.

태묘의 제례과정을 아주 간략하게 서술했지만, 실제 예식은 이보다 훨씬 더 복잡하였다. 규圭를 잡았다 놓았다, 절을 했다 일어났다, 당

1910년경의 한양 사직단
(『조선고적도보』).

위에 올라갔다 내려왔다 하는 이러한 과정, 또 어디 태묘 제사뿐인가? 원구圓丘·선농先農·적전籍田 제사 등 수많은 제사가 일년에 빼곡이 들어차 있었던 것을. 때문에 이 예식들을 순조롭게 행할 수 있는 자질은 왕이나 왕자를 평가하는 중요한 기준이기도 하였다. 태묘 제사의 예만 보아도 알 수 있듯이, 이런 제사를 한번 지내자면, 그것도 왕이 친향하는 경우라면, 거의 하루——준비과정까지 따지면 적어도 1주일——동안은 제사만 지내고 아무것도 못하는 상황이 된다. 그러니 비록 그것이 미덕이더라도 태묘와 다른 곳들의 제사를 모두 친향할 수는 없었고 관리들을 대신 보내 제사를 지내곤 하였다. 조선시대에 『고려사』를 편찬한 이들은 상례적으로 있던 제사들은 일일이 기록하지 않고, 왕이 친향한 경우만 특별히 기록하였다. 그것은 친향 자체가 모범이 되기도 하고, 그만큼 친향이 힘들기 때문이기도 했다. 하지만 또 한편으로 친향이 그다지 많이 이루어지지 않은 것은 그것이 힘들기 때문만은 아니었다. 아무리 힘들고 돈이 많이 들어도 왕실 조상에 대한 숭배를 통해서 왕의 권위를 정치적으로 내세울 수 있는데 이를 굳이 마다할 이유가 없다. 실제로 조선에서는 유교적인 국가제례를 자주 그리고 공들여 행함으로써 왕실의 위엄을 과시하기도 했다. 그렇지만 고려에서는 유교적 제례가 아니더라도 왕실의 위엄을 떨칠 행사들이 얼마든지 있었다. 일년에 두 차례, 연등회와 팔관회라는 축제를 통해서도 가능했고, 조상숭배 자체도 다른 장소에서 더 많이 행해졌다. 그런 점에서 고려의 태묘는 상대적으로 제한적인 역할을 했다고 하겠다.

제사에 쓰이는 도구들은 어떠한가. 전란도 겪고 오래 쓰다 보면 제복과 제기들은 낡게 마련이다. 낡은 것들은 모두 태우거나 묻어 없애고, 새로 장만해 쓰곤 했다. 또 제사에 올리는 제물은 정갈하게 길러

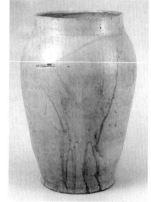

순화 4년명 호와 그 바닥의 명문(993년, 보물 276호, 이화여대박물관 소장). 현존하는 고려 도기 가운데 명문이 있는 가장 오래된 것 중의 하나이다. 순화淳化 4年(993) 태묘 제1실에 부장되었음을 나타내는 명문이 항아리 굽 바닥에 새겨져 있다.

살진 희생과 제철 음식으로 따로이 준비해야 했다. 그러나 국가가 흔들리면 정성이 필요한 부분에서부터 표가 나게 마련이다. 강화도에서 개경으로 환도한 이후, 술과 포 같은 음식들은 시장통에서 사다 쓰게 되었고, 충숙왕 때는 왕이 잡아온 날짐승을 태묘에 바치라고 했더니, 심부름꾼이 그것을 훔쳐 갖고 태묘에는 자기 집에 있던 말라빠진 것으로 바꾸어 바친 일도 있었다.

사직의 경우 정해진 제사일은 2월과 8월의 첫번째 무일戊日과 납일臘日이었다. 이는 봄에 한해의 풍작을 기원하고 가을에 풍작을 감사한다는 의미가 담긴 것으로, 근본적으로 사직제사가 농사가 잘되기를 바라는 농경사회의 제례임을 보여준다. 이러한 성격은 아래 축문에서도 잘 읽을 수 있다.

중추라 8월이면 좋은 절기 되었으니
상무上戊일 좋은 날에 이 제사 지내노라
소박한 제전 차려 정성껏 벌여놓고
큰 풍년 되어지라 우러러 비나이다

(이규보 『동국이상국집』 권40, 추례사직제축秋例社稷祭祝)

이 축문에서처럼 풍년이 되기를 비는 것 외에도 승전을 기원하거나 비나 눈이 오기를 바라면서 사직단에서 특별한 제사를 지내기도 하였다. 사직제사의 전반적인 제례 절차는 태묘나 기타 제례와 비슷하나, 친향도 거의 없고 비중도 적은 편이었다. 그러나 선조들의 마음을 잇는다는 점에서 오늘날 계승해야 할 제사는 어쩌면 일개 왕가의 제사인 종묘제사보다는 사직제사일지도 모르겠다.

# 4. '천자국'고려의 태묘와 사직

천자는 7묘廟를 세우고 제후는 5묘를 세우며, 왼쪽에 종묘宗廟를 세우고 오른쪽에 사직社稷을 세우는 것은 옛날의 제도이다. 그것이 전조前朝(고려)에서는 소목昭穆의 순서와 당침堂寢의 제도가 법도에 합하지 아니하고, 또 (종묘가) 성 밖에 있으며, 사직은 비록 오른쪽에 있으나 그 제도는 옛날의 것에 어긋남이 있다.

(『태조실록』권1, 태조 1년 7월 28일 즉위교서)

조선을 건국하고 이성계가 내린 즉위교서에서 제일 처음 지적한 것이 이러한 내용이다. 이 내용은 고려의 태묘와 사직에 대해 다루고 있는만큼 자세히 살펴볼 필요가 있다. "천자는 7묘를 세우고, 제후는 5묘를 세운다." 이것은 『예기禮記』에서 규정하고 있는 것이다. 천자와 제후, 그 아래 경대부卿大夫로 등급이 내려갈 때마다 각자가 취할 수 있는 예제는 일정한 규모로 제한된다. 이 얘기는 중국 천자는 7묘를 쓸 수 있지만, 조선 같은 제후국에서는 5묘를 써야 한다는 것이다. 그러나 전조, 즉 고려에서는 '소목의 순서와 당침의 제도', 즉 종묘의 묘제가 이에 맞지 않았다. 또 좌조우사가 원래 맞는 제도인데, 종묘는 (왼쪽에 있기는 하지만) 성 밖에 있다. 사직은 어떠한가? 위치는 제대로 오른쪽에 있지만 제도가 옛 법과 맞지 않는다. 여기서는 대체로 이런 얘기를 지적하고 있다.

그렇다면 도대체 고려의 태묘와 사직이 어떠했길래 이렇게 문제가 많다고 지적하고 있을까? 고려의 오례 중 태묘와 사직이 포함되어 있는「길례조」를 보면 그 원인을 살펴볼 수 있다. 조선의 경우에는 고려의 길례에 포함되어 있던 하늘에 대한 제사인 원구와 땅에 대한 제사

인종 장릉에서 출토된 옥책
과 탁본. 옥책의 사용은 중
국 천자에나 준하는 의전이
었다.

인 방택方澤이 빠져 있고, 종묘와 사직만 포함되어 있다. 원구제사와
방택제사는 원래 천자만이 지낼 수 있는데, 고려에서는 이를 행한 반
면 조선은 제후국으로서 실행할 수 없는 제사라고 여긴 것이다.

태묘의 경우도 성종대 창건했을 때부터 제후5묘 제도를 천명하기
는 했으나 상황에 따라 7묘 또는 6묘가 되는 등 묘수가 예제에 맞지
않았다. 이뿐만 아니라 태조 왕건의 묘실에는 옥책이 사용되었는데,
이는 중국 천자에나 준하는 특별한 의전이었다. 이외에도 제기를 놓
는 그릇인 변두邊豆의 숫자나 폐백, 재계하는 일수 등에서도 천자국
인 중국 당나라의 제도와 동일하였다.

한편 고려의 사직은 너비가 5장이었는데, 원래 중국 주나라 제도에
따르면 천자의 사직은 너비가 5장이며, 제후의 사직은 그 절반인 2장
5척이어야 한다. 이를 보면 고려 사직 역시 중국의 제도를 준용했음
을 알 수 있다. 조선의 사직은 너비가 2장 5척이었으니, 조선에서는
고려 사직의 '참람된' 크기를 수정하여 적용한 것이다. 이런 전반적인
점에서 고려가 지향하던 정치적 이념을 엿볼 수 있다. 바로 자신들의
국가와 왕실이 중국과 대등하고 자신들이 천자국에 살고 있다고 믿었
던 고려사람들의 신념이다.

그렇다면 이러한 전반적인 예제를 '스스로 제후국에 맞추어' 자발적으로 격하한 조선사람들은 자존심도 없는 사대주의자였던 것인가. 그러나 이들의 사대주의는 일종의 보편주의라 볼 수도 있다. 원제국의 세계체제를 겪고 그들과의 활발한 교류를 거쳐 성리학을 수용하게 된 고려말 조선초, 이 시기의 학자들은 우물안 개구리 격인 예제보다는 '세계질서 속에서의 합리적 예제'를 추구한 것이다. 또한 성리학 자체가 그러한 예제를 강조하는 학문이기도 했다.

조선이 들어서면서 고려의 예제를 많이 비판하기는 했지만, 사실은 직접적인 영향을 받은 부분이 훨씬 더 컸다. 이성계의 즉위교서에서 일체의 의장제도를 우선 고려의 예제를 따르도록 한 것뿐만 아니라, 태묘와 사직을 보더라도 조선의 예제가 고려의 것에서 얼마나 많은 영향을 받았는지를 알 수 있다. 사직의 경우, 비록 그 크기는 줄었지만 기본형식이나 제례방식에서 큰 틀은 고려의 것을 그대로 준용하였다. 태묘의 경우도 마찬가지이다. 현재 조선 종묘에서 볼 수 있는 독특한 건축형식이나 예제는 고려의 것을 그대로 준용한 데서 비롯한 것으로, 이런 점은 조선이 망할 때까지 지속되었다. 이는 고려시대에 형성된 유교예제가 조선말에 이르기까지 하나의 전통으로서 고유성을 획득했기 때문이라고 해석할 수 있다.


## 5. 조상숭배의 또다른 형태, 왕실 원당과 진전

태묘가 유교적인 조상숭배 형식으로 고려시기에 그 체제를 정비해 조선에 큰 영향을 주기는 했지만, 고려시기에 조상숭배의 예를 행한 주요 장소는 사실은 태묘라기보다 사찰(원당願堂)이나 진전眞殿이었다. 고려초부터 왕실과 관료들은 원당을 만들어 제례를 실천하였고, 이러한 원당에는 왕실 인물들의 초상화를 모시는 진전이 설치되기도 하였다. 또한 독립된 진전도 있었는데, 경령전景靈殿이 그것이다. 『고려사』에는 조상숭배와 관련해 이러한 원당에서 진전재眞殿齋를 통해 이루어지는 기일재忌日齋에 대한 서술이 가장 많고, 여기에 들이는 비용과 배려는 태묘에 비할 바가 아니었다.

개경 시내와 교외의 사찰 가운데 원당으로 유명한 곳이 많았는데, 연등회 때 행향行香이 이루어지던 봉은사, 현재 발굴이 행해지고 있는 영통사靈通寺, 서긍이 자세히 묘사한 안화사安和寺, 10층 석탑이 유명한 경천사 등이 대표적이다. 진전인 경령전은 송의 경령궁景靈宮 제도를 본뜬 것으로 현종 때부터 기록에 등장하기 시작하며, 원당을 일일이 옮겨 건설할 수 없었던 강화도 천도기에 특히 중시되었다.

고려 왕실에서 원당을 통한 조상숭배를 행한 것은 불교에서도 효孝를 강조하므로 유교와 같은 맥락에 있다는 인식 때문이었다. 즉, 효를 통한 정치와 교화를 유교뿐만 아니라 불교를 통해서도 할 수 있을 정도로 불교에도 경세교학經世教學의 의미가 있다는 유불일치론의 인식이 있었던 것이다. 그러나 원당에서 행해진 기일재에서는 부왕과 모후만을 중시하여, 유교적인 4대 중시 관념과는 차이를 보였다.

조선에 들어서 개성에는 목청전穆清殿처럼 태조 이성계의 초상화를 모신 진전이 건설되기도 했으며, 한양과 영흥, 전주 등에도 진전이 건설되어 진전제도를 계승하였다. 원당의 경우, 조선에서 유교를 국가이념으로 삼았던만큼 한양 내에 원당이 건설·유지되는 경우는 극히 드물었다. 그러나 왕릉과 결합하여 유지되는 형태 등으로 지속되었다.

개경과 그 주위의 원당에 있었을 수많은 고려 왕실의 초상화는 어떻게 되었을까? 15세기경까지만 해도 일부 사찰에 초상화가 있었다는 기록이 보인다. 개성 광명사廣明寺에 놀러 간 사람에게 그곳의 스님이 목종의 초상화를 보여주었다고 하며, 그 사람이 보았을 때 목종의 초상화는 하도 낡아서 손을 대기만 하면 비단올들이 바스라졌다고 한다. 개성의 수많은 사찰들은 조선시대에 들어와 거의 유지되기가 힘들었고, 임진왜란과 한국전쟁을 거치면서 많은 피해를 입었다. 그래도 어딘가에 고려 왕실의 초상화가 아직 숨겨져 있지는 않을까. 문득 고려 왕가의 얼굴이 궁금해진다.

〔장지연〕

# 개경의 절

우리나라에서 불교를 숭상한 지는 오래되었다. 신라의 옛 서울에는 절이 민간의 집보다 많았고, 또 송도松都에서도 그랬으며, 왕궁과 큰 집들이 모두 절과 연해 있어 왕이 후궁과 더불어 절에 가서 향을 피우지 않는 달이 없었으며, 팔관회八關會와 연등회燃燈會에 대례大禮를 베풀되 모두 절에서 하였다.

(성현 『용재총화慵齋叢話』 권8)

15세기 지리서인 『동국여지승람』에 의하면 당시까지도 개경에는 17곳의 절이 건재하였고, 19곳의 절터가 확인되었다. 또한 고려 당시의 기록이나 조선시대 기행문에도 고려의 수도 개경에는 수백개의 크고 작은 절이 있으며 그중에는 규모가 수천 칸에 이르는 것들도 있었다고 전한다.

신라 수도 경주에는 절이 기러기처럼 늘어서고 탑이 별처럼 벌여 있을 만큼 많은 절이 있었다고 하는데, 개경도 경주 못지않게 절과 탑이 늘어서고, 많은 승려들이 상주하거나 왕래하였으며, 도량道場이 설치되거나 행사가 있는 날에는 신자들로 붐볐을 것이다. 오늘날 동네마다 들어선 크고 작은 교회들의 십자가 불빛이 서울의 밤하늘을 붉게 물들이듯이.

고려시대 개경의 불교를 마지막으로 절은 산속으로 들어가게 되었고, 오늘날에는 우리의 전통적인 불교문화가 산간불교山間佛敎라고 알려지게 되었다. 그러나 고려시대에는 국도불교國都佛敎의 성격이 강하여 수도 개경에는 국가 또는 왕실에서 중시하는 절이 수십 곳에 들어서 있었다. 개경의 절은 이때의 불교가 체제 내에 완전히 포섭된 국가불교로서, 전국민적인 종교로서 자신의 역할과 위치를 정착시키고, 고려 500년간 어떤 역할을 해왔는지를 이제는 아련하게 남아 있는 잔영으로 우리들에게 이야기해줄 것이다. 또한 종교와 사상이 그 사회에서 당연한 의무를 다하지 못하고 비판과 정화의 기능을 상실했을 때 결국은 외면당하고 사회 중심부에서 소외되고 만다는 쓰라린 경험과 교훈을 던져줄 것이다. 이제 천년의 시간을 거슬러올라가 개경 사찰여행을 시작해보자.

## 1. 개경에 절이 들어서다

919년 고려 태조가 개경에 수도를 정하던 때 이전의 절 가운데 현재 알려진 것은 없다. 이렇게 보면 개경, 특히 수도로서 개경의 절을 살펴볼 때 그 출발점은 고려 건국이 된다.

우리나라의 대업은 반드시 여러 부처님(諸佛)의 가피력加被力에 힘입어야 한다. 그러므로 선禪·교敎의 사원들을 창건하여 주지를 파견하고 불도佛道를 닦게 함으로써 각각 그 직책을 다하도록 하였다. 그러나 후세에 간신들이 권력을 잡으면 승려들이 부추김을 받아 서로 다투게 될 것이니, 이런 일은 엄격히 금해야 하는 것이다.
모든 사원은 도선道詵의 의견에 따라 국내 산천의 좋고 나쁜 것을 가려서 창건한 것이다. 도선의 말에 의하면 자기가 선정한 이외에 함

부로 사원을 짓는다면 지덕地德을 훼손하여 국운이 길지 못할 것이라
고 하였다.

(『고려사』 권2, 태조 26년 4월 훈요십조)

**고려불교의 중심지 개경의 절들**
* 1~10까지가 태조 10찰이다.

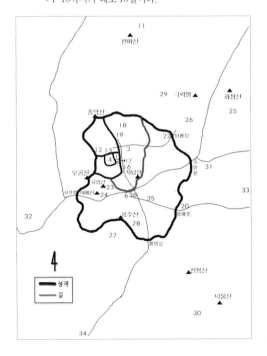

### 개경의 절

| 절이름 | 창건연대 | 위치와 특징 |
|---|---|---|
| 1. 법왕사法王寺 | 919(태조 2) | 황성 안(도내, 북부) |
| 2. 자운사慈雲寺 | 919(태조 2) | 황성 안(도내, 북부) |
| 3. 왕륜사王輪寺 | 919(태조 2) | 황성 밖(도내, 북부) |
| 4. 내제석원內帝釋院 | 919(태조 2) | 황성 안(대궐내) |
| 5. 사나사舍那寺 | 919(태조 2) | 황성 안(도내, 북부) |
| 6. 보제사普濟寺 | 919(태조 2) | 황성 밖(도내) |
| 7. 신흥사新興寺 | 919(태조 2) | 황성 안(도내) |
| 8. 문수사文殊寺 | 919(태조 2) | 황성 안(도내) |
| 9. 원통사圓通寺 | 919(태조 2) | 황성 안(도내) |
| 10. 지장사地藏寺 | 919(태조 2) | 황성 안(도내) |
| 11. 대흥사大興寺 | 921(태조 4) | 황성 밖(북) |
| 12. 일월사日月寺 | 922(태조 5) | 황성 안(서북) |
| 13. 광명사廣明寺 | 태조 때 | 황성 안(서북) |
| 14. 외제석원外帝釋院 | 924(태조 7) | 황성 안 |
| 15. 구요당九曜堂 | 924(태조 7) | 황성 안 |
| 16. 흥국사興國寺 | 924(태조 7) | 황성 안(도내, 북부) |
| 17. 묘지사妙智寺 | 927(태조 10) | 황성 안 |
| 18. 구산사龜山寺 | 929(태조 12) | 황성 밖(북) |
| 19. 안화사安和寺 | 930(태조 13) | 황성 밖(북) |
| 20. 개국사開國寺 | 935(태조 18) | 황성 밖(남동) |
| 21. 내천왕사內天王寺 | 936(태조 19) | 황성 안(도내, 북부) |
| 22. 현성사賢聖寺 | 936(태조 19) | 황성 밖(동북) |
| 23. 미륵사彌勒寺 | 936(태조 19) | 황성 밖(중서) |
| 24. 봉은사奉恩寺 | 951(광종 2) | 황성 밖(황성남) |
| 25. 불일사佛日寺 | 951(광종 2) | 황성 밖(동북) |
| 26. 귀법사歸法寺 | 963(광종 14) | 황성 밖(동북) |
| 27. 진관사眞觀寺 | 999(목종 2) | 황성 밖(성남) |
| 28. 숭교사崇敎寺 | 1000(목종 3) | 황성 밖(남부 환희방) |
| 29. 현화사玄化寺 | 1018(현종 9) | 나성 밖(동북) |
| 30. 흥왕사興王寺 | 1067(문종 21) | 나성 밖(동남) |
| 31. 홍호사弘護寺 | 1093(선종 10) | 나성 밖(성동) |
| 32. 국청사國淸寺 | 1097(숙종 2) | 나성 밖(서) |
| 33. 천수사天壽寺 | 1116(예종 11) | 나성 밖(동) |
| 34. 경천사敬天寺 | 1113(예종 8) | 나성 밖(성남) |
| 35. 묘련사妙蓮寺 | 1283(충렬 9) | 나성 밖(남동) |
| 36. 민천사旻天寺 | 1309(충선 1) | 나성 밖(중앙) |

고려를 건국한 태조는 정책적으로 정치와 종교를 분명하게 구분하였다. 정치는 유교에 입각하되, 민심수습과 국민단결은 불교를 통해서 하겠다는 것이 태조의 입장이었고, 이는 고려 500년간 유지된 국가 운영원칙 중 하나였다. 태조는 불교의 역할을 인정하고 불교를 국교로 삼았지만, 신라 멸망의 한 원인이 과도한 절의 남설濫設과 그로 인한 경제적 혼란에 있었다고 파악했다. 그리하여 태조는「훈요십조」에서 도선의 비보사탑설裨補寺塔說에 따라 함부로 절을 짓지 못하도록 당부하여 후대에 있을지 모를 사원의 남설로 인한 폐해를 막고자 한 것이다.

919년(태조 2) 개경에는 10개의 절이 들어서는데, 이를 흔히 태조 10찰로 부른다. 이중에는 이 해에 처음 세운 절도 있었지만, 그 이전부터 있던 절을 국가에서 공식적으로 인정해주었거나 또는 중창한 경우도 포함되었다. 태조 10찰을 시작으로 태조 때 개경에는 끊임없이 절이 창건되었다. 고려 개경에서 중요한 역할을 하던 절의 다수가 태조 때 설립된 것이며, 현재 정확한 창건시기를 알 수 있는 것만 해도 20

훈요십조訓要十條 왕건이 죽기 직전에 근신인 박술희朴述熙를 통해 태자에게 비밀리에 전한 유훈遺訓으로 그의 정치사상을 알 수 있는 자료이다. 태조는 후대의 왕들이 정욕에 이끌려 국가의 기강을 어지럽힐까 염려하여 경계로 삼을 10가지 요목을 후손에게 남기면서 아침저녁으로 펼쳐보고 영구히 모범으로 삼을 것을 당부하였다. 특히 각 훈계 끝에 '중심장지中心藏之(마음속에 간직하라)'라는 네 글자를 첨부하여 후대의 왕들이 보배로 여기게 하였다.「훈요십조」는 어느 특정 사상이 주도하기보다 유교, 풍수도참, 그리고 불교사상이 다원적으로 혼재하는 것이 특징이다.

「궁중숭불도」(16세기, 작자미상. 호암미술관 소장)의 세부. 조선시대 일시적으로 왕실에서 행해진 숭불의식을 보여준다. 고려말 봉은사의 모습으로 추정하는 견해도 있다.

여곳 이상이다. 태조 때 창건된 절은 대부분 개경의 중심부인 궁궐 주변과 송악산 기슭에 위치한 경우가 많았고, 법왕방法王坊·자운방慈雲坊·왕륜방王輪坊·흥국방興國坊처럼 절이름을 따 방坊의 이름을 짓기도 했다. 이는 고려초기 절의 창건이 개경의 도시구획과 발전에 중요한 의미를 가졌음을 보여주는 것인데, 절의 규모에 따라서는 방 하나를 거의 차지할 정도로 큰 절이었을 가능성도 있다. 궁궐 주변에 창건되던 절은 개경의 도시구조가 완성되어가면서 점차 송악산 위쪽으로 그리고 외곽지대로 나가기 시작했다.

951년(광종 2) 봉은사奉恩寺 개창을 시작으로 다시 한번 절들이 활발히 창건되었다. 태조 사후 혼란했던 정치상황이 광종의 즉위로 안정기에 접어들면서 여러 절을 새로 창건할 수 있는 분위기가 조성되었기 때문이다. 광종은 즉위하자 곧 봉은사를 개창하고 태조의 영정을 봉안하여 진전으로 삼았는데, 이후 봉은사는 고려 500년간 계속된 태조신앙의 근거지가 되었다는 점에서 의미가 크다. 특히 광종 때는 승과僧科를 실시하고 그에 따라 승계僧階·승직僧職을 제수하여 국가가 불교교단을 운영하는 기본체계를 완성한 시기라는 점도 주목할 필요가 있다. 광종 때부터 현종 때까지 대부분의 절은 황성 밖에 세워졌는데, 1029년(현종 20)에 완성된 나성의 성곽이 지나가는 곳과 그다지 멀지 않은 곳이었다. 나성이 축조되기 전 황성 밖에 세워진 절들을 중심으로 황성을 보호하는 방어선이 형성되어 있었을 것이고, 이는 거란 침략 후 나성을 축조하는 데 많은 참고가 되었을 것이다.

나성이 완성된 이후 세워지는 절들은 대부분 나성 외곽에 위치하여 국방과 교통의 요지로 기능하였다. 이것은 개경이 나성 밖 4교四郊까지 확장되는 것과 흐름을 같이하는 것이었다. 이처럼 개경에 들어서는 절들은 고유의 종교적 역할과 함께 도시개발에 있어서의 거점 역할을 했다. 고려사회에서 절은 문화의 중심지이자 많은 사람들이 모이는 곳이었기 때문에, 절이 들어서면 그 지역에 사람들의 왕래가 빈번해지고, 그 일대가 개발되면서 자연스럽게 도시가 넓어지게 되었던 것이다. 오늘날 신도시를 개발하거나 도시를 넓히면서 대규모 아파트단지를 세우고, 각종 편의시설과 행정시설들을 우선적으로 두어 사람들이 자연스럽게 모여들게 하는 것과 비슷하다.

나성이 완성된 뒤 흥왕사興王寺·국청사國淸寺·경천사敬天寺·천수사天壽寺·안화사安和寺 등의 창건으로 개경의 주요 절들은 거의 그 모습을 드러내게 되었다. 현종대 창건된 현화사玄化寺를 비롯하여 흥왕사나 국청사 등은 왕실의 원찰願刹로서 개창된 절이다. 새로 창건된 사찰 중에 원찰이 대부분을 차지하는 것은 광종대 이후의 사원 창건에서 나타나는 특징이기도 한데, 신앙심 못지않게 정치적인 목적이 절을 창건하는 중요한 원인이 되었다.

몽골의 침입과 그로 인한 강화도 천도는 개경의 불교계에 커다란 타격을 주었다. 1232년(고종 19) 당시 최고집정자였던 최이崔怡는 강화도로 도읍을 옮길 것을 결정하였다. 1234년(고종 21) 강화도에는 개경에 있던 것과 같은 이름의 시설들이 완비되고, 봉은사·법왕사 등의 절도 새로 창건되었다. 팔관회·연등회를 비롯한 각종 도량도 천도 이전 개경에서 실시하던 것과 같은 방식으로 설행하였다.

1270년(원종 11) 5월 개경으로 환도한 뒤 오랜 전쟁으로 황폐해진 개경을 대대적으로 정비하면서 절도 수리되었다. 강화도 천도 기간 개경의 많은 사찰들은 다시 수리를 하지 않으면 안될 정도로 황폐해지거나 아예 없어지기도 했다. 개경으로 환도한 첫해 몇 차례의 불사佛事가 설행된 장소는 사원이 아니라 왕이 임시로 거주하던 궁궐이었으며, 천도시절 강화도의 봉은사에 두었던 태조의 소상塑像도 개경의 봉은사에 봉안하지 못하고 이판동에 임시로 지은 집에 모실 수밖에 없는 상황이었다. 당시 고려는 전란의 후유증을 극복하는 과정에서 막대한 경비를 지출하고 있었고 원나라로부터는 과중한 공물을 요구받는 등 절의 수리와 복원에 전력을 기울일 수 없는 형편이었다. 이런 상황에서 개경 절의 수리·공사는 국가적으로 중요한 절인 봉은사와 왕륜사를 시작으로 순차적으로 이루어졌던 것 같다.

1273년(원종 14)이 되면 사원 수리에 가속도가 붙기 시작한다. 고려에 주둔하고 있던 원나라 군사들이 사원에 들어가 소란을 피우고 불경과 불상을 훼손하는 것을 원 황제가 조서를 내려 금지하였다. 그리고 2주 뒤 고려 조정은 사원을 수리·조성하기 위한 관청인 사원조성별감寺院造成別監을 설치하였고, 이를 계기로 사원 수리가 본격적으로 진행되었다. 1275년(충렬왕 1) 상반기까지 보제사普濟寺·현성사賢聖寺·흥왕사·안화사 등 개경 대찰의 상당수가 복구되었으며, 8월에는 제상궁堤上宮을 철거하고 5개의 큰 절을 수리하였는데, 이 과정을 통해 개경의 불교계도 강화 천도 이전의 모습을 어느정도 회복해갔다. 그러나 제모습을 완전히 되찾지는 못해서 천태종의 본산이던 국청사國淸寺의 경우 중건공사가 시작된 1310년경까지 예전의 사찰 자리조차도 제대로 회복하지 못하는 상황이었다. 흥왕사의 경우도 강화도로 천도할 당시 불타 없어진 것을 환도 후 수차례 중건을 거듭했으나 완전히 복구하지는 못하였다. 숙종 때 의천이 『속장경』을 간행한 흥교원興敎院은 1330~38년 기존에 있던 건물을 뜯고 새로 160칸을 지었는데, 원나라에서 출세한 고려사람인 신당주申當住의 노력으로 원나라 태황태후의 후원을 받았다. 당시 원나라에는 공녀 출신으로 원의 황후가 된 기황후를 비롯해 많은 고려인들이 활동하고 있었는데, 이들의 후원으로 개경의 경천사 등 많은 절이 중수되었다. 개경 환도 직후부터 시작된 절의 옛 모습을 회복하기 위한 일련의 작업은 1391년 (공양왕 3) 연복사演福寺 탑 수리를 마지막으로 미완성인 상태로 끝나고 만다.

개경환도 후 사원 정비는 1284년(충렬왕 10)의 묘련사妙蓮寺 창건이나 1309년(충선왕 1)의 민천사旻天寺 창건처럼 새로 절을 창건하는 경우도 있었으나 기존에 있던 절 중에서 중요한 것부터 중수하는 것이 일반적인 경향이었다. 당시 새로 창건한 묘련사는 충렬왕과 제국대장공주 및 원나라 황제 세조의 원찰로 창건된 것이고, 민천사는 1309년에 충선왕이 수녕궁壽寧宮을 희사하여 자신의 어머니인 제국대장공주의 명복을 비는 원찰로 창건한 것이다. 묘련사와 민천사의 예와 같이 당시 절의 개창과 정비에 고려가 원나라의 부마국이라는 특별한 정치적 관계가 작용했다는 점은 이 시기 사원 정비의 한 특징이기도 하다.

개경환도 이후 고려가 망하기 직전까지 120년에 걸쳐 국가·왕실·권문세족·부원세력 및 원에 의해 개경에서는 끊임없이 사원 중수공사가 진행되었다. 여기에 들어간 비용은 결코 만만치 않았을 것이다. 전후 혼란기, 그것도 원이라는 타국의 간섭을 받던 어려운 시기를 극복해나갈 수 있는 사상적·신앙적 대안을 제시해주지 못한 채 불교교단은 사세寺勢 회복을 위한 여러 공사들과, 사원과 토지점유를 둘러싸고 벌어지는 종단간의 싸움에 몰두하였고, 이는 결국 고려말 유자儒者들이 불교를 비판하는 좋은 빌미를 제공한 셈이었다.


## 2. 도시의 절

중세도시, 그것도 한 나라의 수도인 개경에 들어선 사원들은 어떤 역할을 하였을까? 종교건물이라는 특성상 종교적 기능은 가장 기본적이고도 당연한 역할이지만 한편으로 불교국가의 수도에 있는 절의 역할은 종교적인 것에만 머물지 않았다. 종교적인 측면 외에도 개경 사람들의 생활과 여러 측면으로 연결된 친밀한 공간이 바로 절이었다. 개경의 절은 사회와 다양한 관계를 맺고 있었고, 이를 통해 고려의 수도에 살았던 '서울사람들'의 삶의 모습들을 엿볼 수 있다.

## 고려 불교의 중심

한국역사상 불교가 국가체제 내에 완전히 포섭되고 전국민적인 종교로서 자신의 역할과 위치를 확고히 정착시킨 것은 고려시대였다. 고려 500년은 우리 역사상 불교문화가 만개한 시기였다. 그리고 그 중심에 있던 개경의 사찰은 고려불교를 대표했으며, 고려시대 불교 사상과 문화는 개경의 사찰과 흥망성쇠를 함께했다.

화엄종·법상종·천태종·선종으로 대표되는 고려불교 4대 종단의

영통사 대각국사비와 몸체 상부의 봉황문 탁본. 의천은 천태종을 개창했지만 여전히 화엄종 승려로도 남아 있으면서 흥왕사와 국청사 주지를 겸직하였다. 의천의 비석은 천태종 사찰인 선봉사僊鳳寺와 그가 출가했던 화엄종 사찰인 영통사에 세워져 있고, 흥왕사의 묘지명이 전한다. 영통사의 대각국사 비석은 의천이 입적한 1101년(숙종 5)에서 24년이 지난 1125년(인종 3) 세워진 비석인데, 당대 최고의 학자인 김부식金富軾이 비문을 지었다.

중심사원은 개경에 위치하였다. 화엄종의 경우 처음에는 영통사靈通寺
가 중심이 되었으나 흥왕사가 창건된 뒤에는 고려 멸망에 이르기까지
중심사원은 흥왕사였고, 법상종의 경우는 현화사가 중심사원이었다.
선종은 보제사가 중심이 되어 선종을 대표하는 모임인 담선법회談禪法
會가 열렸으나 개경 환도 이후 일연一然이 활동하던 시기에는 광명사
廣明寺가 중심사원이 되기도 하였다. 의천은 천태종을 개창하고 국청
사를 창건하였다. 그리고 그곳에서 처음으로 설법하고 승과를 시행하
여 천태종 승려를 선발해 국청사를 고려 천태종의 중심사원으로 삼았
다. 의천 입적 후 국청사는 사세寺勢가 약화되면서 그 위상이 유명무
실해졌고, 원 간섭기에는 묘련사가 새롭게 등장하였다. 그러나 원 간
섭기에도 폐허가 되다시피 한 국청사를 새롭게 중수하는 등 고려 천태
종의 중심사원으로서의 상징성은 계속 유지하였다. 이처럼 중심사원
이 항상 일정한 것은 아니어서 시기에 따라 약간의 변동은 있었지만,
대개의 경우 각 종단의 최고 고승은 개경의 중심사원에 머물렀다.

　고려불교만의 특징이라고 할 수 있는 승과시험도 개경에서 치러졌
다. 또한 출가한 이후 정식 승려로 인정받는 행사인 수계의식은 국가
에서 정한 몇개의 사원에서만 행할 수 있었는데, 전국적으로 개경을
비롯한 지방의 몇몇 사원에 한정되어 있었다. 그리고 개경에는 승록
사僧錄司라는 관청이 있어 승려들의 신분증인 도첩度牒과 승적僧籍을
관리하고, 전국 사원의 관리, 승과의 시행, 승계·승직의 수여, 주지
임명과 같은 국가의 승정僧政을 보조하였다.

　이러한 안정된 체제와 국가적인 지원 속에서 불교사상의 발전도 이
루어졌고, 그 결과물로 많은 불서佛書가 수집·연구되어 현화사에서는
『초조대장경』이, 흥왕사에서는 『속장경』이 간행되는 등 수차례에 걸
쳐 대장경이 편찬되기도 했다.

『초조본대방광불화엄경』 권 2(12세기, 국보 266호, 호림박물관 소장)와 나전국화문경함螺鈿菊花文經函(12세기, 일본 동경국립박물관 소장). 이 경함은 고려시대 나전으로 만든 대표적인 작품이다. 함의 각 면에 국화문이 아름답게 장식되어 있는데, 일본으로 흘러들어간 정확한 경로는 알 수 없다. 뚜껑부분에 희미하게 "大方廣佛華嚴經"이라고 되어 있어 화엄경을 보관했음을 알 수 있다. 각종 불경을 인쇄해 이런 함에 보관했을 것이다.

고려불교는 송나라와 원나라의 불교에서 영향을 받는 한편, 중국에 대장경을 비롯한 불교전적을 보내주거나 중국불교를 지원하는 등 중국불교계에 영향을 미치기도 하였다. 사원에서의 불서 간행은 고려시대 출판문화의 근간이 되었고, 신앙심의 발현으로 조성된 각종 불화와 금자金字·은자銀字 사경寫經 및 불상·범종 등은 지금까지도 고려가 이룩한 찬란한 문화로 전해지고 있다.

그러나 전통시대 수도에 위치한 절이 단순히 종교적·문화적인 역할만 했으리라 기대하는 것은 무리이다. 도성 중앙, 시가지 곁에 자리잡고 있던 보제사普濟寺(후에 연복사로 개칭)는 당사唐寺 또는 대사大寺로 불렸다. '대사'라는 별칭만큼이나 큰 절로 건물이 1천여 채나 되었고, 절 안에는 세개의 연못과 아홉개의 우물이 있었으며 높이가 200척이 넘는 5층탑이 우뚝 서 있었다. 송나라 사신 서긍이 본 바로는 보제사의 정전正殿인 나한보전羅漢寶殿은 왕의 거처를 능가할 만큼 웅장하였고, 법당과 승당은 100명의 인원을 수용할 정도로 컸다고 한다. 보제사는 도일사道日寺·금선사金善寺와 나란히 위치하여 정족鼎足을 이루고 솟아 있었다고 하는데, 보제사와 같이 남대가를 중심으로 개경 중앙부 또는 왕궁 바로 근처에 우뚝하게 선 대규모의 절들은 수도 개경의 모습을 웅장하고 화려하게 장엄莊嚴하는 역할도 했다고 한다.

개경의 사원 규모를 획일적으로 말할 수는 없지만 보제사의 경우처럼 건물이 1천여 채가 되는 절만 해도 몇개가 있었고, 소위 명찰로 이름난 절의 경우 그보다 규모가 못할지언정 결코 작았다고는 말할 수 없다. 특히 규모가 큰 사원의 경우 원院이라는 독립공간을 가지고 있는 경우가 많았다. 원은 본사원과는 구획된 독립공간인데 삼국이나 통일신라의 사찰에서는 보이지 않는 것으로 불전佛殿도 따로 가지고 있었다. 흥왕사의 경우 절의 규모만도 2800칸에 이르렀다고 하는데, 본사원 외에도 홍교원弘敎院·천복원薦福院·흥교원興敎院·정각원正覺院 등의 부속된 원을 거느리고 있었다. 홍교원의 경우 전당殿堂과 낭무廊廡 등을 갖추고 있었고, 160칸에 이르는 시설이 있었다고 한다. 흥왕사 외에도 귀법사歸法寺·영통사·현화사 등에도 원이 딸려 있었다.

그렇다면 절에 상주하던 인원은 얼마나 될까? 절의 규모와 성쇠에 따라 큰 차이가 있었겠지만, 흥왕사의 경우 최고 전성기를 구가하던 문종 때에는 1천여 명의 승려가 있었다고 한다. 국청사의 경우 인종 때인 1123년 서긍이 방문했을 때 승복을 제대로 갖춰 입은 승려들 1백여 명이 떼지어 나와 서긍 일행의 행렬을 구경했다고 한다. 이때는 의천이 입적한 뒤 천태종에 있던 선종 출신 승려 대다수가 다시 선종으로 돌아가고 난 뒤라 국청사의 승려 수가 많이 줄어든 시기임을 감안하면, 승복을 제대로 갖춰 입은 승려 1백여 명은 결코 적은 숫자가 아니다. 게다가 절에는 정식 승려들만 있던 것은 아니다. 현종이 현화사를 창건하면서 절에서 부릴 노비 1백여 명을 하사한 데서 보듯 각종 노동과 잡무를 처리하는 노비가 있었고, 그외에도 출가는 했지만 아직 승려가 되기 위한 과정을 밟고 있는 행자승들도 있었다. 이런 사

▶「수월관음도 水月觀音圖」(1310년, 일본 鏡神社 소장). 개경의 절에는 어떤 불화들이 봉안되었을까? 물가 바위 위에 자비의 상징인 관음보살이 자애로운 표정으로 앉아 있는 광경을 표현했는데, 고려불화 가운데 크기가 가장 큰 것으로 유명하다. 지금은 없어졌지만 원래는 1310년 5월 김우문金祐文이 그렸다는 기록이 있었다. 다채로운 채색과 금박을 이용해 화려하게 제작되었지만 지금은 많은 부분이 파손되어 아쉬움을 남긴다.

람들까지 고려한다면 상주인원이 1천여 명 이상 되는 절도 제법 있었음을 쉽게 짐작할 수 있다.

## 원찰, 종교와 정치가 만나던 곳

일반적으로 사람들은 종교와 신앙에 의지해 소망을 빌고 어려움을 털어놓으며 마음의 안정을 찾곤 한다. 그중에서도 죽음과 사후세계에 대해 사람들이 가지는 공포를 달래주는 것은 종교의 중요한 기능의 하나이다. 고려시대의 절은 개인적인 소원을 기원하는 장소였을 뿐만 아니라 장례와 제사도 담당하는 곳이었다. 고려에서는 왕과 왕비의 소상塑像이나 초상화를 모셔두고 그들을 제사하며 명복을 빌기 위해 사원을 건립하였다. 이것을 원찰 또는 진전사원眞殿寺院이라고 한다. 그리고 왕실 원찰에는 해당 절을 보호하기 위한 위숙군圍宿軍이 파견되었다.

개경의 큰 절 중에는 왕실의 원찰로 창건된 경우가 많다. 951년(광종 2) 광종은 개경에 두개의 원찰을 건립한다. 자신의 부왕 태조의 원찰인 봉은사와 모후인 태조비 신명왕후神明王后의 원찰인 불일사佛日寺가 그것이다. 광종 때 이후 고려에서는 자신의 부왕이나 모후 또는 먼저 세상을 떠난 왕후를 위해 원찰을 경영하는 것이 일반화되었으며, 왕이 생전에 자신의 원찰을 창건하는 공사를 시작하는 경우도 있

었다. 인종 때까지는 원찰로 사용할 사찰을 새로 창건하였으나 이후
에는 원 간섭기에 묘련사·민천사·운암사雲巖寺를 창건한 경우를 제
외하고는 개경의 기존 사원이 원찰로 이용되었다.

원찰은 효도와 조상숭배가 불교식으로 발현된 것이다.


불교에서도 역시『부모은중경父母恩重經』을 설하였는데, 그 책 가운
데 효도의 뜻이 갖추어 있으니 다시 애써 펴낼 필요도 없습니다. 유
교·불교의 두 문중이 모두 효도를 종지宗旨로 하고 있으니, 효도가
지극한 곳은 덕이 두터운 곳입니다.

(채충순「현화사비음기玄化寺碑陰記」,『한국금석전문韓國金石全文』)


불교가 중국에 전파된 이후 유교로부터 가장 크게 비판받은 부분이
출가出家인데, 유교에서는 불교의 출가를 인륜을 저버리는 행위로 간

◀ 불일사 5층석탑(오른쪽)
과 그 안에서 출토된 금동탑
(왼쪽). 불일사는 951년(광
종 2) 국왕이 어머니 유씨의
원당으로 창건한 절이다. 불
일사를 창건하면서 세운 이
석탑은 현재 개성시 내성동
공원에 옮겨져 있다. 석탑을
옮길 당시 이 금동탑을 비롯
한 금동탑 3기와 작은 석탑
22기, 많은 사리장엄구가 발
견되었다.

▶ 현화사 사적비. 1022년에
세워진 이 사적비는 현화사
를 지은 내력과 연대를 기록
한 것으로, 화강암 거북받
침, 대리석 몸체와 머리로
되어 있다. 비 몸체 양 측면
에 새긴 두 마리의 용조각이
특히 뛰어나다.

주하였다. 이러한 비판에 대한 대안으로 불교가 찾아낸 것이 바로 조상숭배로, 이는 곧 유교의 제1 덕목인 효와 연결되는 것이기도 했다. 효의 중시라는 차원에서 점차 장례와 제사는 절에서 담당하게 되었고, 불교가 국교였던 신라와 고려에서는 절에서 조상의 제사를 지내고 장례를 치르는 것이 일상적이었다. 또한 고려에서는 왕실만 원찰을 경영한 것이 아니어서 일반 귀족관료들 역시 자신의 원당願堂을 가지고 있었다. 그리고 왕실과 귀족들은 원찰에서 조상들을 위해 올리는 재齋의 비용을 조달하기 위한 전지田地와 재화를 제공함으로써 해당 사찰의 가장 중요한 후원자가 되어 긴밀하게 연결되어 있었다.

왕실 원찰은 왕이 부모의 명복을 빌기 위해 또는 자신을 위해 건립한만큼 절에 쏟는 정성과 지원은 대단한 것이었고, 일반적으로 다른 절을 창건할 때보다도 대규모의 공사를 벌였다. 1018년(현종 9) 현종은 불우하게 죽은 자신의 부모를 위해 현화사를 개창하고 안서도安西

道의 둔전屯田과 노비 100인, 소·말·공구·곡물 등을 시납했고, 여러 궁원宮院에서도 전지田地를 헌납하였다. 여러 신하들도 현화사에 시납하여 금종보金鍾寶와 반야경보般若經寶를 두어 절을 운영하는 기금으로 삼게 하였다.

흥왕사는 문종이 자신의 원찰로 창건했는데, 덕수현德水縣의 치소를 양천楊川으로 옮기고 세운 2800칸의 거찰이었다. 1056년(문종 10)부터 시작되어 12년에 걸친 흥왕사 공사기간 동안 문종은 수시로 공사현장을 방문하였고, 각종 지원을 아끼지 않았다. 1058년(문종 12)에는 지방에서 무기 제작용으로 바친 쇠를 흥왕사 건설에 투자하였고, 중서문하성의 반대를 강력한 의지로 밀어붙이고 경창원景昌院 소유이던 전지田地와 시지柴地를 홍왕사로 이속시키기도 하였다. 12년 뒤 절의 완공을 축하하기 위해 열린 연등회는 고려역사상 최대 규모였다고 전한다. 홍왕사가 완공된 뒤에도 지원은 계속되어 3층 규모의 자씨전慈氏殿을 창건하고, 금으로 『화엄경華嚴經』을 사경하고, 은 427근과 금 144근을 들여 안이 은으로 된 금탑을 만들고 이를 보호하기 위한 석탑도 조성하였다. 그리고 1086년 (선종 3) 의천은 왕실의 지원을 받아 홍왕사에 교장도감敎藏都監을 설치하여 삼국과 통일신라 및 고려에서 간행된 불서佛書와 요·송·일본에서 구입한 불서를 정리하여 『속장경』을 간행하였다.

몽골침입과 강화천도로 개경이 황폐해지기 전 고려에서 가장 화려한 절로 유명한 정국안화사靖國安

고려 금동대탑金銅大塔(10 ~11세기, 국보 213호, 호암 미술관 소장). 고려시대의 목탑 모습을 잘 보여주는 유물로 원래 상륜부에는 도금을 하고 탑신에는 금박을 입혀 금빛으로 휘황찬란했다고 한다. 크기로 보아서는 실내에 안치했을 것으로 추정되며 충남 논산의 개태사지開泰寺址에서 출토되었다고 전해진다. 은으로 내부를 만들고 다시 금으로 바깥을 만들었다는 홍왕사 금탑의 모습이 얼마나 찬란하고 아름다웠을지 눈앞에 그려볼 수 있다.

和寺 역시 숙종의 원찰로 창건된 것이었다. 930년(태조 13) 8월 고려건국에 공을 세운 왕신王信이 죽자 그의 명복을 빌기 위해 태조는 자하동紫霞洞 기슭에 안화선원安和禪院을 개창하였다. 그로부터 2백여년이 지난 1117년(예종 12) 예종은 절을 대대적으로 중창했는데, 이때의 중창공사는 절을 새로 짓는 것이나 다름없었기 때문에 안화사는 예종이 창건한 절로 알려져 있다. 예종이 안화사를 중창한다는 소식에 송나라 휘종徽宗은 그림과 각종 진귀한 물품을 보내면서 직접 액자 2개를 써서 하사하였고, 예종은 직접 지은 율시律詩 한편을 돌에 새겨두었다. 이처럼 송나라 황제와 고려 왕의 친필이 걸려 있는 절이었기 때문에 당시 사람들은 안화사를 특히 엄숙한 곳으로 여겼다. 안화사는 예종이 죽은 뒤 예종 부부의 진전사원이 되었다. 절의 서쪽에 재궁齋宮을 마

런하고 예종의 영정을 봉안하여 왕의 기일忌日에는 재를 올렸다.

개경에 세워진 절은 원찰을 매개로 왕실이나 귀족관료들과 연결되어 있었다. 원찰의 본래 의미는 지극히 종교적인 것이었으나 왕실이나 귀족관료와 같은 정치세력과 밀접하게 관련되었고 이들 정치세력이 해당 사원 운영자금의 상당부분을 후원하였다. 이러한 과정을 통해 절은 점차 정치적 색채를 띠고 정치의 소용돌이에 휘말리기도 하였다. 각 교단은 귀족들의 정치적 입장과 연결되어 미묘하게 움직였는데, 왕실이나 귀족들간의 정치적인 대립은 교단간의 알력을 가중시키기도 했고, 때로는 정치세력의 무장병력으로 이용되기도 하였다.

인주이씨仁州李氏와 연결된 법상종의 현화사와 왕실과 연결된 화엄종의 흥왕사의 대립, 그리고 법상종 세력을 견제하기 위한 의천의 천태종 개창과 그 종찰이자 의천의 모후 인예태후仁睿太后와 의천의 형 숙종의 원찰인 국청사 창건 등이 대표적인 경우이다. 또 이자겸李資謙의 난과 무신정변 당시의 개경 불교계의 움직임 역시 정치세력과 관련된 불교의 일면을 보여준다.

이자겸이 난을 일으켰을 때 그의 아들로 현화사 승려이던 의장義莊이 현화사 승려 3백여 명을 이끌고 궁성 밖에 와서 이자겸을 지원하였다. 의천이 흥왕사의 초대 주지가 된 이후 흥왕사의 주지는 대대로 왕실 출신이 역임한 데 비해, 현화사는 인주이씨 집안에서 장악하고 있던 사원이다.

한편 무신정변 때에는 이의방李義方에 반대하는 승려들이 실력행사를 하기도 하였다. 당시 개경의 절 중에는 문벌귀족과 밀접하게 연결된 경우가 많았다. 문벌귀족은 유력한 절이나 종단에 자신의 후손을 출가시켰고, 이 경우 사원은 해당 문벌과 정치적 이해를 같이하였다. 또한 문벌은 사원에 막대한 시주를 함으로써 사원이 풍족한 경제생활

안화사  안화사가 있는 자하동은 송악산 아래 위치한 동네로 개경 최고의 명승지로 손꼽히던 곳이다. 일제시대 우현 고유섭 선생이 안화사 터를 답사했을 때에는 섬돌만이 옛모습을 전하고 있고, 다른 건물들은 모두 당시에 새로 지은 것들이었다. 70여년이 지난 현재도 절의 모습을 갖추고 있다고 전한다. 예종대 고려에 왔던 송나라 사신 서긍은 고려 최고의 사찰로 안화사를 꼽았고, 당시 사람들이 단청과 구조의 아름다움이 고려 제일이라는 식의 찬사를 아끼지 않았을 정도로 화려함과 웅장함의 극치를 이룬 절이었다.
안화사 경내에 들어서면 자취문이 나타나고 다시 신호문이 나타난다. 신호문은 동서 양쪽으로 월랑이 연결되어 있었는데, 동쪽 월랑에는 석가상이 서 있고, 서쪽 월랑의 대청 이름은 향적당이었다. 신호문을 지나면 안화사의 본전이라고 할 수 있는 무량수전이 나타나는데, 무량수전 동쪽에는 양화각, 서쪽에는 중화각이 있다. 무량수전 뒤에는 동쪽에서부터 서쪽으로 신한문·선법문·효사문이 서 있고, 이 세 개의 문 뒤에는 각각 능인전·선법당·미타당이 있었다. 송 휘종의 친필 액자가 걸려 있었던 건물이 바로 신한문과 능인전이었다. 각각 관음과 약사를 모신 두 채의 작은 건물이 이 세 건물 사이에 있었다. 또 동쪽월랑에는 조사상을 그리고, 서쪽 월랑에는 지장을 그렸으며 다른 건물들은 모두 승도들이 거주하는 곳이었다고 한다.

을 영위할 수 있도록 해주었다. 그러므로 무신들에 의해 문벌들이 축출, 처단당하는 사태에 이르게 되자 문벌과 연결되어 있던 사원으로서는 정치·경제적으로 굉장한 위기감을 느끼게 되었다. 이의방에 대한 항거는 무신들에 대항한 사원세력 최초의 무력행사였다. 귀법사 승려 1백여 명이 성 북문으로 침입해 들어와 이의방이 거느린 군사 1천여 명과 충돌하여 수십명의 사상자를 낸 뒤 해산하였다. 다음날에도 이의방의 군대와 승려들의 충돌은 계속되었다. 이날은 귀법사뿐만이 아니라 중광사重光寺·홍호사弘護寺·홍화사弘化寺 등 여러 절의 승려 2천여 명이 성 동문 밖에 집결하였다. 이의방이 성문을 닫고 들어오지 못하게 하자 승려들은 성밖 인가에 불을 질러 숭인문까지 태운 뒤 돌입하여 이의방 형제를 죽이려 하였다. 이의방은 부병府兵을 징집해 승려 1백여 명을 죽였으나 이의방 측의 사상자도 이에 못지않게 많았다. 이의방은 부병을 풀어 각 성문을 수비하게 하면서 승려의 출입을 금지했다. 또 부병을 파견해 중광사·홍호사·귀법사·용흥사龍興寺·묘지사妙知寺·복흥사福興寺 등 자신에게 항거한 절에 불을 지르고 절의 재물과 그릇 등을 약탈하였다. 그러나 승려들이 중도에 요격하여 그것을 탈환했고, 이 과정에서 많은 부병이 죽었다.

이어 최충헌이 집권했을 때에도 개경의 승려들이 연합, 대대적인 무력 행사를 하여 최충헌과 충돌하였다. 최충헌이 거란전에 종군하게 했던 개경의 승려들이 최충헌 살해를 꾀하면서, 그는 승려들의 대대적인 무력행사에 부딪치게 된다.

홍왕사·홍원사弘圓寺·경복사景福寺·왕륜사王輪寺·안양사安養寺·수리사修理寺 등의 중으로서 종군한 자들이 최충헌을 살해할 것을 음모하였다. 그리하여 패전하여 도망쳐온 것처럼 가장하고 새벽녘에 선의문宣義門으로 와서 거란병이 벌써 들어왔다고 급하게 외쳤다. 문을 지키는 군사가 막고 들여보내지 않자 중들은 북을 치고 고함을 지르며 수문守門 군사 5, 6명을 죽이고 성안으로 들어왔다. 승려들은 자주 공사를 벌여 사원들의 재산을 침해하여 승려들의 불만을 사고 있던 낭장郎將 김덕명金德明의 집을 먼저 파괴하고 최충헌의 집으로 향하다가 저잣거리에서 순검군巡檢軍에게 쫓겨 신창관新倉館에 이르렀다. 이때 최충헌의 가병家兵과 전투가 벌어져 승려들을 이끌던 중이 화살에 맞아 쓰러지자 나머지 무리는 도망쳐서 선의문까지 왔으나 현문懸門이 내려 나가지 못하고 뿔뿔이 흩어졌다. 이를 추격하던 최충헌의 군사가 3백여 명의 중들을 죽이고 그 일당을 생포해서 국문했다. 그 이튿날 최충헌은 성문을 닫고 도망한 중을 대수색하여 모두 죽였다. 때마침 큰비가 내려 피가 개울물처럼 흘렀으며, 남계천 가에서도 중 3백여 명을 죽여서 전후 거의 8백여 명의 중들을 죽였으므로 시체가 산처럼 쌓이고 몇달 동안은 사람들이 지나가지 못했다.

(『고려사』 권129, 열전 최충헌)

의장은 현화사에서 3백여 명을 동원하였고, 이의민 때에는 2천여 명의 승려들이 무력행사를 감행했으며, 이어 최충헌 때에는 8백여 명의 승려들이 사망하였다. 이는 불교계와 정치세력의 밀접한 관계를 보여주는 것이자 한편으로 당시 개경 사원의 규모를 짐작할 수 있게 한다. 개경의 이름높은 큰 절에 수백명의 승려들이 상주했다는 것은 일시적으로 동원가능한 병력이 수백명이 된다는 뜻이기도 하다. 당시 병력으로 동원된 이들은 사원의 승려와 사원에 예속되어 있던 사람들, 즉 수원승도隨院僧徒였다. 만약 절이 특정세력과 연결되어 있다면 사원의 승려와 수원승도는 언제든지 사병화될 수 있는 세력이었다.

또한 대규모 인원이 상주하는 개경의 사원들은 수도를 방어하는 역할도 하여 국방상 중요한 위치를 점하였다.

## 제2의 정치공간

절 건물은 실제로 정치가 이루어지는 공간으로 사용되기도 했는데, 궁궐 주변과 십자가, 그리고 황성 근처에 위치한 사원들이 대표적이다. 이곳에서는 연등회·팔관회·제석도량帝釋道場과 같은 국가적인 불교행사가 개최되었고, 가뭄이나 성변星變(별의 위치나 빛에 이상이 생김)과 같은 천재지변이 생기거나 전염병이 돌 때는 이를 물리치기 위한 행사가 열렸다.

고려 왕은 절에 행차하는 일이 많았는데, 하룻동안 잠시 다녀오기도 했지만, 경우에 따라 며칠씩 절에 머물거나 아예 궁궐을 비워두고 이 절 저 절로 옮겨다니기도 했다. 또한 궁궐이나 개경에 병이 돌거나 왕실에 중환자가 발생했을 때 사찰은 피병避病장소로도 이용되었다.

> 재추宰樞, 중방重房, 대간臺諫이 봉은사에 모여 시가市價(물가)를 정하고 두곡斗斛(도량형)을 평준화하여 범하는 자는 해도海島로 유배시켰다.
> (『고려사』 권85, 형법지 명종 11년 7월)

왕이 머무는 동안 절은 자연스럽게 정치공간이 되어 때로는 이궁으로, 때로는 관청으로 기능하였다. 태조 왕건의 진전이 설치되어 해마다 연등회 때 왕이 행차하여 제사를 지낼 만큼 중요한 절이던 봉은사의 경우 명종 때 물가와 도량형 조정에 대한 논의가 이곳에서 이루어졌고, 충렬왕은 여기서 죄인을 국문하거나 군인을 선발하기도 했다. 황성 북쪽에 위치한 흥국사에서는 충렬왕이 죄인을 국문하고 우왕

용두보당龍頭寶幢(국보 136호, 호암미술관 소장). 이 용두보당과 같은 번간幡竿은 고려시대 절의 뜰에 흔히 만들어둔 것이다. 그중 안화사의 것에는 '대송황제성수만년大宋皇帝聖壽萬年'이라 새겨져 있었다고 한다. 또한 서긍의 기록으로는 흥화사 뜰 가운데 아래 지름 2척, 높이 10여장 크기의 동을 부어 만든 번간이 있었는데, 위는 봉황의 머리모양으로 비단 표기를 물고 있었다고 한다. 호암 소장의 이 보당은 용머리를 한 것으로 번간을 작게 만들어 실내에 봉안하였다.

은 군기검사를 했으며, 양부兩府와 대간臺諫 등의 관리들이 모여 공민왕의 애첩이자 우왕의 어머니로 알려진 반야般若에 대한 일을 논의했다. 1388년 이성계 등이 최영을 축출하고 우왕을 폐위한 뒤 창왕을 옹립하는 과정에서 흥국사에서 모임을 가졌다. 또 흥국사는 이듬해 이성계와 정몽주, 정도전 등이 창왕을 몰아내고 공양왕을 옹립하기로 결정한 곳이기도 하다. 한편 무신집권기 최충헌의 노비 만적이 반란을 계획하면서 흥국사와 보제사를 거사장소로 정했으니, 절은 신분의 고하를 막론하고 중요한 모임의 회합장소로 이용되었음을 알 수 있다.

민천사는 충선왕이 어머니인 제국대장공주의 원찰로 개창한 절로 원래는 수녕궁이라는 궁궐이었다. 여기서 충선왕은 원나라 황제가 충숙왕을 임금으로 봉한다는 내용의 국왕 책봉문서를 반포했고, 재상들이 원나라의 중서성에 보낼 문서를 작성했으며, 충혜왕이 원나라에 잡혀가자 이제현을 비롯한 재상과 원로들이 충혜왕의 사면을 요청하는 문서를 작성해 원나라에 보내기도 하였다.

홍국사 석탑. 이 탑은 원래 5층 석탑으로 탑에 1021년(현종 12) 강감찬이 나라의 안녕과 평화를 위해 건립했다는 기록이 새겨져 있다.

이처럼 개경의 절이 때로는 궁궐이나 일반 관청의 업무를 보는 공간으로 사용된 이유는 그 위치가 개경 중심부에 있어 궁궐과 가깝고 불교가 국교였으며, 그리고 당시 불교세력 중에는 정치권과 밀접한 관련을 맺고 있는 이들이 많았기 때문이다.

나성 밖 즉 개경 중심부에서 떨어진 교외에 위치한 사찰들도 정치적 공간으로 이용되었다. 귀법사·현화사·홍왕사·국청사·천수사 등의 사찰은 대부분 나성 밖 4교에 위치해 개경을 드나드는 관문으로 교통과

국방에서 중요한 역할을 담당하고 있었다. 1174년(명종 4)에야 비로소 개경에 이궁이 만들어졌기 때문에 4교 지역에 위치한 절들은 임금이 왕릉을 찾아가거나 지방으로 행차할 때, 사냥이나 연회의 목적으로 4교에 행차했을 때 머무는 이궁 역할도 하였다. 게다가 현화사나 홍왕사, 국청사 등은 종교적인 신앙심 못지않게 왕실이 정치적 목적을 가지고 막대한 재력을 투입하여 창건한 절이었기 때문에 정치적으로도 매우 중시되었다.

개경 교외에 있으면서 정치활동의 공간을 제공한 가장 대표적인 절로 홍왕사를 들 수 있다. 이곳에서 홍건적의 침입을 피해 안동까지 내려갔던 공민왕이 개경으로 돌아오면서 강안전이 수축될 때까지 머물렀고, 김용金鏞 등이 공민왕을 시해하려다가 실패하여 조정을 발칵 뒤집은 사건인 '홍왕사의 난'이 벌어지기도 하였다.

## 경제를 이끌어간 또다른 축, 사원경제

사원은 갖가지 수공업품과 식료품을 생산하고 매매하면서 고려경제의 중요한 한 축을 담당했다. 사원경제의 기본을 이룬 것은 토지였는데, 대부분의 사원은 국가로부터 토지를 하사받거나 신자들의 시주로 형성된 재력으로 운영되었다.

사원경제는 고려시대에 가장 발전했는데, 수도 개경과 각 지방의 큰 사원들이 중심이 되었다. 당시 사원은 상당한 규모의 토지를 소유하고 보寶를 운영하여 적극적으로 이식利植활동을 했으며, 때로는 국제교역에도 참여하였다. 또한 뛰어난 수공업자들을 거느리고서 이들이 만든 수공업품들을 매매하기도 했다. 고려의 사원전은 면세토지로 후대에는 농장의 형태로 운영되었으며, 향·소·부곡을 지배하기도 하였다. 사원의 토지는 대부분 사원에 예속된 이들에 의해 경작되었는

홍왕사의 난 1363년(공민왕 12) 김용金鏞이 공민왕을 살해하려고 왕이 머물고 있던 홍왕사를 침범한 사건이다. 김용은 공민왕이 세자로 원에서 숙위하던 시절부터 공민왕을 모셔온 인물로, 그에 대한 공민왕의 신임은 매우 두터웠다. 그는 공민왕 재위기간 동안 몇 차례 문제를 일으켜 처벌받기도 했지만 그때마다 공민왕은 곧 그를 다시 불러들이거나 죄를 용서해줄 정도로 총애하였다. 1359년과 1361년은 고려가 홍건적의 침입으로 시달림을 받던 시기로, 1361년 홍건적 10만이 고려를 침입해오자 공민왕이 복주福州(지금의 안동)까지 피난을 떠났다. 이때 정세운을 총사령관으로 하여 안우安祐·이방실李芳實·김득배金得培·김용·최영 등이 함께 싸워 적을 물리쳤다. 그러나 이들 사이에서 왕의 신임과 군공을 둘러싸고 충돌이 일어났다. 정세운의 공을 시기한 김용이 왕지王旨를 위조하여 안우·이방실·김득배로 하여금 정세운을 죽이게 하고 다시 그 죄를 뒤집어씌워 이들을 모두 죽였다. 그리고 안동에서 돌아온 공민왕을 죽이려고 50여명을 이끌고 야밤에 홍왕사로 쳐들어갔다. 그러나 환자 이강달李剛達이 왕을 업고 태후의 밀실로 피신시켰고, 왕과 얼굴이 비슷하게 생긴 환자 안도치安都赤가 공민왕 대신 침전에 누워 있다가 살해당했다. 최영 등이 군사를 이끌고 홍왕사에 와서 이들을 토벌함으로써 난은 평정되었지만 김용은 오히려 1등공신에 봉해졌다.

데, 이들을 수원승도隨院僧徒라고 불렀다. 규모가 큰 절인 경우 국가나 왕실 또는 귀족관료들이 시주한 토지가 사원경제의 기반이 되었다. 현종이 창건한 현화사나 문종이 창건한 흥왕사에는 막대한 규모의 토지·재화·노비가 국가적으로 시납되었다. 또 1064년(문종 18)에는 대운사大雲寺에 전에 준 공전公田이 지질이 척박하고 세금이 적어 공양물자가 부족하다는 이유로 옥토 100결을 더 하사하기도 했다. 토지 외에도 각종 목적으로 설치되는 보가 있었고, 금이나 은으로 만든 병, 향, 약, 곡식, 직물과 같은 현물도 사원의 주요 경제기반이었다.

절은 상업과 수공업 활동에도 적극적으로 참여하였다. 절에서 자체적으로 생산한 물품으로는 차·마늘·파 등의 농산물, 직물이나 기와 등의 수공업 생산품, 그리고 꿀·소금·술을 대표적으로 꼽을 수 있다. 이중에서 마늘과 파는 오신채五辛菜의 하나로 불교에서는 계율로 금하는 것이었고, 술 역시 금지된 것이었다. 그러나 절에서 술을 빚어 파는 데 대한 금령禁令이 자주 있었던 것으로 미루어보아 이 계율이 제대로 지켜지지 않았음을 알 수 있다. 한편 육연六然이라는 승려가 구워내는 기와는 그 품질이나 색채가 중국 남방(강남지역)의 상인들이 파는 것보다 월등히 우수했다고 한다. 또한 충렬왕비인 제국대장공주에게 한 비구니가 흰 모시를 바쳤는데, 올의 가늘기가 매미날개 같았고 꽃무늬도 놓여 있었다. 이 모시는 비구니가 데리고 있던 여종이 짠 것이었다. 공주는 비구니에게 그 여종을 달라고 했고, 비구니는 어쩔 수 없이 여종을 공주에게 바쳤다. 이 두 가지 일화는 고려 사원의 수공업이 상당한 수준에 이르렀음을 잘 보여준다.

절은 사람이 많이 모이는 장소였기 때문에 교역장소로도 큰 역할을 했는데, 자체적으로 생산한 각종 농산물을 포함한 식료품과 수공업품 등을 판매하였다. 송나라 수도 개봉開封의 상국사相國寺 앞에는 대규모의 시장이 있었다고 하는데, 개경 시가지의 어느 절에도 이와같은 시장이 있었을 가능성을 짐작할 수 있다.

한편 절이 재산을 운영하는 주된 방법 중 하나는 이식利植사업이었다. 절의 이식사업은 보의 운영과 밀접한 관계가 있다. 절의 신도는 자신의 발원發願을 위한 특수목적으로 절에 보를 설치하여 이를 원금으로 삼아 사람들에게 돈을 빌려주고 그 이자로 경비를 조달했는데, 시간이 흐르면서 고리대가 되었다. 발원자가 보를 기부할 때는 그 지출규정을 명시하는 것이 상례였다. 보의 운영이 개인적으로만 이루어진 것은 아니다. 팔관회에 필요한 경비 마련을 위해 설치한 팔관보八關寶라든지 정종이 곡식 7만석을 내어 여러 큰 사원들에 헌납하고 각각 불명경보佛名經寶와 광학보廣學寶를 설치하여 불법佛法을 배우는 이들을 장려했던 것 등은 국가적으로 운영한 보의 예이다.

이렇게 형성된 사원의 재산은 어떤 용도로 이용되었을까?

국가에서 사찰을 세워 중을 안치安置하였으니, 현묘玄妙한 이치를 탐구하고 계율戒律을 지키는 시골 중으로 하여금 편히 거처하게 하고 외국에서 와서 왕가王家에 손〔賓〕노릇 하는 도인道人들로 하여금 편히 머무르게 하려 함이었다. 그래서 전장田莊을 나누어주고 각기 노복을 주었으니, 인력人力이 사여하기에 족하고 양식이 공양供養하기에 넉넉하다.

(이규보「권계제사원삼강사존교서 勸誡諸寺院三綱司存教書」,『동문선』권23)

여기서 보듯 이러한 재산은 우선 사원의 운영자금으로 사용되었다. 건물이나 탑을 건립하거나 새로이 불상을 만들기도 했으며, 파손된 건물과 불상을 보수하고, 불상이나 전각 안을 장엄하는 데 필요한 경

보의 목적과 종류 인도에서 중국으로 도입된 불교는 승단의 경제활동을 긍정적으로 이해하는 입장이었는데, 여기에 중국적인 상업관이 결합하면서 사원은 상업활동과 이식행위에 적극적으로 나서게 되었다. 보시된 금전과 재물을 창고에 넣고 운영한 당나라의 '무진장無盡藏'이나 송나라의 '장생고長生庫'가 대표적인 것이었다. 중국의 이러한 행위나 기금을 고려에서는 '보'라고 불렀다.

보의 유래는 불교적인 것이지만 고려에서는 꼭 불교와 관련된 것만은 아니었다. 『고려사절요』에는 '보는 방언方言인데 전곡錢穀을 시납하여 원본은 유지하면서 이식을 취하는 것으로 이익이 구원久遠에 이르므로 보라고 부른다'고 하였다. 꼭 불교적인 것이 아니더라도 특정 목적을 위해 기금을 마련하고 그 이자로 목적한 바를 행하는 것이 바로 보의 기능이었다. 특정한 불사나 부모의 기일재忌日齋를 올리기 위해 절에 재물을 시납하는 경우도 보라 하였고, 국가에서도 보를 운영했으니 인재를 양성하기 위해 설치한 양현고養賢庫나 팔관회를 위해 운영한 팔관보八關寶가 대표적인 것이다. 고려시대 보의 종류로는 학보學寶·부모기일보父母忌日寶·불명경보佛名經寶·광학보廣學寶·제위보濟危寶·불보佛寶·금종보金鍾寶·반야경보般若經寶·기재보忌齋寶·관마보官馬寶·선구보善救寶·성유향보聖油香寶 등이 있었다.

비로도 이용했다. 당시 사원들은 모두 목조건물이었기 때문에 일정한 간격을 두고 지속적으로 보수해야 했다. 또한 이는 절의 각종 행사자금으로도 사용되었다. 연등회처럼 정례적으로 이루어지는 행사 외에도 각종 도량에 필요한 향·등·불구佛具 등의 제작·구입 비용으로 지출되었고, 불경 간행이나 사경 활동에도 소비되었다. 또한 절에서 종종 행해지던 구휼과 의료활동에도 지출되었다. 한편 돈을 융통하기 어렵던 당시로서는 절이 오늘날의 전당포와 비슷한 역할을 하기도 했으니, 절이 보유한 재산은 사회의 물화가 유통되는 중요한 일부로서 기능한 것이다.

고려시대 사원의 경제력은 잘 운영되는 경우에는 매우 긍정적인 기능을 할 수 있었다. 그러나 돈은 시대를 막론하고 액수는 많은데 그 운영을 철저하게 감시·감독하는 곳이 없으면 결국 파행적으로 운영되어 사회문제를 야기하게 마련이다. 특히 왕실이나 귀족관료 또는 권문세족과 연결된 사원의 경우 사원토지가 면세 대상임을 악용하여 자신의 토지를 절에 기부하고 그것을 사원에서 관리하도록 하는 경우가 많아져서 국가재정이 위태로워질 지경이었다. 또한 고려말에는 사원이 농장을 확대하고 고리대업을 통해 막대한 부를 축적했을 뿐만 아니라 백성들도 이들 농장에 투탁投託하게 되면서 여말의 사회혼란에 일조하였다. 결국 여말 고려불교는 사회·경제적 파행으로 인해 신진유학자들에게 격렬한 비판을 받으며 고려멸망의 원인이라는 불명예를 지게 되었다.

## 도시민·빈민·여행객을 위한 보시

왕성王城의 장랑長廊에는 매 10칸마다 장막을 치고 불상을 설치하고, 큰 독에 묽은 죽을 저장해두고 국자를 놓아두어 왕래하는 사람들이 마음대로 마시게 하되, 귀한 자나 천한 자를 가리지 않는다. 승도僧徒들이 이 일을 맡아 한다.　　　　　　(서긍『고려도경』권23, 시수施水)

　이렇게 절은 의술과 약재를 제공하고, 때로는 곡식을 풀어 빈민을 구제하는 등 사회복지기관의 역할도 하였다. 기근으로 사람들이 굶주리거나 역병 같은 전염병이 돌 때 국가적인 차원에서 절에서 각종 소재消災도량을 여는 한편 곡식을 풀어 사람들에게 먹였다.

　광종은 대규모의 재회齋會를 여러번 열었는데, 무뢰배들이 배불리 먹기 위해 가짜로 중 행세를 하며 여기에 모여들었다고 한다. 궁중이나 큰 절에서 재회를 열게 되면 수백 또는 수천명의 승려들을 불러모아 음식을 먹이는 대규모의 반승飯僧행사가 수반되었다. 광종대의 예로 보아 반승행사는 승려들을 공양하기 위한 것이었지만 경우에 따라서는 승려로 가장한 행려나 부랑자 같은 이들이 밥을 얻어먹는 기회가 되기도 했다.

　이렇게 불교행사를 빌려 행하는 경우 외에도 절에서 직접 빈민구제에 나서는 일도 많았다. 1044년(정종 10) 광제사廣濟寺 앞에는 커다란 솥이 여러 개 걸리고 밥을 짓고 국을 끓이느라 부산스러웠다. 이 음식들은 배고픈 사람들에게 제공되는 것이었다. 의종 때에는 개국사開國寺에서 기근으로 굶주리는 사람과 역질에 걸려 앓는 사람들에게 음식을 먹였다. 또 왕이 절에 행차하는 도중이나 절에 머무는 동안 가난한 백성에게 포목·솜·술 등을 나눠주고 행려들에게는 밥과 국을 제공하기도 했다. 때로는 국가적인 차원에서 백성들에게 떡·쌀·시탄 등을 길거리에서 나누어주었는데, 이는 불교의 보시행布施行을 국가가 시행하는 것이기도 하였다. 또한 전염병이나 천재지변이 있을 경우 왕은 절이나 궁궐 뜰에서 각종 도량을 열고 기도를 했는데, 이는 민심안정 차원에서 이루어진 것이었다. 절에서 이루어지는 각종 도량이나 보시행은 국가적 차원에서 행하는 구휼을 보조함으로써 동요하기 쉬운 민심을 안정시키는 데 중요한 역할을 하였다. 특히 수도 개경의 절에서 이루어진 각종 보시행들은 다양한 계층으로 구성된 개경의 민심을 안정시켜 국민통합을 이루는 데도 기여했다.

교통의 요지에 위치한 사원들의 경우는 오가는 사람들이 쉬었다 갈 수 있는 공간을 제공하였다. 현재 지명중 ○○원院이라는 곳은 대부분 그 지역에 이러한 기능을 하는 절이 있었음을 확인시켜주는 예이다. 개경의 경우 청교역 부근에 위치한 천수사가 대표적인 곳이다.

> 서울 동쪽 천수사는 도문都門에서 100보쯤 떨어져 있다. 잇닿은 봉우리는 뒤에 서 있고 평탄한 내는 앞에 흐르고 야계野桂 수백 그루는 길가에 녹음을 이루어서, 강남에서 황도皇都로 가는 이들은 반드시 그 아래서 쉬어가므로 수레와 말굽이 길을 메우고 어부의 노래와 초동의 피리소리는 끊일 새 없고 단청丹靑한 누각은 송채松杉와 연하煙靄의 사이에 반쯤 솟아나고 왕손王孫과 공자公子들은 주취珠翠와 생가笙歌를 거느리고 출영과 전송을 반드시 이 절문에서 하였다.
>
> (이인로『파한집破閑集』)

청교는 개경을 출입하는 관문 중의 하나로 개경을 오가는 친구나 관리를 전송하는 곳으로 이용되었는데, 청교 부근에 위치한 천수사는 사람을 맞이하고 떠나보내는 장소였다. 남쪽으로 내려가는 관리들을 전송하거나 개선장군을 환영하며, 때로는 남쪽으로 출행하는 군대가 잠시 머무는 곳으로 이용되었다. 장패문 근처 삼겸三鉗 즉 '셋재'에 위

**천수사** 수천 칸에 이를 정도로 규모가 큰 고려시대의 절이다. 중국에까지 이름을 날린 유명한 화가였던 이녕李寧은 「천수사남문도 天壽寺南門圖」라는 명작을 남겼다. 하지만 이 작품은 현존하지 않고, 천수사는 세월이 지나면서 그 규모가 점차 축소되었다. 조선시대에 들어와서는 빈터와 행객들이 숙박하는 작은 원院만 남았고, 이름도 천수원 天壽院으로 바뀌었다. 그러나 조선시대에도 개경사람들이 손님을 맞이하고 떠나보내는 대표적인 장소로 동쪽은 천수원, 서쪽은 영빈원迎賓院과 보통원普通院을 꼽을 정도로 개경의 관문 역할을 하였다.

치한 개국사는 교통의 요지로서 개경과 동남부지역을 연결하는 역할
을 하였다. 문종대 개국사에는 진제장賑濟場이 설치되어 오가는 사람
들을 구휼하였는데, 개국사의 기능이 커지면서 그 남쪽에 부속 원으
로 남계원南溪院을 설치하여 운영하였다.

　개경에서 약간 떨어진 임진의 보통원과 자제사(과교원)도 개경으
로 향하는 관문이었다. 이 절에서도 여행객들에게 각종 보시가 이루
어졌다. 자제사에서는 부교를 놓아 강을 건너는 사람들에게 편의를
제공하였고, 1064년(문종 18)에는 5월 15일~7월 15일의 두달간 왕명
으로 보통원에서 행객들에게 죽과 채소를 나누어주기도 하였다. 개경
이 4교지역까지 확대되면서 천수사와 개국사 이외에도 현성사·국청
사·홍왕사·경천사는 개경을 오가는 교통의 중심지이자 개경을 방어
하는 거점 역할을 하기도 하였다. 개경 서쪽의 국청사는 중국 사신이
나 개선하는 군인을 맞이하고 왕이 왕릉에 행차했다가 머무는 곳이기

개국사 탑과 석등. 935년 창
건한 개국사의 이 석탑은 국
보 100호로 서울 경복궁에,
석등은 개성에 있다. 일명
남계원탑으로 불린다.

개국사 탑에서 발견된 『묘법 연화경』(1283년, 국립중앙 박물관 소장). 1915년 개국 사 탑을 경복궁으로 옮기는 과정에서 발견되었다. 『묘법 연화경』 7권이 두루마리 형 식으로 말려 봉안되어 있었 다. 감색 종이에 금으로 경 전을 필사했는데, 오른쪽은 이 사경의 표지와 뒷면에 있 는 그림을 모사한 것이다.

도 하였다. 충렬왕 즉위년에는 고려의 관리들이 원에서 돌아오는 충 렬왕과 왕비 제국대장공주를 이곳에서 맞이하였다. 나성 남쪽에 위치 한 경천사는 개경에서 강화로 가는 길목에 있던 절로 1232년(고종 19) 강화로 천도할 때 고종 일행과 최이崔怡 일당을 비롯한 많은 사람들 이 묵었던 곳이다.

## 사색과 휴식의 공간

12도徒의 관동冠童들이 매년 여름이면 산림山林에 모여서 학업을 익히다 가 가을이 되면 파했는데 용흥사龍興寺와 귀법사歸法寺 두 절에 많이 머물렀 다.　　　　　　　　　　　　　　　　　　　　　　　　(최자 『보한집補閑集』)

개경의 절 중에는 연복사처럼 개경시내 한복판에 개창된 것도 있지 만 송악산이나 용수산 등 산자락에 자리잡은 경우도 많았다. 이렇게 산속 조용한 곳에 위치한 절은 유학을 공부하는 학생과 학자들에게 공부할 수 있는 공간을 제공하였다. 특히 무더운 여름이 되면 시원한 산속의 사찰을 찾아 독서하고 차를 마시며, 시회詩會를 열고, 자연을 완상하며 여름 한철을 보내는 것이 당시 사람들 나름의 훌륭한 피서법이었다. 절에서의 이러한 모임을 통해 승려들과 학자·관료간의 교류가 이루어졌고, 이는 고려의 학문과 사상이 성숙하는 데 또 하나의 자양분이 되었다.

송악산 아래 자하동에 위치한 구산사龜山寺는 태조 때 개창된 절이다. 절이 창건되고 백여년쯤 지나 구산사 근처에는 고려 최고의 사학私學인 최충崔冲의 9재학당九齋學堂이 들어서게 된다. 이 9재학당의 학생들은 종종 구산사에서 공부하였는데, 역시 여름철에 주로 이용하였다. 충렬왕은 구산사에 와서 9재 생도들의 여름공부를 구경하였다. 이때 여러 생도들이 충렬왕에게 가요를 올렸고, 이에 왕은 이들 생도에게 과일과 술을 하사하며 격려했다고 한다. 1143년(인종 21) 윤4월에는 왕의 명령으로 두명의 영공令公이 송악산록에 위치한 일월사日月寺의 낙성재樂聖齋 학당에서 여러 생도들과 함께 강습하고 연구聯句를 지어 왕에게 바치기도 하였다. 조선시대나 오늘날에도 번잡한 속세를 벗어나 조용한 곳에서 공부에 집중하려고 절을 찾는 사람들이 심심찮게 있는 것을 보면, 산속 조용한 곳에 위치한 개경의 절은 번잡스러움을 피해 공부하기를 원하는 사람들이 즐겨 이용했을 것임은 쉽게 짐작할 수 있다.

절은 개경사람들의 휴식공간이기도 하였다. 특히 경치가 수려한 곳에 위치한 절에서는 왕이나 귀족관료들이 행차하여 잔치를 열기도 하고 때로 절 주변의 산이나 들을 사냥터로 이용하기도 하였다. 빼어난 경관을 자랑하던 자하동 일대의 안화사와 같은 절이 대표적인 경우이다. 그런데 비록 절이 연회장소로 이용되었다고는 하지만, 잔치는 주로 중심 전각에서 벗어난 경치가 아름다운 곳의 누각이나 정자를 중심으로 벌어졌던 것으로 생각된다. 연회에는 속인들만 참석했던 것은

대흥산성에 위치한 관음사에서 출토된 대리석 관음보살상(1125년, 개성 역사박물관 소장).

아니어서 승속僧俗이 함께 어울리는 경우도 있었다.

개경의 불교는 다양한 종교적·사회적 활동을 통해 세속과 밀접한 관계를 형성하였다. 아름드리 나무가 우거지고 맑은 물이 흐르는 넓은 경내는 도시민들에게 쾌적한 휴식공간을 제공했고, 연등회와 팔관회를 비롯한 여러가지 도량과 각종 재齋와 같은 크고 작은 불교행사는 신분의 고하를 막론하고 개경사람 모두가 참여할 수 있는 거대한 축제였다. 그리고 여기에 동원된 각종 장식과 음악, 연희는 도시민들에게 오락과 즐거움을 제공해주었다. 각 절에서는 경전과 교리에 대한 열띤 토론이 벌어졌고, 이 과정에서 고려불교 나름의 철학과 사상이 발전하고 만개하였다. 각종 불서를 간행하여 고려의 출판·인쇄문화를 이끄는 한편으로 승려들은 선禪수행에 몰두했으며, 대중들을 모아놓고 법회를 열어 불교의 교리를 설파하고 수행법과 염불을 가르쳤다. 개경에 사는 사람들은 절을 찾아가 소원을 빌고 아픈 마음을 달랬으며, 망자亡者를 떠나보내고 조상을 기리는 제사를 지냈다. 또한 아름답게 단청을 칠한 장대한 사원 건물들과 그 안에 봉안된 황금 불상과 보살상, 화려한 불화와 금과 은으로 쓴 경전 등은 멋들어진 주위 풍광과 어우러져 그 자체만으로도 눈부신 장관이었다. 개경의 절은 이렇게 다양한 활동과 기능으로 함께 어울려 살 수밖에 없는 도시의 여러 계층의 사람들을 통합하고, 한 나라의 서울을 수도답게 꾸며주는 역할을 했다.

〔강호선〕

# 5부방리 · 4교 · 경기

## 1. 도성민의 통제장치, 5부방리

### 5부방리는 어떻게 만들어졌나

정치·경제·문화의 중심지인 왕경王京에는 왕궁을 비롯한 각종 관서, 창고 등 국가통치를 위한 핵심시설이 자리하는 한편 다양한 부류의 사람들이 살고 있었다. 주요 시설과 거주민에 대한 관리와 운영이 무엇보다 중요했던만큼 국가에서는 개경의 특별구역으로 5부방리五部坊里와 4교四郊를 설정하여 효율적으로 통제, 관리하고자 하였다.

5부五部는 동·서·남·북·중과 같이 방위로 지역을 구분한 것이며, 방坊은 중국의 경우 당나라 때부터 본격적으로 사용된 행정구획으로 명칭이 다양하였다. 성밖의 인구를 보호할 목적에서 각 리마다 방벽을 설치했는데, 당시 행정구역상의 명칭인 리里 대신에 토목구축상의 명칭인 '방'을 사용하면서 이것이 행정구획 명칭으로 되었다고 한다. 우리나라에서는 삼국시대 때부터 이미 행정구획으로 사용되었다. '리'는 중국 고대의 자연촌락 단위[自然村]에서 출발하여 한대漢代를 거쳐 수隋·당唐 이후 점차 인위적인 촌락조직의 기초단위[行政村]의 유형으로 사용되어왔다. 고려시대에도 개경의 방리제 중에서 리는 행정적인 편제의 성격을 갖는 행정

촌의 유형이었다.

　고려시대 개경의 5부방리는 919년(태조 2) 수도의 이름이 개주開州로 정해지면서 설치된 이래 987년(성종 6)과 1024년(현종 15) 두 차례에 걸쳐 개편되었다. 태조 2년에 5부가 구분되기는 했지만, 전체적인 기틀은 성종 6년경에야 완성된 것으로 보인다. 왜냐하면 태조 2년 5부가 성립된 이후 건축된 사찰들의 이름이 현종 때 정비된 방명에 그대로 반영되어 기록에 나타나기 때문이다. 성종 6년에 정비된 5부방리제는 성종 초의 관제 정비와 5년간의 호구조사를 바탕으로 한 것이었다. 또한 수도의 구획과 영역을 정리한 성종대 5부방리의 일차적 획정은 전국적인 군현제 정비과정과도 맞물려 있었다. 한편『고려사』지리지에서는 현종 15년의 5부방리제 정비를 통해 5부 35방 344리라고 하는 완성된 형태를 갖춘 것으로 기록하고 있다. 이때에는 개경지역의 확대와 나성 축조를 통해 성종대의 체제를 개편할 필요를 느껴 5부방리제를 정비하게 된 것으로 보인다. 이때의 5부 35방 344리의 획정작업은 국내외의 어려운 여건 속에서 진행되었다. 성종 때부터 고려를 위협하던 거란의 침입으로 도성이 함락되어 궁궐이 불탔고, 현종 5년에 개경에서 일어난 상장군 김훈金訓·최질崔質의 난으로 국왕이 서경西京으로 피신하는 일까지 일어났다. 이러한 사실들이 국왕환도 후 개경정비와 관련한 여러 정책으로 나타났다.

　1010년(현종 1) 건설에 착수한 나성을 20여년 만인 1029년(현종 20)에 완성하면서 수도의 정비는 일단락되었다. 나성 축조에 대한 논의 자체가 유보되어오다가 강감찬姜邯贊의 건의에 따라 재개되어 현종 20년에 완공을 보게 되었다. 따라서 현종 15년의 5부방리제는 수도 정비사업의 일환으로 시작된 나성 축조사업이 진행되던 가운데 앞서 이뤄진 성종 6년의 방리제를 재편해 완성했던 것이다.

현종의 수도 정비 이유는 도성의 성곽인 황성만으로는 외적 방어가 어렵다는 점, 거란의 침입으로 황폐해진 도성을 복구해야 할 필요성, 그리고 도성 내부의 통제를 강화하려는 목적 등이 작용했다고 보인다. 특히 성곽의 보수와 내부정비 또한 비용이 만만치 않은 것이어서 왕경 개성부와 밀접하게 관련을 맺고 있는 경기의 인원과 물자를 효과적으로 활용하려는 목적도 있었다. 이렇게 현종대의 5부방리 구획 획정을 바탕으로, 문종 16년 이후에는 개성부를 다시 설치하는 것과 함께 5부방리의 관직을 확정지으면서 경기체제와 개성부의 행정조직을 마련, 정비할 수 있었다.

이에 따라 이 시기부터 도성의 안팎 그리고 이른바 교외지역인 동·서·북·남교의 4교와 성동城東·성남城南 등의 지역적 구분이 명확하게 기록에 나타나게 되었던 것이다.

### 도성민을 통제한 5부방리의 영역

개경 영역의 기본구조는 대체로 왕의 활동공간인 황성과 5부방리의 영역을 포함한 도성, 그리고 성외城外 지역에 해당하는 4교로 구성

**5부 소속 방의 명칭과 리의 수**

| 부명 | 방명 | 리의 수 | 방당 평균 리의 수 |
|---|---|---|---|
| 동부 | 안정방·봉향방·영창방·송령방·양제방·창령방·홍인방 | 70개 | 10 |
| 남부 | 덕수방·덕풍방·안흥방·덕산방·안신방 | 71개 | 14.2 |
| 서부 | 삼송방·오정방·건복방·진안방·향천방 | 81개 | 16.2 |
| 북부 | 정원방·법왕방·흥국방·오관방·자운방·왕륜방·제상방·사내방·사자암방·내천왕방 | 47개 | 4.7 |
| 중부 | 남계방·흥원방·홍도방·앵계방·유암방·변양방·광덕방·성화방 | 75개 | 9.4 |
| 합 | 35개 | 344개 | 9.8 |

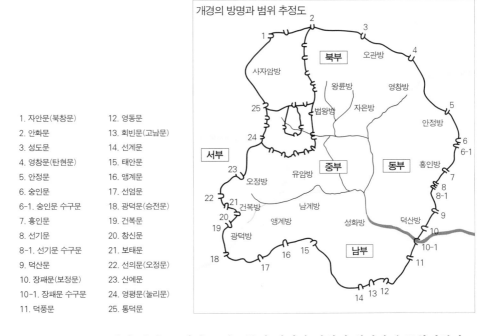

개경의 방명과 범위 추정도

1. 자안문(북창문)
2. 안화문
3. 성도문
4. 영창문(탄현문)
5. 안정문
6. 숭인문
6-1. 숭인문 수구문
7. 홍인문
8. 선기문
8-1. 선기문 수구문
9. 덕산문
10. 장패문(보정문)
10-1. 장패문 수구문
11. 덕풍문
12. 영동문
13. 회빈문(고남문)
14. 선계문
15. 태안문
16. 앵계문
17. 선엄문
18. 광덕문(승전문)
19. 건복문
20. 창신문
21. 보태문
22. 선의문(오정문)
23. 산예문
24. 영평문(눌리문)
25. 통덕문

되어 있다. 그러나 고려초부터 이러한 영역이 철저하게 구획되었다고는 생각되지 않는다. 현종 때의 나성 완성 이전의 개경의 영역은 궁궐과 황성을 중심으로 한 그 주변지역이었다. 바로 이 지역에 5부방리가 획정되었을 것이다. 성종 6년에 개정된 5부방리의 경우 구체적인 자료가 없어서 확인할 수 없고, 고려 전시기에 걸쳐 5부방리의 편제를 가장 잘 알려주는 것은 현종 15년에 획정된 방리명 관련 기록이다(『고려사』 권56, 지리지 왕경 개성부조).

이 기록에서 볼 때, 개경의 구획은 5부 35방 344리로 편성되었음을 알 수 있다. 그러나 이때 편성된 5부와 방명에서말고는 리명이 보이지 않는다. 따라서 이때의 리명은 태조대 이래 성종대까지 정리된 것 외에 나성 완성과정에서 추가된 리명이 더해진 것으로 보인다. 조선도 초기에 한성漢城을 5부로 나누고 이를 다시 52방으로 분할하여 방명표坊名標를 세웠지만, 그 아래 행정단위까지의 완전한 정비는 이루어지지 않은 것으로 보이므로 고려시대에도 리의 편성은 점진적으로 이루어졌을 것으로 생각된다.

오늘날 서울의 구區에 해당하는 5부는 고려의 고구려 계승의식에 따라 고구려의 5부체제를 그대로 이어받았다는 설과 고려시대 불교의 발달에 힘입어서 '연꽃(蓮花)'의 형상에서 유래했다는 의견도 있으나, 이는 삼국이 모두 행정구역으로 5부를 설치했다는 점에서 별 설득력은 없어 보인다. 오히려 5부의 구획은 『주례』에 입각한 배치방식을 따랐을 것이다. 배치된 구역의 십자로를 중심으로 동서남북으로 분할되고 중심부가 중부가 되었다고 보아야 한다. 여기에 도성의 지리적 특성인 하천이나 산세 등도 참고했을 것이다.

실제 5부는 대체로 나성의 남·북문인 회빈문會賓門과 북성문北城門을 잇는 선을 기준으로 동·서부로 나누고, 다시 동서의 숭인문崇仁門과 선의문宣義門을 잇는 선을 기준으로 남·북부로 나누었다. 중부는 이들 구획선이 교차하는 십자가十字街 주변 지역이었다. 이는 도성의 하천을 경계로 삼아 방위에 따라 크게 4등분하여 각기 방위별로 동·서·남·북부로 나누고, 이들 도성 중앙부에 해당하는 지역을 중부로 편제한 것이었다.

그렇다면 각 부는 정확하게 어떻게 경계지어졌을까? 『고려도경高麗圖經』에 따르면, 중부는 시전·사원을 비롯한 별궁·객사·관청 등 여러 공공시설이 밀집해 있어서 도성 내에서 가장 번화한 곳이었다. 중부의 위치를 추정할 만한 곳은 유암방由巖坊인데, 이곳은 동서 방향 대로의 북쪽인 유암산由巖山 부근으로 비정된다. 또한 앵계방鸚溪坊·광덕방廣德坊 등은 나성의 서남쪽 성문인 앵계문鸚溪門·광덕문廣德門과 일치하고 있어서 이 일대가 서쪽의 경계에 해당한다고 생각된다. 중부의 북쪽 경계는 흥국사興國寺 남쪽지역으로 보인다. 흥국사 부근의 흥국방興國坊은 중부가 아닌 북부에 소속되어 있기 때문이다.

중부의 외곽지역을 이렇게 설정하는 것이 타당하다면, 동부의 경우는 방명에 보이는 안정방安定坊·홍인방弘仁坊을 참고할 때, 대체로 나성의 동문에 해당하는 안정문과 홍인문을 경계로 설정된 것으로 보인다. 남부는 덕풍문德豊門·덕산문德山門을 중심으로 덕풍방·덕산방이 설정된 것으로 보아 나성의 동남쪽에 해당한다. 또한 성남城南에 위치하는 안신리安申里를 통해 본다면, 개경 5부의 영역이 성곽 너머에도 일부분 미치고 있었다는 좋은 증거인 셈이다. 서부는 오정문五正門(선의문)·건복문乾福門 일대를 중심으로 오정방五正坊·건복방乾福坊 등이 설정된 것으로 보인다.

북부는 대체로 태조 때부터 창건한 사찰을 중심으로 방명이 정해졌는데, 법왕방法王坊·흥국방興國坊·자운방紫雲坊·왕륜방王輪坊·사내방舍乃坊·사자암방師子巖坊·내천왕방內天王坊이 이에 해당한다. 이 지역들은 주로 황성 주변과 북쪽지역에 위치하고 있다. 이러한 방명은 절 이름, 산천 또는 그외의 어떤 다른 지형지물과 관련지어 붙여진 것으로 보이며, 이들 명칭은 고려전기에 줄곧 사용되었던 것 같다. 고려시대 방명의 특징은 절 이름과 관련한 것이 많이 보인다는 점이다. 조선시대 한양의 경우는 대체로 유교식 명칭이 많이 나타나고 있다. 이러한 점을 굳이 비교하자면 그 시대의 사상적 특징이 수도의 행정구획에 그대로 반영된 것으로 이해할 수 있지 않을까 한다. 또한 고려시대 방명들에는 절 이름과 관련된 것이 많이 보이는 점 외에도 시간이 흐르면서 자연스럽게 첨가된 것이 많은 데 비해, 조선시대에는 개창 초기에 한꺼번에 방명을 정하면서 일괄하여 유교식 명칭으로 붙이려고 노력했다는 차이점을 보여준다.

북부 홍국리로 표기된 1270년
(원종 11) 여주 이씨 준호구

| 부명 | 방명 | 추정관아지역 | 방수 |
|---|---|---|---|
| 동부 | 연희·숭교·천달·창선·건덕·서운·연화·승신·인창·관덕·흥성 | 연화방蓮花坊 | 12 |
| 서부 | 영견·인달·적선·여경·인지·황화·취현·양생·신화·반석·반송 | 서린방瑞麟坊 | 11 |
| 남부 | 광통·호현·명례·대평·훈도·성명·낙선·정심·명철·성신·예성 | 명례방明禮坊 | 11 |
| 북부 | 광화·양덕·가회·안국·관광·진정·순화·명통·준수·의통 | 등청방登淸坊 | 10 |
| 중부 | 정선·경행·관인·수진·징청·장통·서린·견평 | 등청방登淸坊 | 8 |

35방명의 경우 자료를 정리해보면, 대체로 현종 15년 당시의 방명은 예현방禮賢坊같이 예외적인 것을 제외하고는 고려후기까지 그대로 존속, 사용된 것으로 보이며, 몇개의 방명은 영역의 확대과정에서 고려후기 이후 새롭게 추가되었을 것으로 생각된다.

리의 경우, 현종 15년 당시의 자료에는 생략되어 있어서 구체적인 명칭을 알 수 없다. 다만 국가가 행정적으로 파악할 때는 공식적으로 등재된 행정리명이 쓰였을 것이며, 일반인들 사이에서는 ○○리, ○○동 등의 고유명사로 불리기도 했던 듯싶은데, 후자의 칭호들 역시 관청, 궁궐 또는 산천 같은 지형지물에서 유래한 것이 대부분으로, 그렇게 큰 차이는 없었던 것 같다. 그러나 고려후기에 새로운 방명이 등장하는 것처럼 리명도 새로이 나타났을 개연성은 있다.


## 2. 개경의 '성저십리' 4교

중국 주나라의 제도에 따르면, '교郊'에 있어 원래 도성에서 50리

120

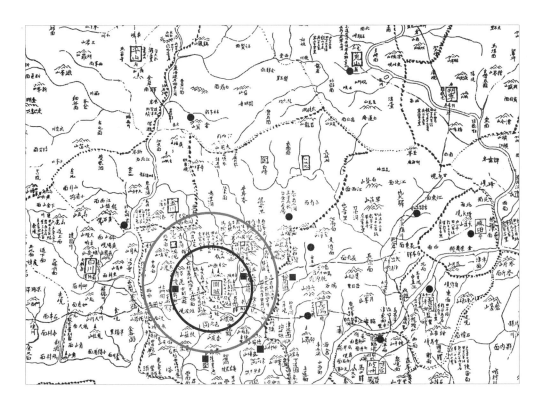

「청구도」로 본 사교의 범위
○ 성저십리
○ 사교
● 기현
■ 적현

이내의 곳을 근교近郊 또는 교내郊內라 하고 성내의 6향鄕과 합해 국
중國中이라고도 하였다. 또한 50~100리까지의 지역을 원교遠郊라 하
였다. 도성 주변 100리 안의 근·원교 지역은 도성의 영향이 강한 지
역으로서 이 지역 내에 있는 읍을 경읍京邑이라 했으며, 그 바깥쪽의
땅은 공읍公邑 또는 방전邦甸이라 하여 지방에 포함시켰다. 경읍지역
에는 대읍大邑(군郡)을 두지 않는 것이 원칙이었다. 뒤에 언급하겠지
만 고려시대의 경우, 성종 14년에 당나라의 법제를 본받아 왕경을 중
심으로 적현赤縣 6곳과 기현畿縣 7곳을 지정하여 개성부의 관할을 받
도록 하였다. 그리하여 도성 주위에는 적현을, 그 바깥쪽에는 기현을
두었을 것으로 추정된다. 중국에서는 기현 가운데 이궁 또는 행궁이

있는 곳, 능묘가 많은 곳 등을 별도로 선정하여 경도소치京都所治의 현 즉 적현으로 승격했는데, 고려의 적현 또한 그러한 이유에서 선정했을 것으로 보인다.

개경을 중심으로 한 동·서·남·북 4교는 도성인 나성으로부터 적현의 경계지역에 해당한다. 조선시대에는 성저십리城底十里와 같은 개념이 정확하게 설정되어 있었지만, 개경의 도성 밖 성외지역인 4교는 대체로 책봉·사신의 영접 및 군대 등을 전송하던 곳이었으며, 또한 각종 교통로의 중심지인 산예역狻猊驛(내성 서쪽 20리)·금교역金郊驛(강음현 서남쪽 30리, 京師의 서북쪽 30리)·도원역桃源驛(장단부의 남쪽 3리)·청교역青郊驛(보정문保定門 밖 5리)의 기착지이자 행정문서의 전송창구로도 이용되었다. 그리고 군사의 주둔지이자 열병식과 훈련의 장소로 사용되기도 했으며, 제사 및 기원의 장소로, 왕의 사냥터이자 유흥장으로 자주 이용되기도 하였다. 한편 이 지역에는 5부검점군五部檢點軍과 함께 네 지역을 정찰하는 4교세작四郊細作이 파견되어 교외지역을 순찰, 감시한 것으로 보인다.

현재로서는 4교 중 동교와 서교 지역의 대체적인 윤곽만을 확인할 수 있다. 즉, 생목生木 감시군이 파견된 동교의 탄현炭峴(탄현문 밖 태묘동 일대)·독산禿山(헌릉憲陵 ~ 광종릉光宗陵, 영남면嶺南面 심천리深川里 일대)·적유현狄逾峴·소자미小梓尾 일대와 서교의 약사원藥師院(장단부長湍府 서쪽 20리)·우지암丂知巖·웅천熊川(개성부 남쪽 7리, 양릉리陽陵里 웅천동熊川洞 일대)·대현大峴·서보통정西普通亭(영평문 永平門 ―도찰문 都察門 밖)의 골짜기·마천馬川(현 청교면青郊面을 흐르는 마미천馬尾川으로 사천沙川의 지류이다)·고사高寺 일대가 우리의 주목을 끈다. 아마도 이 지역이 4교에 해당하는 동교와 서교 일대였을 것으로 보인다.

4교지역의 공간적 형태를 알 수 있는 자료는 그리 많지 않다. 고려

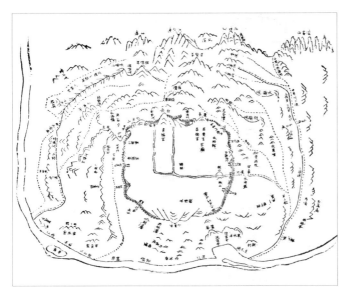

「사산금표도」(1765년 목판
본. 서울특별시립박물관 소
장). 주변의 산을 포함한 도
성 관리를 위해 제작된 이
「사산금표도」로 도성의 범위
가 변화해갔음을 알 수 있다.

정부의 4교에 대한 관심을 알 수 있는 몇가지 내용을 연결하여 그 대략을 짐작해볼 수 있을 뿐이다. 서울 동·서 각각 10여리에 좌우 궁궐을 지어서 순시할 때 돌려가며 거처한 것은 도성을 중심으로 사방 10리가 왕의 행동범위이자 교내郊內지역에 해당하는 거리임을 나타내는 것이다. 또한 거란침입 때 이 지역(城外)에 거주하는 민가들을 성내로 들어오게 한 것으로 보아 이 지역의 거주민은 도성민과 같이 대우한 것으로 보인다.

또한 개경 근처 명산名山에 나무하는 것을 금하고, 골고루 나무를 심었다고 한 점은 교내지역의 자연환경에 대한 관심을 보여준다. 또한 양경兩京 백관百官의 시초지柴焦地(땔나무로 쓰는 풀을 베는 곳)를 마수령馬首嶺에 국한하고 금표禁標를 세워 규정을 위반하는 자에 대해서는 엄격히 처벌하도록 했다는 것도 같은 맥락에서였다. 즉 조선시대와 같은 사산금표四山禁標 지역이 존재했음을 알려주는 것이다.

그러나 이는 명산이 위치한 지역에 국한된 것이고, 교내인 4교지역은 일찍부터 땅이 평탄하고 비옥하여 경작할 수 있는 곳으로 지적되고 있었다. 특히 나성 동남쪽 강변(사천沙川에 해당) 일대가 모두 전답에 해당하는 것으로 보아, 도성 안이 인구집중과 택지 개발로 경작지가 부족해지자 점차 강변지역으로의 토지개발이 이루어진 것으로 보인다. 게다가 전쟁 등으로 인한 도성의 황폐화와 권세가의 공지空地

겸병은 사회문제가 될 지경이었다. 도성의 택지 부족과 공한지의 이용이라는 차원에서 도성 내의 사찰들이 점차 교외지역으로 나가고 있는 점도 그러한 이유가 작용했을 것으로 보인다.

또한 5부방리 영역의 변화 시점 역시 도성 밖에 사찰 창건이 이루어지고 개경사람이 거주하는 지역에 왕실의 대규모 궁궐(별궁·이궁)이 건설되며 권세가와 중앙관료의 대저택 축조가 이루어진 시점임을 염두에 둘 필요가 있다. 특히 현종대 이후 창건되는 사찰들이 교외에 집중적으로 분포하는 경향은 이를 뒷받침해준다. 이는 도성민의 택지 부족을 초래하여, 일반관료와 성내 거주민들이 도성 밖에 거주하게 되는 계기였을 것이다. 이 때문에 성외지역까지 5부방리의 영역에 포함된 것으로 보이며, 도성 밖에도 방명이 보이기 시작하고 있는 것이다.

이와같은 4교지역은 성종 6년 5부방리제의 정리와 함께 구획되었다가 현종 15년 5부방리가 정비되고 현종 20년 개경의 나성이 완성되면서 대체적인 윤곽이 드러난 것으로 파악된다. 이 지역은 왕경의 배후기지로서 지배층의 관심이 집중되었고, 개발과 보호라는 양 측면에서 지속적인 지원이 이루어졌다. 이러한 점은 도성 내의 인구집중과 공간부족이라는 측면에서 이해되며, 그 때문에 자연히 도성 밖 지역까지 5부방리의 영역으로 편입된 것으로 보인다.


## 3. 나라의 배꼽, 경기

### 천자의 권위를 반영한 경기

경기京畿는 오늘날 광역행정구역의 하나인 경기도京畿道로 그 명칭이 남아 있지만 다른 도와는 작명법이 달랐다. 예를 들면 경상도慶尚

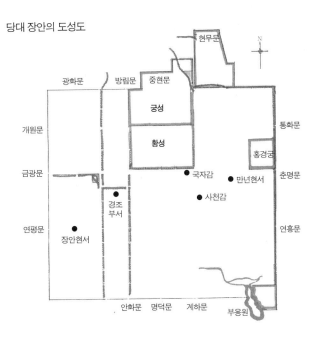

당대 장안의 도성도

玄武門(현무문)

광화문　방림문　중현문

궁성

황성

개원문　　　　　　　　　　　　통화문

금광문　　　　　　　　　　　흥경궁

　　　　　　● 국자감　　● 만년현서　춘명문

　　　　　　　　● 사천감

연평문　　경조
　　　　　부서　　　　　　　　연흥문

● 장안현서

안화문　명덕문　계하문　　부용원

道는 경주의 '경慶'과 상주의 '상尙'을 취하여 이름을 지은 데 비해 경기는 말 그대로 '서울〔京〕'과 '서울 주변지역〔畿〕'인 것이다. 오늘날의 경기도는 지방세의 수취를 통해 독립재정을 운영하는 방식을 취하고 있다. 이런 점은 중앙의 직접적인 지배보다는 간접지배 방식으로 도의 위상을 정립해가고 있음을 의미한다. 그러나 전근대의 경기는 중앙에서 직접 지배하는 방식을 취하여 국가의 모든 행정사무가 직접 관철되었다. 때문에 수도에 인접한 지역들은 국가와 상호보완적 관계에 있었다.

경기란 고려와 조선시대에 왕실을 보위하고 왕도王都를 유지하기 위해 왕도 외곽지역에 설치한 특별구역을 말한다. 하지만 원래 경京은 천자의 도읍을, 기畿는 천자가 직접 관할하던 도성 주위 1천리의 땅을 의미하였다. 경기제는 당나라가 북제北齊 이래 지방 주현의 9등

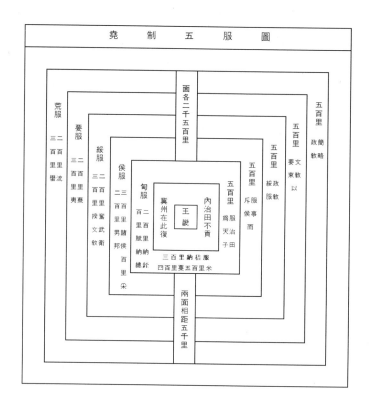

堯制五服圖

요제오복도는『서경』우공편
에 있는 요堯임금이 정했다
는 영역 개념도이다. 왕[天
子]의 통치력이 미치는 영역
전체를 사방 5천리로 하고,
왕의 직할지인 왕기王畿 또
는 전복甸服 밖 5백리마다
차례로 구역을 정해 5등으로
나누어 각각의 역할과 위상
을 정해놓았다. 왕기를 중심
에 두고 사방 5백리씩 확대
되는 동심원 형상은 중국 왕
을 중심에 둔 질서관 내지
천하관을 나타낸다.

급제를 받아들여 도성 안 혹은 경도京都가 다스리는 곳을 경현京縣 또
는 적현赤縣으로, 도성 밖 주변지역은 기현畿縣으로 구분하여 이들을
천자가 거주하는 3경京에 각각 두고 특별지역으로 통치하던 데서 비
롯하였다.

　이처럼 경기가 제도적으로 완비된 것은 당대이지만 경기의 이념적
기초는『시경詩經』『서경書經』『예기禮記』『주례周禮』등의 경전에 이
미 나타나 있고, 그 형태는 역대 왕조의 왕기王畿 또는 기내畿內를 계
승한 것이었다. 경전상의 영역등급 논리와 왕기 내지 기내를 중시하
는 사상은 특히 주대周代의 관직체계를 담은『주례』에서 체계화되었
다. 왕기제는 국왕(천자)을 정점으로 하는 신분질서체제를 구현하면

서 주 왕조의 세력범위를 반영한 질서관 내지 세계관을 나타낸 것이다. 이 세계관은 유교의 예禮 관념과 관련하여 중국 내에서는 작제爵制에 의한 신분적 예 질서로서, 그 바깥으로는 대외적 책봉관계라고 하는 중국 역대 왕조의 정치관념의 기초와도 밀접한 관련이 있다고 한다. 주대의 현실적 위계질서가 예제화한 것과 같이 이러한 신분질서체제에 입각한 영역등급의 논리가 왕기를 중시하는 이념적 기초가 되었다.

중국의 역대 왕조는 이같은 이념과 명분에 따라 왕기 또는 기내를 설치하고 특별시함으로써 권위를 확보하였다. 따라서 왕기에 대한 배려는 여기서 비롯되었다고 하겠는데, 그러한 사실은 당나라 때 육지陸贄가 "왕기는 사방의 근본이기 때문에 그 부역賦役을 가벼이하고, 혜화惠化(은혜로운 감화)도 우선 왕기로부터 시작하게 한다"(『육선공주의陸宣公奏議』 권1)고 한 데서도 확인할 수 있다. 경전에서 추구하는 왕기는 이후 역대 왕조를 거쳐 당대의 경기로 계승되었다.

## 고려에 이어진 왕도 보위의 전통

왕이 거처하는 수도가 중요한 만큼 이에 대한 보호장치는 우리나라 역대 왕조에도 당연히 있었다. 그것은 사서에 보이는 고구려·백제·신라의 왕기王畿 또는 기내畿內라는 용어에서 찾을 수 있는데, 여기서는 왕도의 외곽지역을 표현하였다.

고려 또한 태조 때부터 이전 왕조의 기내 또는 왕기의 전통을 계승하여 왕경 외곽에 특별구역을 설치하였던 것으로 보인다. 개국 이듬해인 919년에 태조가 송악 남쪽에 도읍을 정하고 이곳을 개주開州로 삼았다. 이때의 개주는 왕도와 인접해 있던 송악과 개성을 합쳐 만든 왕기였을 것으로 추측된다. 이는 경조부京兆府 등 3부의 관할 아래 각각 2개의 현을 두었던 것과 새로이 부를 설치하기 앞서 관할하는 현이 반드시 2개가 되도록 조치한 당나라의 사례를 참고한 것 같다.

당시 고려로서는 신라를 사이에 두고 후백제와 치열한 경쟁을 벌이고 있던 터라 전쟁을 승리로 이끌 든든한 배후지가 필요했을 것이다. 이를 해결하는 효과적인 수단으로서 왕성을 둘러싸고 있는 외곽 군현을 재편하면서 읍격을 올려 개주라 명명하고 왕기로 삼은 것이라 여겨진다. 이러한 사실은 송악군의 연혁을 설명하면서 "효소왕 3년(694)에 성을 쌓았고 경덕왕이 그대로 하였는데 우리 태조가 개국하매 왕기로 삼았다"(『삼국사기』 지리지)라고 한 것과 "고려 태조가 삼한을 통합하고자 송경松京에 도읍하고 장단으로 동익東翼을 삼고 개성을 서익西翼으로 삼았다"(『신증동국여지승람』 장단궁실조)는 양익제兩翼制의 내용으로 알 수 있는데, 모두 왕경의 보익과 무관하지 않은 것으로 생각된다. 왕기의 전통은 이처럼 태조 2년의 개주 설치로 고려에 계승되었다.

왕도의 외곽지역을 정식으로 경기라 칭한 것은 1018년(현종 9)의 일이다. 995년(성종 14)에 시행하였던 적현·기현제를 이때에 개편하여 "개성부를 없애고 개성현령을 두어 정주·덕수·강음 등 3현을 관할하게 하고 또 장단현령이 송림·임진·토산·임강·적성·파평·마전 7현을 관할하게 하며 모두 상서도성에 직속시켰는데 이를 경기라 하였다"(『고려사』 권56, 지리지 왕경 개성부조)라고 한 것이 그것이다.

그러나 경기제의 단서는 성종 14년에, 태조 2년에 설치된 개주를 개편하여 개성부開城府를 설치하고 여기에 6개의 적현과 7개의 기현을 관할하게 한 때부터였다. 성종대의 적기현제는 당제를 채용한 것인데, 개주를 개성부로 승격한 것은 당이 개원開元(당 현종의 연호) 원년(713)에 수도 옹주雍州를 경조부로 승격하여 일반 주와 구별되는 특별구를 설정한 것과 같다. 적현·기현의 경우도 당제를 가져온 것인데, 적현은 중국을 일컫는 적현신주赤縣神州에서 온 말로, 천자가 직할하는 땅이라는 의미에서 경현과 같은 뜻이다. 따라서 고려가 정식으로 개경 주위의 지역을 경기로 칭한 것은 현종 9년이지만, 그 영역이나 명칭 그리고 통치기구를 보면 경기제는 사실상 성종 14년 7월에 성립되었다고 볼 수 있다.

이때의 적기현이 구체적으로 어디인지는 명확치 않지만 현종 9년에 개편된 경기 12현, 즉 개성·정주·덕수·강음·장단·송림·임진·토산·임강·적성·파평·마전현이 적기 13현에 포함되어 있었을 것이다. 나머지 1현은 고려초 개주의 중심지였고 현종 9년에 경내 5부로 독립한 송악이었을 것으로 추측된다.

적기지방의 통치기구로서 개성부는 개경 성내와 중첩된 송악현을 비롯하여 적기 13현을 지배하는, 개경을 포함한 적기 지방의 통일적인 통치기관이었다. 이때문에 중앙관서로 분류된 개성부에는 장관급의 부윤과 그 밑에 참군이 있었고 이외에도 소윤·판관·장서기·법조 등이 설치되어 업무를 처리한 것으로 추측된다. 이때의 개성부는 본질적으로 개경의 관할에 중점을 둔 관서였기에 그 치소를 도성 내 수창궁이 있던 자리로 보기도 한다. 그런데 1062년(문종 16) 개성부가 다시 설치되었을 때는 그 치소가 왕경 바깥에 있었다는 점과 개성부의 직능이 경기의 통제를 주목적으로 한 것이라는 점으로 보아 성종대 개성부는 왕성 서쪽의 개성현에 있었을 것이라 보기도 한다.

그러면 어떤 배경에서 성종대에 적기현제가 시행되었던 것일까. 성종은 태조대 이래 추구되어온 집권화의 토대 위에서 유교적 정치이념에 따른 문물제도의 정비를 통해 중앙집권적 지배체제를 확립하고자 했다. 아울러 이를 명분적으로 뒷받침하고자 원구·종묘(태묘)·사직

등 국가적 예제禮制를 시행하여 국왕을 정점으로 하는 질서체제를 확고히하고자 하였다. 통치의 이념적 기초가 되는 예제는, 특히 당제를 모델로 삼으면서도, 중국과는 다른 고려의 현실을 수용하기 위해 고제古制를 참고하였다. 이념적 전거는『서경』『예기』『주례』등의 예전禮典과 중국의 역대 사서였고, 그중에서도 통치의 이념적 지표와 운영원리를 담고 있는『주례』『예기』등이 주로 이용되었다. 통치제도 정비에 있어서는 특히『주례』의 이념을 지향했다고 보이는데, 그러한 것은 오례五禮의 길례吉禮 실천과 같은 국가적 예제 시행의 내용과 기보지역畿輔地域을 적기현으로 편제하고 있는 데서 확인된다. 적기현은 경기를 의미하며 경기의 이념적 기초는『주례』에 체계화되었기 때문이다.

따라서 고제에서의 왕기가 왕(천자)을 정점으로 하는 질서의식을 나타냈던 것처럼, 이러한 이념을 계승한 당대의 적기현을 성종이 차용한 까닭은 그 시행 직전에 내려진 14년 5월 교서 내용, 즉 중국의 역대 제도가 제후들의 명분을 바로하여 천자를 중시하고 천자가 거주하는 경사를 받들던 예에 따라 우리의 관직과 지방통치조직에 있어서도 왕경을 받드는 체제를 실천하겠다고 말한 것을 통해 어느정도 짐작해볼 수 있다. 성종 10,11년의 명호名號 개정에 이은 이 교서 직후에 개성부와 적기현제 그리고 3경제京制·10도제道制·주현제州縣制·절도사제節度使制를 근간으로 하는 지방제도가 정비되는 것은 시사하는 바가 크다. 성종 14년의 지방제는 절도사제가 말하듯이 군정적軍政的 성격을 강화함으로써 더욱 완전한 중앙집권을 꾀하려는 지방관제의 재편 속에서 이루어진 것이며, 개성부의 설치는 왕도와 그 주변지역을 적현과 기현으로 편제하여 개성부의 통할을 받게 함으로써 다방면에 걸쳐 개경의 입지를 크게 강화하려는 의도가 있었다. 하지만 앞에서 살펴보았듯이 성종대 적기현제 시행의 근저에는 국왕 중심의 중앙집권적 질서체제를 통치영역 면에서 드러내고자 하는 의도가 자리잡고 있었다.

### 경기의 위상과 변화

성종대의 적기현제는 시행된 지 23년 만인 1018년(현종 9)에 비로소 경기로 개편되었다. 5도道 양계兩界와 계수관제界首官制를 채택하는 등의 전반적인 지방관제 개편과 더불어, 기보지역의 개성부와 적현·기현도 혁파되어 그 관하의 13현 중 3현은 개성현령에, 7현은 장단현령에 예속되어 경기를 형성하면서 상서도성에 직접 속하게 되었던 것이다. 또 왕경 5부를 구성하던 송악현은 현 그 자체는 소멸되어 경내 5부로만 존재하면서 중앙이 직할하게 되었다. 현종 9년 개편의 주요 의미는 경기지역에 대한 통치방법의 개정에 있다. 즉 개성부의 혁파로 인해 중앙인 개경 5부와 지방인 경기 12현으로 분리된 것이다. 이 같은 개편에는 거란의 침입과 같은 외적 상황과 현실을 감안하지 않은 도道-주州-현縣의 일원적 지방제의 운영상의 문제 그리고 집권세력의 변화 등이 그 요인이었던 것 같다. 집권세력의 변화란, 정국의 주도권이 국왕에 의해 선발되어 개경에 근거를 두고 국왕의 측근세력을 형성하며 성종대 각종 제도를 정비한 경주계 유교 관인들에서 현종대에는 서경을 비롯한 재지적在地的 기반을 가진 관인세력에게로 이동한 것을 말한다.

중국의 경우 적현이 왕실의 능묘가 있어 그 명칭을 얻은 것처럼, 고려의 경기는 왕실과 왕도의 번병藩屏 역할을 기대했을 뿐 아니라 영역등급에 내재된 질서의식을 드러내어 국왕 중심의 집권체제를 구현하기 위한 것이었다. 현종대에 와서 다시 경기제로 바뀌는 것은 당시 현실의 반영으로, 명분을 추구하기보다는 실질적인 기반지 또는 배후지가 요구되었기 때문에 왕실의 본거지에 궁원전·내장전과 공해전 등을 집중시켜 물질적(경제적) 기반을 강화하고자 하는 뜻이 담겨 있었다.

개성과 장단에 현령을 두던 경기제는 이로부터 46년 뒤 1062년(문종 16) 개성부를 다시 두는 것으로 바뀌었다. 즉 개성현이 승격한 이때의 개성부는 개경과는 관계없이 종래의 개성과 그 속현, 장단현과 그에 속하던 7현 등 경기 12현만을 관할하는 지방관서의 하나였고, 치소도 개경이 아닌 도성에서 40리 떨어진 개성현에 있었으며, 장관도 지방관 가운데 하나인 지부사知府事였다. 때문에 문종 16년에 다시 설치된 개성부는 개경 5부와 경기의 이원체제가 그대로 유지되었다는 점에서 현종 9년 때의 것과 거의 같은 형식이지만, 개성현을 지부사로 승격하고 그 아래에 서해도 평주의 임내인 우봉군을 개성부에 이속시킴으로써 경기를 13현으로 만든 차이가 있었다. 이제 왕경이 제외됨으로써 왕경을 둘러싼 지역으로서의 경기의 모습이 좀더 분명해졌다. 종래 경기의 외관이 개성·장단의 2현령이던 것을 경기 13현을 통할하는 지개성부사로 통일시킨 것이다. 이때의 개성부 복설復設 목적은 경기 통치기구의 일원화에 있었다.

7년 후인 1069년(문종 23)에 경기는 크게 확장된 것으로 보인다. 『고려사』 지리지의 왕경 개성부조에 따르면 양광도·교주도·서해도의 39개 주현이 새로 경기에 이속되어 경기의 영역이 52개 주현으로 확대되었다. 이때의 경기 확대는 1076년(문종 30) 양반전시과 개정에 앞서 전시과로 지급할 토지를 확보하기 위한 것으로 보인다. 문종 30년의 양반전시과에서는 시지를 하루거리(一日程) 24현, 이틀거리(二日程) 22현, 도합 46현에서 지급하게끔 확대했는데, 이때 확대된 급여지 46현

전시과田柴科 문무백관에서 한인閑人에 이르기까지 국가 관직에 복무하거나 또는 직역職役을 부담하는 자들에 대해 그 지위에 따라 응분의 전토田土와 시지柴地를 지급하던 제도이다.

은 대체로 문종 23년에 확장한 대경기 52현과 맞먹는다. 하지만 영역의 확대에도 불구하고 경기의 통치체계에는 아무런 변화가 없었고, 그나마 확대되었던 경기는 곧 본래대로 환원되었다. 즉, 문종대의 경기 확장(대경기)은 왕실을 보위하는 사대부들의 생활 밑천을 마련하려는 취지였으며, 이는 고려말에 경기(좌·우)도라는 지방행정기구의 모습으로 다시 나타나 조선에 계승되는 경기의 모습과 같다.

한편 몽골의 침입과 이로 인한 강화천도는 고려 경기제를 붕괴시켰다. 몽골의 침입을 피해 1232년(고종 19) 개경 5부의 인호人戶를 강화도로 옮긴 후 개경에는 유수병마사를 설치하였으나 경기지역을 어떻게 통치했는지는 분명치 않다. 1270년(원종 11) 개경으로 환도한 이후에는 '경기 8현'이라는 용어가 등장하는데, 이 8현은 개성부사開城副使가 통치한 것으로 보인다.

1308년(충렬왕 34) 충선왕이 즉위하면서 경기제는 또한번 바뀌었다. 충선왕은 도성 안을 관장하는 기구로서 개성부를 다시 설치하고 도성 밖은 별도로 개성현을 두어 관장케 하였다. 개성부는 개경 5부를 관장하는 기구였으므로 그의 치소는 도성 안에 있었으며, 그 위치는 대략 수창궁 근처였다고 한다. 그리고 이때의 개성부는 개경과 함께 경기 8현도 그 아래에 두었던 듯하며, 여기에는 재상급인 판개성부사判開城府事와 개성부윤開城府尹 이하 소윤·판관·기실참군 등이 설치되었다. 몽골의 전란을 겪은 후에 생긴 경기 8현을 대상으로 한 녹과전의 시행은 사전경기私田京畿의 원칙으로 고려말 과전법科田法에 반영되었다.

이와같이 경기는 이제 왕경과 구분되면서 차츰 하나의 도道로 자리 잡게 되었다. 1360년(공민왕 9) 경기병마도통사를 둔 것을 시작으로 왜구의 방어와 관련된 병마직兵馬職이 거듭 설치되는 과정을 통해 경기

**녹과전 祿科田과 과전법 科田法** 녹과전은 몽골의 침입으로 국고가 탕진되자, 1275년(고종 44) 경기의 땅을 관리에게 녹봉 대신 등급에 따라 나누어 준 것으로, 소유자는 경작자에게서 전조田租만 받는 사전私田의 하나이다.

과전법개혁의 원래 취지는 전시과의 기본원칙으로 환원하여 관료 지배체제를 확립하려는 것이었다. 과전법은 국유國有가 원칙이며, 수조권收租權의 귀속 여하에 따라 사전과 공전으로 구분하여, 사전은 경기도에 한하여 직산자職散者의 고하에 따라 제1과 150결에서 제18과 10결까지의 땅을 지급하되, 1대에 한하였다. 공전은 경기도를 제외한 전국의 토지로서 수조권이 국가에 소속되었고, 사전인 경우는 수조권이 개인이나 관아에 속해 있었다. 그러나 고려의 전시과와는 달리 시지柴地를 지급하지 않았다.

는 차츰 좌·우도로 구분되면서 도의 위상을 확보해갔고, 1388년(우왕 14)년 경기좌·우도에 찰방 겸 제창고전민사를 나누어 보냄으로써 점차 행정기구화했다. 경기가 도로 확립된 것은 1390년(공양왕 2) 경기를 확장하여 좌도와 우도로 나누고 각기 도관찰출척사都觀察黜陟使를 둔 때부터였다. 이때의 경기 확장은 과전법을 시행하기 위한 준비의 일환이었다. 과전법에서는 과전을 경기에 한하여 지급한다는 원칙을 세웠기 때문에 그에 소요되는 토지를 확보하려면 경기의 확대가 필요했던 것이다.

천자의 권위를 반영한 고려의 경기는 이처럼 왕경을 보위하는 지역이었던만큼 정치·경제적으로 중요한 위치에 있었다. 정치적인 면에서 보면, 문종 이후 풍수도참설에 입각해 수도를 옮기려는 시도가 여러 차례 있었다. 천도는 개경과 관련된 문제였지만, 경기가 개경을 중심으로 형성된 지역인만큼 수도가 어디에 위치하는가는 경기에 직접적인 영향을 줄 수밖에 없다. 고려시대의 경기와 오늘날의 경기의 범위가 크게 다른 것도 수도의 위치가 달라진 데 따른 현상이다. 천도 대상으로 가장 빈번하게 오른 것은 남경 즉 한양이었지만 실제로 천도하지는 못했고, 경기는 고려 내내 개경을 중심으로 그를 보위하는 역할을 담당하였다.

경제적인 면에서, 경기지방 출신들은 중앙정계에 진출하여 활발하게 활약했으며, 각지에서 진출한 중앙관료들은 새로운 터전을 경기에 마련하였다. 또한 관료들의 주요한 경제기반이 경기에 있었으며, 국가는 수조지를 경기에 지급하였다. 반면 경기의 백성들은 이념상의 '경기우선론'과는 달리 현실에서는 각종 부역에 시달리는 등 다른 지역에 비해 무거운 부담을 져야 했다.

조선의 경기는 우선 왕도가 개경에서 한양으로 바뀌는 중심이동에 따라 영역이 재편되었다. 왕실과 왕도를 보호·보익하는 이념은 유지하면서도 고려 문종대 이래의 거경시위居京侍衛하는 관인의 기반지로서의 위상이 과전법의 실시로 더욱 확고해졌다. 이후 경기는 왕실 능묘의 소재지로서 그리고 유수부나 군영이 포진한 번병 역할은 계속되었지만, 급전제給田制 폐지로 사전 지급지로서의 경기의 의미는 상실하고, 이에 대신하여 왕실의 궁방전과 양반관료의 거대한 사유지가 설치되는 지방이 되었다.

## 4. 도시문제를 처리하던 행정관서와 관원들의 업무

물산의 집산지이자 사회·문화의 중심지로서 개경은 중요한 위치를 점하고 있었다. 때문에 모든 것이 풍족하던 개경에는 다양한 신분의 구성원이 거주했으며, 개경 인구로 파악되지 않는, 지방 각처에서 몰려든 상인과 유람객도 상당했을 것으로 짐작된다. 때로는 자연재해 등으로 자신의 본거지를 떠난 유랑민과 고공雇工 노동자들도 상당수 거리를 배회했을 것이다.

이러한 대도시민으로서 개경사람들은 마냥 정부에 순종적 자세만 보였을까? 분명 도시에는 이런저런 사람들 때문에 범죄도 발생하고 억울한 사람도 생기게 마련인데, 이런 문제는 어떻게 처리했을까? 고려에도 법이 있어 이를 어긴 사람은 분명히 처벌을 받았겠지만, 법에 억울함을 하소연할 사람은 어디로 가야 했을까?

정존실鄭存實은 일찍이 붉은 혁대[紅鞓] 제작공인 언광彦光의 집을 샀다. 집값을 은 35근으로 정했는데 우선 23근만 주고 속여 말하기를

"네가 이사한 후에 청산해 주겠다"고 하자, 언광이 말하기를 "한두근도 외상은 곤란한데 12근이나 되니 안되겠습니다"라 말하고 이사가지 않았다. 정존실이 노하여 가구소街衢所에 무고하여 말하기를, "우리집 사람이 은 12근을 가지고 저자를 지날 때 언광이 무리를 지어 강탈했으니 치죄하여주기 바란다"고 하였다. 가구소도 그것이 무고인 줄 알았으나 정존실의 포학함을 두려워하여 언광의 처를 가두고 이웃사람 40여명을 끌어넣어 고문하였다. 언광은 궁지에서 빠져나올 길이 없으므로 정존실에게 은 12근을 바치고 석방되었다.

(『고려사』 권128, 열전 정중부)

이 내용에서 알 수 있듯이, 무인집권기 때 은 35근으로 집을 사겠다고 계약하고 실제로는 23근만 주어 집을 빼앗으려 했던 정존실鄭存實이 언광을 무고한 가구소街衢所는 오늘날의 법원이나 경찰서에 해당하는 것으로 보인다.

또한 중요 시설물이나 지역에 파견된 군인들은 도성 내의 치안과 범죄예방을 담당하였다. 예컨대, 시전市裏·좌우左右의 경전京廛·5부五部·4교세작四郊細作(네 교외의 정찰)·좌우창左右倉 등의 시설물에 군사를 파견, 순시하게 한 것이 그러한 것이다.

경기체제와 개성부의 행정조직이 마련, 정비된 것은 현종대의 경기제 개편과 5부방리의 구획 획정을 바탕으로, 문종 16년 이후는 개성부의 복설과 함께 5부방리의 관직을 확정지으면서였다. 개성부는 5부방리의 상위기구로서 업무를 총괄하는 한편 중앙의 여러 부서와 협조하면서 일을 처리했지만, 개성부가 혁파되고 5부방리가 독립단위로 기능할 때는 각 부가 소속 방·리의 업무를 관장하면서 다시 이부吏部 등 중앙관서에 직접 보고하는 계통을 밟았다.

화령부·개경호적 개성부(부분).

5부에는 5부사五部使·5부부사五部副使·5부록사五部錄事가 있었다. 처음에 종5품의 대우를 받는 (규정상 4품 이상의) 사使와 종7품의 대우를 받는 (규정상 5품 이상의) 부사副使 및 갑과권무甲科權務인 녹사錄事가 각각 배치되어 일을 보았다. 문종 30년 이전에는 4품 이상의 높은 지위로 특별대우를 받고 있던 5부의 실무자를 권무관직으로 바꾼 것은 5부방리와 관련된 중요한 결정권을 상서도성尚書都省으로 이관하는 작업의 일환으로 보여진다. 이러한 점은 5부를 단지 상서6부의 명령을 수행하는 하부기관으로, 5부방리의 실무만을 담당하는 기구로 전환했음을 보여주는 것이다. 고려말기에는 령令과 부령副令으로 축소되면서 이들 중 어느 하나가 종6품의 대우를 받으면서 녹사와 함께 직무를 처리하는 체제로 바뀌었다.

방에는 범죄예방을 담당했다고 추정되는 별감別監, 리에는 이정里正 내지 이전里典이 있어 행정을 맡아보았다. 이들의 임무는 호적과 관련한 직역자의 파악 등 대민수취와 관련한 직접적인 실무였을 것이다.

5부방리의 관원이 담당한 업무는 강도와 도적 등에 대한 치안 유지와 개경 거주민의 호적과 관련된 업무, 제방堤防·도성의 수축修築과 같은 토목, 영선營繕을 비롯한 각종 과역課役관계의 일, 개경에서 생활하는 관리의 병가病暇나 그 가족의 장례시에 주는 휴가에 대한 자료조사와 이장移葬 문제, 개경 거주 응시자에 관계된 과거 보조업무, 질병 등의 재이災異를 물리치기 위한 각종 행사의 시행 등으로, 개경 거주민의 생활과 관련된 직접적인 실무행정 전반을 맡아보았다.

5부방리의 관원은 경내의 사안에 대해 이부나 상서도성尚書都省 같은 중앙관서에 직접 보고하는 계통을 밟고 있었다. 그러나 개경 거주 범법자에 대해서는 각 방리坊里에서 부部로 보고하고, 다시 부에서 개성부로 보고하여 처벌하도록 하고 있으며, 사실을 제대로 보고하지 않았거나 보고를 받고도 일을 제대로 처리하지 않은 관원은 처벌을 받기도 하였다.

개성부는 995년(성종 14)에 설치되어 1018(현종 9)에 폐지될 때까지 존속하였고, 그뒤 1308년(충렬왕 34)에 충선왕에 의해 다시 설치되어 1392년까지 수도의 상급기구로 기능했다. 때로는 5부방리가 독립단위로 개성부를 대신하기도 했지만, 대개의 경우는 5부방리의 상위기구로 존속하였다.


충렬왕 34년에 충선왕이 급전도감給田都監과 5부를 개성부에 병합하고 도성 내를 관장하게 하였다. 판부윤判府尹은 1인인데 종2품, 윤尹은 2인인데 1인은 겸관兼官으로 정3품, 소윤小尹은 3인인데 1인은 겸관으로 정4품, 판관判官은 2인인데 정5품, 기실참군記室參軍은 2인인데 정7품으로 모두 품에 따라 선공繕工하는 직사職事를 띠었다. (…) 공양왕 원년에 가사家舍와 재물·추배追倍를 관장토록 하였다. (공양왕) 2년에 중조(中朝, 明)의 응천부應天府가 중서성中書省에 직신直申하던 예에 의거하여 본부本府로 하여금 도평의사都評議司에 직보直報토록 하고, 또 효자 순손順孫을 탁용擢用하고 의부義夫·절부節婦를 정표旌表하는 일과, 크고 작은 학교를 점고點考하여 인재를 양성하는 일, 악역惡逆과 간위奸僞를 금하여 풍속을 바로잡는 일, 그리고 농잠農桑·호혼戶婚·전토田土·포흠逋欠·숙채宿債·목민牧民의 직임을 장악토록 하였다.              (『고려사』 권76, 백관지1 개성부조)

조선시대 한성부 북부장호
적北部帳戶籍(1663년, 서울
대 규장각 소장). 현종 4년
한성부에서 작성한 것으로
성밖 15개 계에 사는 641호
의 호주와 처, 이들의 식솔
과 노비 등 호적사항을 기록
하였다.

이러한 내용을 보면, 개성부의 각 관원들은 시기에 따라 선공繕工과
가사·재물·추배의 관장 또는 효자 순손의 탁용과 의부·절부의 정표,
대소 학교의 점고와 인재 양성, 악역·간위의 금지, 농잠·호혼·전토·
포흠·숙채·목민의 일 등을 맡았다. 이와 유사한 내용은 조선초의 기
사에서도 찾아진다.

(조선 태조 3년 6월) 기묘년에 도평의사사에서 상언上言하기를,
'개성부는 한나라·당나라 경조부京兆府의 예에 따라 왕도의 숙청 肅淸
을 전장專掌하였는데, 전조(前朝, 고려) 말에 법령이 폐이廢弛해져 군
소의 무리가 양친에게 불효하고 일족一族과 불목不睦하며, 인리隣里
를 서로 돕지 않고 숙채宿債를 천징擅徵하며 시물市物을 억매抑買하는
가 하면, 혹 질병이 있어도 구하지 아니하고 사망해도 부장不藏하여
인륜과 풍속이 심히 아름답지 못하게 되었습니다. 금후로는 개성부가
엄하게 살피고 방榜을 붙여 널리 알려서 금지토록 할 것이며, 전과 같
이 영을 어기는 자는 가까운 이웃 및 방리坊里의 장색掌色이 각각 그
부部에 고하고, (부는) 개성부에 전보傳報하여 깊이 징계할 것이며,
고하지 아니한 자는 그 (해당하는) 죄로 죄를 주고, 부府 및 5부部의

영솔을 받아 다스리지 아니한 자는 율律에 의거해 논죄論罪하소서'라
고 하니, 상께서 좇았다.　　　(『태조실록』권6, 태조 3년 6월)

　이러한 내용에서, 여말 개성부의 역할이 인륜과 풍속에 어긋나는
사안을 단속하는 것임을 알 수 있다. 또한 개경 거주 범법자에 대하여
각 방·리에서 부로 보고하고, 다시 부에서 개성부로 보고하여 처벌토
록 하고 있으며, 사실을 제대로 보고하지 않았거나 보고를 받고 일을
제대로 처리하지 못한 관원들까지 죄를 주었음을 알 수 있다.
　이렇게 상급기관으로 개성부가 존재하고 있었으나, 5부방리의 임
무나 개성부의 역할은 서로 중복되기도 하였다. 다만 5부방리가 거주
민과 직접 접촉하면서 실무를 처리하는 기구였다면 개성부는 그것을
총괄하는 한편 중앙관서와의 연결에 많은 비중을 두는 등의 차이가
있었을 뿐이다. 이와같이 5부와 개성부는 제각기 중앙관서와 연결을
가지는 독립된 관청으로서 존재하였다. 그러다가 개성부가 5부의 업
무를 총괄하며 중앙관부와 연결을 가진 시기에는 5부의 행정처리가
일원적으로 이루어지지 못하였으며, 행정관서로서의 격도 그만큼 낮
아지는 결과를 초래했을 것이다.
　이처럼 개경의 도시구획과 행정체계는 시간이 지남에 따라 경제규
모의 발전과 인구팽창 같은 문제로 행정업무가 번잡해지기도 하고,
때로는 외부의 침입으로 행정체계의 면모가 무너지기도 했을 것으로
생각된다.

〔홍영의·정학수〕

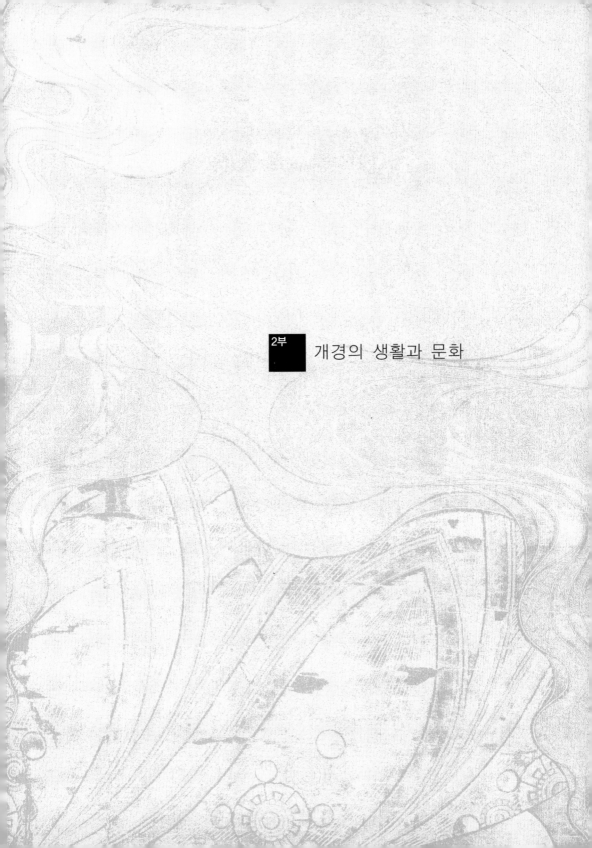

2부　개경의 생활과 문화

# 모든 길은 개경으로

고려시대 개경은 다양한 계층의 사람들이 살던 대도시로 많은 사람들이 드나들고, 국내외의 온갖 물자들이 모이는 곳이었다. 사람과 물자가 드나드는 통로가 바로 길이니, 고려시대의 모든 길은 개경으로 통했다. 이제 그 길들을 하나하나 따라가보자.

## 1. 개경 제1의 번화가, 광화문에서 남대가를 거쳐 십자가로

고려시대 개경 제1의 번화가는 어디였을까? 황성의 정문인 광화문廣化門에서 나와 동쪽으로 난 관청거리〔官途〕를 지나면 남쪽으로 난 큰 길이 있다. 이 길이 바로 남대가南大街이다. 남대가는 나성의 서문인 선의문宣義門(오정문五正門)과 동문인 숭인문崇仁門으로 이어진 동서 간선도로와 만날 때까지 이어지는데, 이곳이 바로 개경의 중심지 십자가十字街이다. 곧 당시 개경의 제1의 번화가는 광화문에서 남대가를 거쳐 십자가로 이어지는 길이었다. 광화문에서 동쪽으로 난 관청거리에는 주요 관청들이 들어서 있었고, 남대가에는 시전의 긴 행랑이 좌우로 늘어서 십자가까지 이어졌다. 또 남대가 북쪽에는 흥국사興國寺라는 큰 절이 있어서 이곳 남대가

143

주변에는 관리와 상인을 비롯한 여러 계층의 사람들이 모여들었다.

십자가의 동서 방향 도로를 따라서는 앵계鸎溪라고 불리는 개천이 나란히 흐르면서 운치를 자아냈으니, 한양의 종로거리와 나란히 흐르던 청계천의 모습과 흡사하였다. 그 옆의 길가에도 여러 종류의 물건을 파는 가게가 자리하고 있었으며, 십자가 주변에 있는 민천사旻天寺·보제사普濟寺·봉은사奉恩寺 등 큰 절에서는 간간이

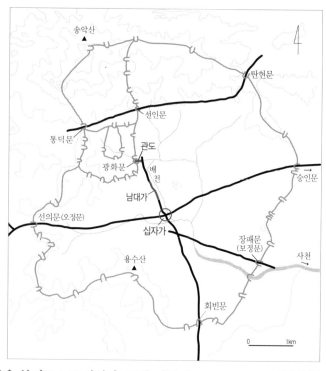

개경 시가도

커다란 불교행사가 열려서 사람들을 불러모으고 있었다. 또한 이곳에는 시장 관리를 담당하던 경시서京市署와 시내 치안을 담당하던 가구소街衢所라는 관청도 있었다.

한편 이곳은 이의민李義旼을 제거하고 권력을 잡은 최충헌崔忠獻과 최충수崔忠粹 형제가 목숨을 걸고 전투를 벌인 곳이기도 하다.

이에 그날 밤 3경에 최충헌은 1천여 명의 병사를 거느리고 고달판高達坂을 지나 광화문에 도착하여 문지기에게 고하기를, "내일 아침에 최충수가 반란을 일으키려 하므로 내가 사직을 보위하고자 하니, 속히 폐하께 전달하라!"고 하였다. 문지기가 왕에게 보고하니, 왕은 크게 놀라 즉시 문을 열고 맞아들여 구정毬庭에 군사를 주둔하게 하였

다. 이 소식을 들은 최충수는 동틀 무렵에 병사 1천여 명을 거느리고 십자가에 주둔하며 약속하기를, "죽을 힘을 다해서 싸워라. 저쪽편의 사람을 죽인 자에게는 마땅히 죽은 자의 관직을 주겠다"고 하였다. (…) 최충헌은 광화문을 나와서 남대가를 향해 내려오고, 최충수는 십자가로부터 남대가를 따라 광화문을 향해서 올라가다가 흥국사 남쪽에서 만나 교전하였는데, 최충수 쪽은 드디어 견디지 못하고 무너졌다. 최충수가 말하기를, "오늘의 패배는 하늘의 뜻이다. 형은 임진강 이북에서 살고, 나는 임진강 이남에서 살겠다"고 하면서, 즉시 오숙비吳淑庇·준존심俊存深 등과 함께 말을 달려 보정문保定門으로 가서 문지기를 죽이고 성문을 나와 장단나루를 건너 파평현坡平縣(지금의 파주시) 금강사에 도착했을 때, 추격한 사람이 최충수를 죽이고 그의 머리를 서울로 전송하였다. (『고려사』 권129, 열전 최충헌)

당시 두 형제 중 한 사람이 권력을 독차지하기 위해서는 국왕이 살고 있는 궁궐을 장악하는 것이 가장 시급하고도 중요한 일이었다. 따라서 궁궐의 정문이자 개경의 중심지인 광화문과 그 일대를 장악하는 것이 관건이었다. 전투가 진행되면서 전세가 최충헌 쪽으로 유리하게 흐르자 최충수 쪽의 군사들이 하나둘씩 최충헌 쪽으로 투항한 것도 사실은 남대가 일대에서의 판세가 이미 최충헌 쪽으로 기울었음을 반증하는 것이다. 이 시가전에서 승리한 최충헌은 이후 별다른 저항 없이 정권을 독차지할 수 있었다.

이곳은 관청·시장·절 등 주요 시설이 위치한 개경 제1의 번화가인 동시에 궁궐과 지방을 연결해주는 길목이기도 하였다. 즉 십자가는 남대가를 거쳐 궁궐로 향하는 길목인 동시에 궁궐에서 서쪽·남쪽·동쪽으로 나갈 수 있는 거의 유일한 큰 길이었다. 최충헌의 노비 만적이 반란을 꾀하면서 그 거사 장소를 흥국사로 정한 것이나 최충헌과 최이가 권력을 장악한 후 이곳에 커다란 저택을 지은 것은 모두 이 지역의 특수성과 관련이 있었다.


## 2. 고려 제1의 간선로, 금교역을 거쳐 서경으로

십자가에서 서쪽으로 향하면 사직이 있었고 계속해서 이 길은 개경 나성의 선의문宣義門으로 이어진다. 이 선의문 밖 일대를 가리켜 서교西郊라고 불렀으며 서교에는 대각국사 의천이 천태종을 연 국청사國淸寺가 자리잡고 있었다. 또한 선의문 밖에는 황교黃橋라는 다리가 있었는데, 황교에서 바라보는 낙조는 특히 아름다워 송도8경 중 하나로 꼽혔다. 고려후기의 문인이자 정치가인 이제현李齊賢(1287~1367)은 황교에서의 아름다운 낙조를 이렇게 읊었다.


둑에서 바라보니 시냇물은 빙빙 둘러 흐르고,
들판의 밭두둑은 가로 세로로 나뉘어 있네
숲 너머로 사람 말소리는 멀어서 겨우 들릴 듯하며,
마을길은 마치 푸른 치마 펼쳐놓은 것 같구나
솔개는 오산蜈山의 나무에 모이고,
까마귀는 곡령鵠嶺의 구름 속으로 사라지네
오는 소와 가는 말이 분주한데,
성곽城郭에는 석양이 비로소 노을지고 있구나

　　　　　　　　　　　(『동국여지승람』 권5, 개성부 하)

선의문과 서교는 개경의 서쪽 관문이었다. 선의문 밖 서교에서는 길이 다시 두 갈래로 갈라진다. 하나는 서북쪽으로 향하는 길로서 평주平州(지금의 黃해도 평산군)·서경·의주義州 등을 경유하여 압록강 하구로 연결되는 길이며, 다른 하나는 계속 서쪽으로 나아가 예성강 하구를 지나 해주海州 방면으로 연결되는 길이다.

그중에서 개경—서경—의주를 잇는 도로는 고려의 중추적인 간선로였다. 특히 서경은 고려 제2의 도시로서 국왕이 자주 행차한 곳이었으며, 개경과의 인적·물적 왕래 또한 빈번하였다. 더구나 이 도로는 금·요·원·명 등과의 사신왕래에도 이용되었으며, 고려전기 거란군이나 고려말에 홍건적이 침입할 때도 이 길을 통하여 개경에 들어왔다.

특히 개경 서북쪽에 위치한 금교역金郊驛은 국내외 사신들을 마중하고 배웅하던 곳이었다. 원래 역驛은 중국 진한시대에 문서의 전달을 위해 30리(10리는 약 4km)당 1곳을 설치한 데서 기원하였다. 우리나라에서도 삼국시대 이래 전국의 주요 육상교통로에 역을 설치하여 중앙과 지방, 외국과의 명령 전달 및 사신에 대한 영송迎送을 담당하게 하였다. 고려시대에는 전국에 모두 525곳의 역을 설치하고 그것

개성-평양간 고속도로

들을 22개의 역도로 구분하여 관리했는데, 그중 개경과 서경 사이의 교통로에 위치한 12곳의 역은 그 업무가 가장 번다했기 때문에, 다른 지역에 위치한 역들보다 훨씬 많은 인원과 토지를 배정, 지급했다. 또한 그 중에서도 개경의 관문이라 할 수 있는 금교역은 더욱 그 업무가 과중하였다. 다음의 이야기에서 금교역 백성들의 고충을 잘 알수 있다.

> 내사사인內史舍人 최상崔尙이 왕에게 아뢰기를, "어제 거란의 사신을 전송하기 위하여 밤에 금교역에 갔더니, 거란 사신이 늘어선 횃불을 보고 말하기를 '작별하는 자리에서 술에 취하면 야간통금을 위반하는 것이며, 한밤중에 횃불을 잡은 무리들의 홑옷 역시 민망스러우니, 이후로는 마땅히 아침에 떠나야 하겠소이다'라고 하였습니다."
>
> (『고려사』 권8, 문종 12년 2월 무오일)

이렇듯 금교역은 개경의 서북쪽 관문으로서 국내외의 사신들이 묵어가는 곳이었기에, 서경이나 서북면 변방의 소식을 쉽게 접할 수 있었다. 따라서 서북면 방면에서 외적의 침입이 있거나 반란이 일어나게 되면 금교역과 서교 일대의 민심이 쉽게 술렁였다. 묘청의 난이 진행되던 1135년(인종 13) 정월 '묘청의 반란군이 금교역에 이르렀다'는 유언비어가 퍼지자 서교의 주민들이 놀라고 두려워하여 모두 가족을 이끌고 나성 안으로 들어왔다는 것은 그 한 예이다. 물론 개경에서 서교 방면으로 나갈 때 반드시 선의문만을 이용한 것은 아니었다. 선의문 외에 산예문 猊門·영평문 永平門·통덕문 通德門 등 서쪽의 여러 성문을 통해서도 서교 방면으로 왕래할 수 있었다.

148

## 3. 개경의 경제를 지탱한 길, 벽란도와 서강 방면

　그러면 이제 서교에서 다시 서쪽으로 난 길을 따라 가보자. 선의문에서 서쪽으로 계속 가면 예성강 하구의 벽란도碧瀾渡를 만난다. 벽란도는 송나라의 사신이나 상인들뿐만 아니라 일본이나 멀리 동남아·아라비아의 상인들도 내왕하던 개경의 해상관문이자 국제무역항이었다. 송나라의 사신으로 인종 때 고려에 왔다가『고려도경』을 지은 서긍徐兢(1091~1153) 역시 벽란도를 통해 개경에 들어왔다. 이처럼 벽란도가 국내외의 많은 사신들과 상인들로 붐비게 되자, 조정에서는 벽란도에 외국의 사신이나 상인이 머물 수 있도록 건물을 짓고 이름을 '벽란정碧瀾亭'이라고 하였다. 예성강의 '예성禮成'이라는 명칭도 고려에서 송나라에 조회할 사신을 보낼 때에 모두 이곳에서 배를 띄웠다는 사실에서 기원했다고 한다.

　이렇듯 국제항구로서의 벽란도는 국내외의 사신뿐만 아니라 일반 백성 및 상인들의 직·간접적인 접촉들을 통해 외국과의 문물 교류가

강화에서 바라본 예성강 입구
전경

활발히 이루어지는 창구 역할을 하였다. 하지만 이러한 국제적인 교류가 많아질수록, 반대로 고려의 미풍양속을 해치는 부작용이 발생하기도 하였다. 다음은 『고려사』 악지에 실린 「예성강곡禮成江曲」이란 노래에 얽힌 애달픈 사연이다.

중국상인 하두강賀頭綱은 바둑을 잘 두었는데 일찍이 예성강에 이르러 한 아름다운 부인을 보고 바둑내기로 그녀를 빼앗고자 하였다. 이에 그 남편과 바둑을 두어 거짓으로 계속 지고 내기를 곱절로 거니, 그 남편은 탐이 나서 아내를 내기로 걸었다. 하두강은 바로 내기를 이기고 그 부인을 배에 싣고 갔다. 남편은 후회하고 한탄하면서 노래를 지었으니, 이것이 바로 「예성강곡」이었다. 한편 세상에 전하기를, (배 안에서) 그 부인이 옷단속을 견고히 하자 감히 하두강이 범하지 못하였다. 그리고 바다 가운데에 이르러 배가 돌면서 나아가지 못했다. 점치는 이가 있어 말하기를, "정절을 지킨 부인이 신명을 감동시킨 것이다. 그 부인을 돌려보내지 않으면 배가 파손될 것이다"라고 하니, 하두강은 그 부인을 돌려주었으며, 부인 또한 노래를 지었다.

(『고려사』 권71, 악지 예성강곡)

예성강은 개경의 서쪽에 위치하고 있었으므로 서강이라 불리기도 하였다. 하지만 서강은 실제로 벽란도보다 조금 하류에 있었는데, 이곳은 전국 각지에서 개경으로 들어오는 세곡稅穀이 도착하는 곳 중의 하나였다. 『세종실록지리지世宗實錄地理志』에 서강이 선의문 서남쪽 17리, 벽란도가 선의문 밖 30리에 위치하였다는 기록을 보아도 서강과 벽란도는 같은 예성강 하구라 하더라도 서로 다른 곳에 있었음을 알 수 있다. 조운을 통해 서강에 도착한 세곡은 좌창左倉·우창右倉·

대창大倉 등 개경의 여러 창고로 다시 운반되어 국가의 살림, 관리의 녹봉祿俸, 군용軍用, 구휼救恤 등을 위한 여러 용도로 쓰였다.

이렇듯 개경에서 서쪽으로 예성강 하구 방면으로 향하는 길 역시 벽란도와 서강의 존재로 인해 서경 방면의 서북쪽의 길 못지않게 매우 붐볐다. 따라서 이 도로상에 위치한 산예역 역시, 비록 금교역에 비할 정도는 아니라 할지라도, 인근의 다른 역들에 비해서는 그 업무가 매우 많았다.


## 4. 승천포를 거쳐 강화도로

이제 방향을 바꿔서 십자가에서 남쪽 방면으로 길을 떠나보자. 십자가 바로 남쪽에는 저교猪橋라는 다리가 있었고, 저교에서 남쪽으로 계속 가다보면 오른쪽으로 해발 177m의 용수산龍首山이 솟아 있는데, 그 산자락에 1000년(목종 3)에 창건한 숭교사崇敎寺라는 절이 있었다. 숭교사를 지나면 나성의 회빈문會賓門을 거쳐 나성 밖으로 통한다. 1113년(예종 8)에 지은 경천사敬天寺라는 큰 절이 있던 곳도 바로 회빈문 밖이었으며, 그곳에서 서남쪽으로 향하면 정주貞州를 거쳐 강화도 방면의 뱃길로 연결되었다. 이 길은 1232년 고려 조정이 몽골에 결사항전하려고 강화도로 서울을 옮길 때 천도행렬이 지났던 길인데, 당시 왕과 최이 일행이 하루 묵어간 곳이 경천사였다.

태조 왕건의 첫번째 왕후인 신혜왕후神惠王后와 정덕왕후貞德王后의 출신지인 정주는 개경과 강화를 연결하는 포구에 자리잡은 요충지였다. 이곳은 1108년(예종 8) 승천부昇天府로 승격되었으며, 강화천도 이후 고려와 몽골군의 교섭장소로서 그 중요성이 더욱 커졌다. 개경 환

도 이후에도 이곳은 승천포라는 이름으로
계속 불렸으며, 동시에 강화도 쪽에 있는 포
구 역시 지금까지 승천포라 불리고 있다. 조
선시대에 들어서도 개성과 강화 사이에는
인적·물적 교류가 끊이지 않았던 까닭에 승
천포의 양쪽 해안에는 모두 숙식시설인 원
院이 설치되어 왕래하는 사람들의 편의를
도왔다.

한편 회빈문 밖에서 동남쪽으로 향하면
율곡 이이와 이순신의 본관으로 유명한 덕
수현德水縣이 나타난다. 덕수현에는 문종의
적극적인 지원 아래 엄청난 규모로 지어진
흥왕사興王寺가 있었다. 당시 국가에서는 이
곳에 흥왕사를 건립하기 위해 덕수현의 치

개경에서 승천포를 거쳐 강
화도를 잇는 길(『청구도』).

소治所를 다른 곳으로 옮기기까지 하였다. 이 덕수현의 남쪽에는 한
강과 임진강이 합류하여 흐르는 강, 곧 조강이 흐르고 있는데, 조강도
祖江渡는 바로 여기에 설치된 나루였다. 조강도는 주로 김포金浦·수주
樹州(지금의 부평)·인주仁州(지금의 인천) 방면으로 향하는 사람들이 이
용하였는데, 승천포 앞바다의 풍랑이 거세지면 개경에서 강화 방면으
로 왕래하는 사람들도 조강을 건너 육지로 30여리를 간 다음, 지금의
강화대교가 놓여 있는 갑곶진을 건너 강화에 도착하였다. 덕수현에
위치했던 평리역平理驛은 조강을 건너는 관리들의 편의를 위해 설치
된 역이었다.

# 5. 임진나루의 명물 '배다리'를 건너 하삼도로

한편 남대가를 따라서 십자가를 지나 회빈문 방면으로 향하다가 저교의 남쪽에서 동남쪽으로 방향을 틀면 탁타교 駝橋가 나온다. 탁타교의 원래 이름은 만부교萬夫橋였는데, 고려 태조 때 거란이 보낸 낙타 50마리를 이 다리 아래 매어두어 모두 굶어죽게 했으므로 이름을 탁타교라 하였다 한다.

저교로부터 만부교를 지나 나성의 보정문保定門을 거쳐 동남쪽으로 향하는 길은 양광도·전라도·경상도, 이른바 하삼도下三道 방면으로 향하는 도로였다. 이들 지역은 당시에도 인구가 많고 물산이 풍부했던 까닭에, 이 방면으로 연결되는 교통로는 서경 방면의 서북쪽 교통로에 못지않게 국가적으로 중요한 길이었다. 명종 때 무인집권자 이의민이 탁타교에서 저교 사이에 새 길을 낸 것도 많은 사람과 물자가 이동하는 이 길이 그만큼 중요했기 때문이다. 이렇듯 이동이 활발했기 때문에 이 도로 주위에는 주요 절들이 건립되었다. 보정문 밖에는 개국사開國寺가 있었고, 동쪽으로 좀더 나아가면 천수사天壽寺가 있었다.

한편 보정문 밖 5리 지점, 개국사와 멀지 않은 곳에는 청교역靑郊驛이 있었다. 일반적으로 청교역을 포함한 보정문 밖 일대는 동교東郊에 포함되었는데, 청교역은 국가의 공문서를 보내거나 관리들이 하삼도 방면으로 갈 때 반드시 거쳐야 하는 곳이었다. 따라서 청교역 근처 거주민들 역시 서북 방면의 금교역과 마찬가지로 많은 일에 시달리고 있었다. 하지만 청교역을 이용하던 관리들은 청교역 백성들의 과중한 일과 그에 따른 고통을 아는지 모르는지 청교역에서의 송별을 하나의 아름다운 낭만으로 생각하였다. 『동국여지승람』에서는 '청교역에서의 송별〔靑郊送客〕'을 송도8경의 하나로 꼽을 정도였으니 말이다.

이렇게 청교역이 교통의 요지였기 때문에 조정에서는 개경에서 외방의 고을로 향하는 모든 공문서는 청교역을 거치도록 법령을 정하기에 이르렀다. 즉 청교역은 지금의 중앙우체국과 같은 역할을 하였던 것이다. 따라서 청교역의 아전들은 마음만 먹으면 공문서를 변조하여 지방으로 전송할 수도 있었다. 청교역의 일개 아전 3명이 당대의 최고권력자 최충헌을 살해하려는 모의를 시도할 수 있었던 것도 이러한 배경 때문이었다.

희종 5년(1209) 청교역의 아전 3명이 최충헌 부자를 살해하고자 모의하고 공문서를 위조하여 각 사찰의 승려들을 불러모았는데, 그 문서가 귀법사歸法寺에 전달되자 한 승려가 문서를 가지고 온 자를 잡아다가 최충헌에게 알리니, (최충헌은) 즉시 교정도감敎定都監을 영은관에 두고 성문을 닫은 채 대대적으로 그 일당을 수색했다.

『고려사』권129, 열전 최충헌

청교역에서 동남쪽으로 향하면 임진강과 만나게 된다. 그 일대는 임진현臨津縣으로 편성되었으며, 임진현에서 강을 건너면 남경(지금의 서울) 방면으로 연결된다. 이 나루를 임진도臨津渡라 불렀는데, 양광·경상·전라 3도에서 개경으로 올라오는 많은 사람들이 임진도를 이용하였으므로 임진도를 건너는 인파는 항상 끊이지 않았다. 이에 임진도를 지나는 사람들이 서로 먼저 강을 건너려 하다가 물에 빠져죽는 경우가 자주 생기게 되자, 조정에서는 임진도에 배다리〔船橋〕를 설치하여 사람과 말이 평지를 걸어다니듯 편하게 하였다. 그리고 1045년(정종 11)에는 임진도에 있던 과교원課橋院에 왕이 직접 이름을 내려

자제사慈濟寺라 명명하였다.

　또한 임진도를 왕래하는 많은 사람들 중에는 식량이 없어서 떠돌아
다니는 백성들도 적지 않게 있었다. 이에 조정에서는 기근이 들거나
보릿고개 때에 유리걸식하는 백성들이 많이 나타나면 진제장을 설치
하여 길게는 수개월 동안 행인들에게 음식을 지급하기도 했는데, 그
장소는 임진현의 보통원普通院이라는 곳이었다.

「해동전도」 개성부

한편 임진현 서쪽 15리 지점에 위치한 동강은 개경 쪽에서 임진강으로 흘러들어가는 지류인 사천砂川의 하구에 있었는데, 동강은 예성강 하구의 서강과 더불어 조운을 통하여 전국 각지에서 개경으로 운반되는 세곡의 도착지였다. 현재도 이 지역에는 동강리東江里·창내리倉內里·동창리東倉里 등의 지명이 남아 있는 점으로 보아, 고려시대 당시에는 조운의 도착지로서 꽤 규모가 큰 창고가 있었음을 추측할 수 있다. 동강으로 운송된 세곡은 임진현과 보정문을 거쳐 개경으로 들어와 그 용도에 따라 지출되었다.

## 6. 선죽교를 지나 동쪽으로

이제 다시 개경 안의 십자가로 돌아와 동쪽 방면으로 길을 떠나보자. 십자가의 바로 동쪽에는 풍교楓橋라는 다리가 있었으며, 그 아래에 흐르는 물을 배천白川이라고 불렀다. 풍교의 동쪽에는 고려와 운명을 함께 한 충신 정몽주鄭夢周(1337~92)가 비참한 최후를 맞은 선

선죽교. 고려말의 충신 정몽주가 이곳에서 죽으면서 유명해졌다.

강조의 정변 목종穆宗의 모후
인 천추태후千秋太后가 김치
양金致陽과 불륜의 관계를 맺
고 왕위까지 엿보므로 1009
년(목종 12) 서경도순검사西
京都巡檢使 강조康兆가 군사
를 일으켜 김치양 일파를 제거
하고 아울러 목종까지 폐위한
사건이다. 목종과 천추태후는
법왕사法王寺로 쫓겨났다가
다시 충주로 내려가던 중 적성
현積城縣에서 강조가 보낸 사
람에 의해 살해되었다. 천추태
후의 탄압을 피해 신혈사神穴
寺에 머물고 있던 대량원군大
良院君이 즉위하여 현종이 되
었다. 한편 재침의 기회를 노
리고 있던 요遼는 이 기회를
이용하여 강조의 죄를 묻는다
는 이유로 1010년(현종 1)
요의 성종이 친히 군대를 이끌
고 다시 쳐들어왔다. 2차침입
에서 고려의 주력부대를 지휘
하던 강조를 붙잡아 죽이고 개
경까지 함락하였으며 현종은
나주로 피난하였다. 요는 고려
측의 제의를 받아들이고 서둘
러 회군하던 중 귀주龜州 등에
서 양규楊規 부대의 공격을 받
아 많은 병마를 잃었다.

죽교善竹橋가 있다. 선죽교를 지나 동쪽으로 향하면 나성의 동쪽 성
문인 숭인문崇仁門과 만나게 된다. 앞서의 보정문 밖과 더불어 숭인문
밖 일대도 동교에 포함되었다. 숭인문에서 동쪽으로 더 나아가면 송
림현松林縣에 다다르게 되는데, 송림현에는 도원역桃源驛이 있었다.
도원역은 개경을 출발하여 동주東州(지금의 철원)와 교주交州를 지나
철령을 넘어서 동계 방면으로 향하는 길목에 있었기 때문에, 개경의
동쪽 관문 역할을 하였다. 따라서 도원역 역시 관리의 전송이나 문서
의 전달 등의 이유로 금교역이나 청교역에 비길 만큼 그 업무가 과중
하였다.

한편 숭인문 밖에서 동남 방면으로 향하면 장단도長湍渡를 지나 남
경으로 통하는 길이 나 있었다. 이 길은 보정문과 청교역을 지나 임진
도를 건너 남경으로 향하는 길과 함께 고려초기 이래 개경과 남경을
연결하는 주요한 도로였다. 강조康兆의 정변으로 왕위에서 밀려난 목
종穆宗은 이 길을 따라 충주로 귀양가다가 적성현積城縣(지금의 경기도
연천군)에서 목숨을 잃었으며, 거란의 2차 침입으로 인하여 현종이 나
주로 몽진했을 때와 고려말 홍건적의 침입으로 공민왕이 안동으로 몽
진했을 때에도 역시 이 길을 이용하였다. 이 길을 통하여 남경으로 가
기 위해서는 임진도보다 상류에 있는 장단도를 통해서 임진강을 건너
야 했다. 이 장단도는 현재 고랑포高浪浦라는 지명으로 잘 알려져 있
는데, 장단도의 양편 언덕에는 지금도 푸른 석벽이 수십리를 이어 병
풍처럼 펼쳐져 있다. 고려후기 이제현李齊賢이 송도8경의 하나로 꼽
았을 정도로 아름다운 이 석벽을 관광자원으로 개발하지 못하고 있는
남북 분단의 현실이 안타까울 뿐이다.

# 7. 굽이굽이 경승지를 따라 박연폭포로

이제 북쪽으로 가보자. 개경의 북쪽에는 송악산松嶽山과 천마산天磨山이 가로막고 있어 큰길이 나기는 어려웠다. 하지만 송악산 기슭에는 귀산사龜山寺와 안화사安和寺 같은 큰 절이 있었으며, 송악산의 계곡물이 시원스레 흐르던 자하동紫霞洞 일대는 나성 안 제1의 경승지로 꼽혔다. 자하동 일대는 요즘 표현을 빌리자면 당시 최고지배층들의 전원주택지로 각광을 받기에 충분하였다. 고려후기의 재상인 채홍철蔡洪哲(1262~1340)은 자하동에 중화당中和堂이라는 집을 짓고 국가의 원로들을 초청하여 기영회耆英會를 열었으며, 스스로 「자하동곡紫霞洞曲」이라는 노래도 지었다. 『고려사』 악지에는 「자하동곡」의 내용이 실려 지금까지 전해지고 있다.

또한 고려전기 최고의 권위를 지닌 사학교육기관으로 알려진 9재학당九齋學堂 역시 경치 좋은 자하동에 자리잡고 있었다. 9재학당은 당대 최고의 유학자로서 해동공자라 칭해지던 최충崔冲(984~1068)이 설립했으며, 당시 사람들은 9재학당의 학생들을 가리켜 최충의 시호를 따서 문헌공도文憲公徒라고 일컬었다. 특히 당시에는 관학官學보다 사학私學의 권위가 더 높아 문헌공도를 비롯하여 이른바 사학12도私學十二徒가 많은 명성을 얻고 있었는데, 그중에서도 문헌공도 출신자들이 가장 많이 과거에 급제하였으므로 그 명성은 하늘을 찌를 듯하였다.

한편 자하동을 지나서 송악산을 따라 동쪽으로 향하면 나성의 탄현문炭峴門에 이르게 된다. 탄현문 안쪽에는 외국의 사신을 접대하던 순천관順天館, 국자감의 후신으로 최고 국립교육기관 격인 성균관成均館, 그리고 현성사賢聖寺와 같은 절이 있었다.

탄현문을 통해서는 우봉현 牛峰縣(지금의 황해도 금천군)·토산현 兎山縣 (지금의 황해도 토산군) 등 개경의 북쪽에 위치한 고을들과 연결되었다. 하지만 이 방면에는 천마산과 성거산 등 비교적 험한 산이 많았기 때 문에 탄현문을 통한 길은 대로로 취급받지 못하였다. 성거산은 평나 산이라고도 하였는데, 태조 왕건의 선조로 알려진 성골장군 호경 虎景 의 전설이 깃든 산이기도 하다. 또한 이 방면은 산세가 험하고 계곡이 깊어 개경 근교의 주요한 경승지가 되었으니, 그 유명한 박연폭포도 바로 여기에 있다. 전설에 의하면, 옛날 박진사라는 사람이 폭포 밑의 못 위에서 피리를 불자 못 안의 용녀 龍女가 감동하여 데려다가 남편 으로 삼았기 때문에 폭포 이름을 박연 朴淵이라 했다고 한다. 한편 귀 법사 歸法寺나 현화사 玄化寺, 영통사 靈通寺와 같은 큰 절들도 이 지역의 수려한 산세에 의지해 자리잡고 있었다.

## 8. 조운의 종착지, 동강과 서강

당시 개경으로 통하는 길은 뭍길(육로)만이 아니었다. 전국의 물길 역시 개경으로 집중되었다. 산악지형이 많고 여름에 강수량이 집중되 는 우리나라의 자연지리적 특성상, 세곡 稅穀과 같이 부피가 크고 무 거운 화물을 멀리 운반하는 데는 물길이 더 편리했기 때문이다. 실제 로 세곡 운송의 대부분은 물길을 이용하였고, 이 공적 운송수단이 바 로 조운제도 漕運制度였다.

건국 초부터 운영되던 조운제도는 992년(성종 11) 서울까지의 세곡 운반비인 수경가 輸京價를 정하고, 현종 때 13곳에 조창 漕倉을 설치하 면서 제도적으로 정비되었다. 13곳의 조창은 경상도에 2곳, 전라도에

6곳, 양광도에 4곳, 서해도에 1곳이 있었는데, 북방 국경지대인 동계와 북계 지역을 제외하고 전국적으로 분포되었다. 그중 흥원창과 덕흥창은 다른 조창이 서해안과 남해안에 있던 것과 달리 한강 상류인 원주와 충주에 있었는데, 이는 한강 상류지역의 세곡이 한강을 통해 운반되었음을 의미한다. 특히 경상도 북부지방의 세곡은 육로로 죽령이나 새재를 넘어 충주의 조창을 통해서 개경으로 운반되었다. 반면 양계지방에는 조창이 설치되지 않았는데, 이는 양계지역의 조세가 그 지역의 군사비용으로 충당되었기 때문이다.

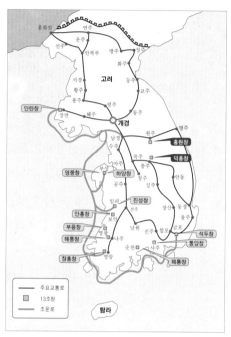

고려시대의 조운로와
13조창의 위치

이렇게 전국 각지에서 개경으로 들어오는 세곡의 집산지는 임진강 하구의 동강과 예성강 하구의 서강으로, 이곳에는 커다란 창고가 있었다. 경상도나 전라도, 양광도의 해안에 위치한 조창에서 개경으로 올라오는 조운 선박들은 대체로 남해와 황해를 따라 북상하여 강화도 서쪽 해안을 지나 서강에 도달했으며, 충주와 원주의 조창에서 개경으로 올라오는 배들은 한강을 타고 와서 한강이 임진강과 만나는 조강을 지나 동강에 이르렀다. 동강과 서강의 창고로 운반된 전국 각지의 세곡은 다시 좌창左倉과 우창右倉, 대창大倉 등의 개경의 창고로 운송되었다.

조운을 통해 운반된 세곡은 국가재정의 원천이었기 때문에, 조운이 원활하게 운영되지 못하면 국가재정은 큰 타격을 입을 수밖에 없었다. 따라서 고려 조정은 해난사고의 방지를 위해 여러 대책을 세워놓았다. 특히 기한 내 출발하지 않은 배가 난파하여 피해를 본 경우 조

160

창의 아전과 초공·수수 등은 거의 면책되지 못하였다. 당시 조운선들은 주로 연안을 따라 항해했는데, 조운선들이 가장 두려워하던 지역은 암초가 많은 안흥량安興梁 일대였다. 안흥량은 태안반도의 가장 끝부분으로 지금의 만리포 해수욕장 가까운 곳에 있었다. 고려 조정에서는 안흥량에서 일어나는 사고를 원천적으로 막기 위해 태안반도를 남북으로 가로지르는 운하의 굴착을 시도하기도 했다. 지금은 간척지가 되어버린 천수만과 가로림만을 연결하는 운하 건설은 고려중기인 인종(재위 1122~46) 때와 고려말 우왕(재위 1374~78) 때 두 차례에 걸쳐 시도되었지만 모두 실패하였다.

한편 1270년(원종 11) 삼별초三別抄가 봉기하여 진도를 근거지로 활약하자 고려정부의 조운체계는 한동안 마비되어 국왕의 식사도 제대로 공급하지 못할 정도로 극심한 재정난을 겪기도 했다. 반면에 삼별초 세력이 오랫동안 여몽연합군의 파상공격을 이겨낸 것은 조운선을

**13조창의 명칭과 위치**

| 명칭 | 소재지 – 현재 지명 |
|---|---|
| 흥원창興元倉 | 양광도 원주原州 – 강원 원주시 |
| 덕흥창德興倉 | 양광도 충주忠州 – 충북 충주시 |
| 하양창河陽倉 | 양광도 아주牙州 – 충남 아산시 |
| 영풍창永豊倉 | 양광도 부성현富城縣 – 충남 서산시 |
| 안흥창安興倉 | 전라도 보안현保安縣 – 전북 부안군 |
| 진성창鎭城倉 | 전라도 임피현臨陂縣 – 전북 군산시 |
| 부용창芙蓉倉 | 전라도 영광군靈光郡 – 전남 영광군 |
| 해릉창海陵倉 | 전라도 나주羅州 – 전남 나주시 |
| 장흥창長興倉 | 전라도 영암군靈岩郡 – 전남 영암군 |
| 해룡창海龍倉 | 전라도 승주昇州 – 전남 순천시 |
| 통양창通陽倉 | 경상도 사주泗州 – 경남 사천시 |
| 석두창石頭倉 | 경상도 합포현合浦縣 – 경남 마산시 |
| 안란창安瀾倉 | 서해도 장연현長淵縣 – 황해도 장연군 |

고려시대의 배모습을 보여주는 동경(10~14세기, 호암미술관 소장)

탈취해 군량을 충분히 확보할 수 있었기 때문이다. 또한 고려말 왜구의 침입 역시 고려의 조운제도를 통째로 뒤흔들어놓았다. 많은 곡식을 실어나르던 조운선과 해안의 조창은 해안지방을 노략질하던 왜구의 주된 목표물이 되었다. 처음에는 일본과 가까운 경상도와 전라도 일대에서 조창과 조운선들이 왜구의 피해를 입었지만, 우왕 때에 이르면 왜구들은 점점 대담해져서 개경 근방과 강화도 일대까지 노략질을 하게 되었다. 이렇게 왜구의 침입으로 조운제도가 타격을 입자 고려 조정에서는 왜구 토벌에 전력을 기울임과 동시에 수운을 통한 세곡 운송을 완전히 중지하고 전면적인 육상운송을 시도하기도 하였다.

이와같이 고려시대의 조운제도는 개경의 동강과 서강을 구심점으로 전국 각지 세곡의 집결장소인 13조창을 연결하는 방식으로 운영되었다. 비록 조선의 건국과 더불어 개경의 동강과 서강은 더이상 세곡의 집산지가 되지 못했지만, 고려 때 개경을 중심으로 마련된 전국적인 조운제도의 기본틀은 조선시대에도 여전히 계승, 운영되었다.

〔정요근〕

# 개경의 주거

## 1. 양반과 평민이 한동네에 살다

국사교과서에 많이 등장하는 용어 가운데 신분제라는 것이 있다. 사회를 구성하는 사람들을 일정한 권리와 의무를 갖는 여러 신분으로 나누고, 그중에서 지배적인 위치에 있는 신분을 중심으로 정치·사회적 생활의 폭을 규정해놓은 것을 말한다. 이러한 신분제는 고대사회로부터 조선사회가 망할 때까지 존속하였다.

신분제가 정치·사회적 생활의 폭을 제한하는 것은 여러 분야와 방식으로 나타난다. 신라 때에는 타고난 핏줄을 등급화하여 여러 신분층으로 나누고 그에 따라 승진 가능한 벼슬에 한계를 두었다. 또 집의 규모, 장신구의 종류 등도 신분에 따라 차등을 두었다. 과거제도가 실시된 고려시대에도 일반농민 신분으로는 과거에 응시조차 할 수 없었고, 상인이나 수공업을 전문으로 하는 장인匠人들은 학교 입학도 금지되었다.

그러나 사람이 살아가는 데서 과거 응시나 교육의 기회보다 더 기본적인 요소를 이루는 것은 의식주이다. 식생활의 경우는 신분에 따른 차별이 특별히 규정되어 있지 않았으나, 의생활이나 주생활, 즉 무엇을 입고 어떤 곳에 사느냐에 대해서는 차별을 두었다. 신라 골품제사회

이래로 정도의 차이는 있었지만 원칙적으로 신분에 따라 입을 수 있는 의복과 여타 복식에는 차별이 있었다. 주생활도 마찬가지여서 주택의 규모에 일정한 한계가 있었다.

다만 주생활에 있어 주거의 위치에 대해서까지 신분에 따른 차별이 있었는지는 기록상으로 관련규정이 보이지 않는다. 물론 향·소·부곡鄕所部曲의 주민과 일반 군현郡縣 지역의 주민 사이에 태어난 자식은 향·소·부곡 지역에 살아야 한다는 법은 있었다. 그러나 일반행정구역에서 그런 차별이 있었는지는 법률규정으로 확인되지 않는다. 종래의 연구들은 주거위치에 대해 아예 관심이 없거나, 매우 구체적으로 개경 주민의 주거위치에 신분적 차별이 가해졌다고 보았다. 과연 고려 당시 개경 도성의 실상은 어떠하였을까? 이 문제는 당시의 도시생활을 이해하는 데 중요한 요소라 아니할 수 없다.

통일신라시대까지는 주거위치를 보여주는 기록이 많지 않아 그 실태를 확인하기 어렵다. 그러나 고려시대는 묘지명이라든지 『고려사』와 같은 문헌기록을 통해 어느정도 주거위치를 확인할 수 있다. 자료를 분석해보면, 적어도 개경에서는 신분에 따른 주거위치의 차별이 없었음을 알 수 있다.

고려시대에는 개경을 크게 동·서·남·북·중부의 5개 부로 나누고, 그 각각의 부 안에 다시 여러 개의 방을 구분했으며, 각각의 방에는 다시 여러 리를 두었다. 말하자면 개경 내의 최소 행정구역은 리였는데, 지금 그 규모를 정확히 알기는 어렵다.

그런데 기록들에 나타나는 주거 사례를 보면, 최고관료층의 주택이나 일반민의 주택이 같은 방은 물론 같은 리에 위치하고 있어 실제로 신분에 따른 주거위치의 차별은 없었음을 보여준다. 물론 유교가 정치이념으로 자리잡으면서 무당과 같은 특수신분에게 도성 밖으로 거처를 옮기도록 강제하는 일은 흔히 있었다. 또 왕족이나 무인집권자들이 권력을 동원하여 무리하게 남의 주거를 탈취하거나 매매시 실제 계약가보다 집값을 낮게 지불하는 경우는 있었다. 그러나 기본적으로 주택의 위치 선정과 매매는 신분관계가 아닌 경제적 거래에 의해 이루어졌다. 고려는 매우 엄격한 신분제 사회였으나, 적어도 개경의 경우 주민들의 주거위치 선택은 개인의 의사와 경제관계에 의해 이루어졌고, 신분에 따른 제한은 없었다고 할 수 있다.

## 2. 장사치와 쟁이들의 모여살기

개경 도성에는 직업이 같은 사람들이 모여사는 곳들이 있었다. 남대가를 중심으로 한 시장거리에는 시전 상인들과 그들이 부리는 사람들이 모여살았을 것이다. 『고려사』를 보면, 시장거리에 바로 인접한 동네에 불이 나서 수십 수백 채의 집들에 불이 옮겨붙었다는 기록이 많이 나온다.

경시서京市署에서 불이 나 129호戶에 옮겨 탔다.　　　(문종 5년)
제기도감祭器都監 약점藥店 두 관청의 누문樓門과 시항민가市巷民家 640호가 불탔다.　　　(선종 9년)
시전市廛에 불이나 민호民戶 수십 가家에 옮겨 탔다. (인종 22년)
시가市街 남리南里의 수백가數百家에 불이 났다.　　 (고종 23년)
저시교楮市橋 옆 민가 300여 호에 불이 났다.　　　(원종 12년)
염점동塩店洞 1천여 호에 불이 났다.　　　　　 (충렬왕 2년)

경시서가 있던 십자가 남단과 십자가 바로 옆 지전들이 모여 있던 저시교, 소금 파는 가게들이 있던 염점동 등 시장통에는 그야말로 수많은 집들이 빼곡이 들어차 있었음을 알 수 있다. 물론 이 집들이 모두 상인이나 이들이 부리는 사람들의 집이었다고 단정할 근거는 없다. 여기에는 벼슬아치들의 집도 꽤 있었을 것이다. 그러나 이들 시장통의 밀집한 가옥들 중 상당수는 역시 상인들과 이들이 부리는 사람들의 집이었을 것이다.

상인들과 함께 개경 상공업을 이끌던 장인들도 업종에 따라 한동네를 이루며 사는 경우가 있었다. 철을 재료로 하여 밥솥이나 가위·칼·문고리·자물쇠·못·낫·도끼·괭이·쇠스랑·가래·작두·자귀 등 각종 생활도구들을 생산하는 철가공업도 그러하였다. 십자가에서 보정문 保定門(장패문長霸門)으로 가는 관도의 남쪽지대에 철동鐵洞이라는 마을이 있었다. 목은牧隱 이색李穡이 지은 시에는 철동에 이제현李齊賢의 집이 있다고 기록하고 있으며, 조선초에 편찬된『동국여지승람』에도 '수철동水鐵洞'에 이제현의 집이 있다고 하였다. 이곳 철동은 일명 수철동으로 불렸던 것이다.

철동 또는 수철동이라는 동리명이 아무 이유 없이 붙여졌다고는 할 수 없다. 당시 개경의 각 동·리 이름은 대개 유교적으로 근사한 의미를 갖는 이름을 붙이거나, 주변에 유명한 사찰이 있을 경우 그 사찰의 이름을 따기도 하고, 인근에 관청이 있으면 그 이름을 따라 붙이기도 하였다. 이처럼 동리 이름이 일정한 의미와 배경을 가지고 붙여진 것은 철동(수철동)에서도 예외일 리 없다. 철동은 철을 원자재로 하여 여러 제품을 만드는 철가공업이 이루어지던 곳으로 볼 수 있고, 자연히 철을 다루어 먹고사는 철장鐵匠들이 많이 모여살았을 것이다.

여성용 화장품을 생산하는 마을도 있었다. 조선후기에 편찬된『중

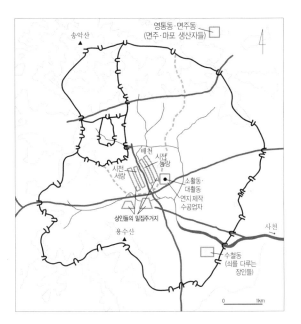

**개경의 상공업자 주거지역**

경지中京誌』라는 문헌에 따르면, 풍교楓橋(배천에 있음) 옆에 소활동小闊洞·동화정리冬花井里라 불리는 취락이 있는데, 이곳의 연지정臙脂井이라는 우물의 물은 고려시대에 연지를 만들 때 사용되었다고 한다. 그렇다면 이 물을 이용하여 연지를 제조하는 일도 이 동리에서 이루어졌을 가능성이 크다. 따라서 이 동네 주민 중에는 연지 만드는 일에 종사하는 기술자들이 많았을 것이다.

한편, 개경 시장에서 거래된 상품 가운데 화장품과 더불어 개경의 주민구성과 밀접한 관련을 가진 것이 견직물이었다. 고급 견직물은 중국 상인을 통해 수입하는 것이 많았지만, 종류에 따라서는 국내에서 생산하는 것들도 적지 않았다. 특히 개경 주민의 수요를 충당하기 위해 개경에 인접한 곳에서 중저가의 견직물을 생산하는 마을도 있었다. 오관산五冠山 아래 면주동綿紬洞의 경우가 그러하다. 현재 이 동리의 정확한 위치를 알기는 어려우나, 오관산이 개경 도성의 동북쪽에 있는 점을 생각하면 대략의 위치를 짐작할 수 있다. 실제로 이곳 오관산은 땔나무·잣 등과 함께 '포백布帛', 즉 견직물과 마포麻布 산지로 유명하였다. 면주는 바로 그러한 견직물 중에서도 중저가 품목으로서, 금수능라錦繡綾羅 같은 고급 견직물에 비해 개경 주민들의 수요가 더 많은 종류였다. 오관산의 면주동은 바로 이러한 면주의 생산을 담당한 곳이었다.

같은 오관산 아래의 영통동靈通洞은 마포의 생산으로 유명하였다.

조선시대에 『동국여지승람』이 편찬될 당시의 영통동은 널찍하고 평탄한 곳에 수십 채의 인가가 있어서 대대로 직물세탁을 업으로 살아오고 있었다고 한다. 이는 이미 오래 전 고려시대부터 그러했을 것을 짐작케 하거니와, 이로써 보아도 과연 오관산 지역은 포백의 생산으로 저명했던 것이다.


## 3. 사는 곳의 선택기준


　개경 시민들이 신분에 따른 제한 없이 자기가 살 곳을 선택할 수 있었다 하더라도 여기에 어떤 기준 같은 것은 있었다. 직장 가까운 곳, 전망이나 주변환경이 좋은 곳, 어쩐지 그곳에 살면 운이 따를 것 같은 곳, 사두면 돈되는 곳 등등 예나 지금이나 사람 사는 이치야 다르지 않은 것이다.

　앞서 본 상인들도 그러하지만, 다른 직업의 주민들도 기본적으로 직장 가까운 곳에 주거를 정하려 하였다. 다 그런 것은 아니지만 예컨대 나이든 정승들은 아무래도 출근길이 멀지 않은 곳에 살고자 했을 것이다. 자가용 탈것을 타고 다닌다 해도 피곤한 일임은 예나 지금이나 마찬가지이다. 실제로 대신급 관료들 중 일부는 아예 궁궐 바로 동남쪽에 모여 살았다. 오죽하면 동네 이름마저 '정승동政丞洞'이라 했을까? 이곳은 만월대는 물론, 광화문 바로 앞의 여러 관청들이 있는, 조선시대로 치면 육조거리와도 가까운 곳이었다. 이색의 집도 정승동과 이웃한 유동柳洞에 있었는데, 이 역시 직장에 가까운 때문이 아니었을까?

　좋은 주변환경이나 전망도 선택기준의 하나였다. 특히 후진 교육이

**양반층의 주거분포**

나 학문 연마, 은퇴 이후의 노후생활 등은 번잡한 시가지보다 한적한 곳이 좋다. 실제로 공부에 둘째가라면 섭섭해할 해동공자 최충의 경우를 보자. 그는 뒷날 구재동이라 불리게 된 동네에서 9재학당九齋學堂이라는 일종의 사립 교육기관을 세워 후진을 길렀다. 또 고려후기 재상 채홍철蔡洪哲은 자하동에 새로 집을 지어, 이마에 주름진 은퇴관료들과 유유자적한 생활을 즐겼다. 자하동과 구재동은 서로 이웃한 동네로서, 모두 만월대 동북쪽의 조용하고 산과 물이 아름다운 곳에 있었다.

합리적인 선택기준이라고는 할 수 없지만, 그곳에 살면 운이 트일 것 같은 곳에 주거를 정하기도 하였다. 고려중기의 문인 이규보李奎報는 본래 개경 도성의 동쪽 안신방安申坊에 살다가 1202년경 색동索洞이라는 곳으로 이사했다. 그는 이곳에 살기 시작한 지 4년 만에 한림翰林 벼슬을 얻었고, 계속 빠르게 승진하여 20여년 만에 4품에까지 올랐다. 이규보가 잘 아는 백모白某라는 이도 처음 벼슬을 이곳에서 시작한 후 시어사侍御史에까지 이르렀고, 이후 좋은 벼슬을 가진 사람들도 색동에 몰려와 살게 되었다. 색동은 말하자면 순탄한 벼슬길을 열어주는 행운의 동네였다. 따라서 동네 이름도 아예 천개동天開洞으로 바뀌었다. 벼슬살이하는 자들에게 순탄한 승진은 곧 하늘이 열리는 일이 아니었겠는가?

## 4. 돈 벌려면 시장통 가까이

주거의 선택에서 여러가지 경제적 여건은 오늘날이나 옛날이나 핵심 고려사항이다. 개경의 사대부들도 예외가 아니었다. 양반들의 주거분포는 앞서 말한 대로 일부 환경적인 요소나 직장과의 거리 등이 고려되었지만, 전체적으로 보면 남대가를 중심으로 한 시장통과 동서대로에 비교적 가까운 곳에 널리 분포하고 있었다. 이 점은 조선시대 한양에서 북부와 남부에 양반들이 많이 모여 살던 것과는 상당한 차이라 할 수 있는 특징적인 모습이다.

이러한 양반들의 주거 분포에 대해서는 앞으로 여러 측면에서 그 배경이 밝혀져야 하겠지만, 이와 관련해서 흥미로운 사실의 하나는 개경 양반들의 주거위치 선택에서 시장통이 중요한 고려사항의 하나였다는 것이다.

12세기 후반의 벼슬아치 함유일咸有一은 검소한 유학자였다. 공맹의 가르침을 몸소 실천하면서 개경의 외진 곳에 살았다. 부인과 자식들은 기회만 있으면 시장거리 가까운 곳에 이사가서 돈 좀 벌어보자고 채근하였다. 그러나 함유일은 욕심없이 살았기에 무인들의 난리통에도 살아남을 수 있었다면서 요지부동이었다. 여기서 함유일의 검소함은 우리의 관심이 아니다. 시장통 가까운 주거가 바로 돈버는 일로 인식되었다는 점이 중요한 것이다. 고려의 지배층이 재테크 차원에서 시장통에 관심을 기울인 것은 고려후기에도 마찬가지였다.

(도평의사사에 모여드는 지금의 관리들은) 때때로 큰 목소리로 떠들며 웃고 안방의 부부간의 일이나 시정市井의 미염米鹽의 이익 등

170

말하지 않는 바가 없다.　　　(이제현『역옹패설櫟翁稗說』전집1, 합좌合坐)

　　이 글은 고려말 성리학 도입에 기여한 이제현의 것이다. 여기서 이제현은 조정의 중신들이 안방 부부 얘기나 쌀값, 소금값 등 시장 돌아가는 사정을 화제로 지새우고 있다고 비판한다. 사실 시장통 가까운 곳의 주거지나 건물지 확보는 점차 그 경제적 부가가치가 높아졌다. 특히 권력층에서는 거대 농장을 키우며 고리대놀이를 하는 한편으로, 개경 시장통에서 직·간접으로 상업에 종사하면서 재산을 불려갔다.

　　속인들만이 아니었다. 이곡李穀의 문집에 따르면, 14세기 전반기에는 사찰들까지 개경 시장을 돈버는 공간으로 열심히 활용하고 있었다. 가곡으로도 잘 알려진 장안사長安寺는 이 무렵 개경 시장통에 여러 칸의 시전 건물을 소유하고 사람을 고용하여 직접 장사에 나섰다.

　　고려중기의 무인권력자 최충헌도 시장통에 대한 관심은 지대하였

조선 말기 화가 이풍익李豊瀷의 『동유첩東遊帖』 중 「장안사」. 고려시대 주요 사찰들은 토지와 노비, 염분鹽盆 등 막대한 재산을 보유하고 있었다.

다. 무신정변 이후 불안정하던 집권체제의 기반을 닦은 최충헌은, 문신들을 적절히 활용하고 새로운 통치기구를 만들어 권력기반을 확고히 다져나갔다. 그리고 그 밑바탕에는 강력한 사병私兵과 그들을 먹여 살릴 재력이 있었다. 최충헌은 어떻게 돈을 모았을까?

그는 본시 정3품 상장군의 자제로서 기본적인 재산은 있었겠지만, 누대의 문벌귀족이나 무인정변 이후 농장을 확대해간 사람들에 비해서는 내세울 것이 없었다. 최충헌이 일찍이 동생 충수와 함께 토지제도의 일부 개혁을 건의했던 것도 집권 초기의 개혁시도라는 측면과 함께 본래부터 그리 대단한 부자가 아니었던 탓도 있었으리라.

하지만 권력은 그를 내버려두지 않았다. 최충헌은 동생을 제거한 이후 영락없는 독재자의 면모를 드러내게 된다. 당당하게 토지 탈점奪占의 대열에 동참하는가 하면, 남대가 시전행랑을 확충하고, 십자가에 인접한 활동闊洞이라는 동네의 개인 집 1백여 채를 헐어내고 자신의 저택을 지었다. 시전은 어용성이 강하므로 권력의 개입 여지가 다분한 곳이다. 따라서 시전의 행랑 확충은 단지 물리적 사업으로 그치지는 않았을 터이다. 시장통 바로 코앞에 무리하게 저택을 건설한 것은 막강한 권력을 바탕으로 시장통에 적극 개입하여 상업적 이익을 축적하려는 의도라는 것이 학자들의 해석이다.

재산 축적에 밝았던 독재자 최충헌. 가족의 염원에는 아랑곳하지 않고 돈벌기와 담쌓으며 지낸 함유일. 이 둘 중에 누가 더 바람직하다고 해야 할까? 분명한 것은 고려시대 당시에 개경 도성의 상업지구와 그 인근 지역은 다른 지역에 비해 부동산 가치가 상당히 높았다는 것이고, 또 함유일 같은 인간형을 닮아가기는 점점 더 어려워진다는 사실이다.

〔서성호〕

172

# 개경의 시장

## 1. 시장의 위치

전근대 도시의 개념은 무엇일까? 농업·광업 등의 1차산업에 종사하지 않는 사람들이 다수 거주하고, 그러한 사람들의 구성성분이 다양하며, 그들의 수요를 위한 시장이 잘 발달해 있는 곳을 도시라 정의하면 크게 무리가 없을 것이다. 그런 점에서 고려시대의 수도 개경은 분명히 '도시'였다.

개경 주민들은 우선 그 구성 자체가 매우 다양하였다. 왕실귀족은 물론이고, 1품에서 9품까지 여러 등급의 벼슬아치들, 이들 아래서 행정실무를 담당하는 서리胥吏들과 이들을 보조하는 하급관속, 관청에 소속된 노비들, 개경의 치안을 유지하고 왕실의 안전을 보위하는 군인들, 도성 내만 해도 수백개에 이르는 사찰의 승려들과 사찰에 딸린 노비들, 장사꾼, 무당과 도사道士 등, 실로 여러 신분과 계층의 주민들이 살고 있었기 때문이다.

이런 여러 주민들의 생활을 가능하게 하고 나아가 개경을 도시로 만드는 핵심요건은 역시 시장이었다. 동아시아에서 도시가 가장 먼저 발달한 중국에서도 일찍부터 도성 건설에서 시장의 존재와 그 위치는 필수적인 요소로서 중시되었다. 이처럼 중요한 시장이지만, 아쉽게도 우리나라의 경우 조선시대 한양을 제외하면 전근대 시장의 구체적인 실상을 알기가 어렵다. 유통구조나 점포의 외형, 상인들의 면모 등은 물론이고, 도시 구획을 가시적으로 보여주는 시장의 위치조차도 충분히 파악할 수 없는 형편이다.

그래도 고려시대 개경의 경우는 동시東市니 서시西市니 하는 시장의 이름만 전하는 신라 경주에 비하면 나은 편이다. 물론 개경의 시장 위치를 전부 알 수는 없고, 그나마 대략의 위치를 짐작할 수 있는 것

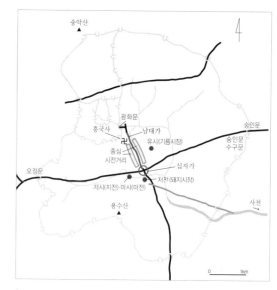

개경 시전의 분포

은 시전市廛 정도이다. 시전은 개경 도성 안의 중심부이자 간선도로의 연변에 위치하였다.

개경 시전거리의 중심은 조선시대에 세워진 남대문南大門이 있는 네거리——고려 때에는 이를 십자가十字街라 불렀다——에서 광화문廣化門을 향하여 북북서쪽으로 뻗은 길, 즉 남대가南大街 연변에 있었다.

시전이 남대가에만 있었던 것은 아니다. 서울의 서대문 격인 오정문午正門(선의문宣義門)에서 동대문 격인 숭인문崇仁門으로 뻗은 대로변 가까운 곳에는 종이를 판매하던 지전紙廛이 있었으며, 그 옆 하천변에는 말을 파는 마전馬廛이 있었다. 또 십자가 가까이 남대가의 동쪽에는 자남산子男山이라는 자그마한 산이 있는데, 그 기슭의 유암乳岩이라는 바위 가까이에는 기름을 팔던 유시油市가 있었다.

이처럼 남대가를 중심으로 십자가 연변지역에 시전들이 분포하고 있었지만, 개경의 시장이 시전만 있었던 것은 아니다. 도성 주민들의 소소한 일상의 수요품들은 도성 내 곳곳의 일반 장시에서 거래되었

시전 개경 주민의 수요품과 왕실·관청 등의 공적인 물품을 조달하고, 쓰고 남은 물품을 처분하기 위해 나라에서 설치한 어용적인 시장을 말한다. 신라 경주의 동시나 서시, 조선시대 서울의 종로·광통교 주변의 시장이 이런 시전들이다.

174

다. 예컨대 도성 주변의 농민들이나 도성 주민들에 의해 생산된 야채·과일·땔감이나 여가시간에 손으로 만든 짚신이나 미투리 등은 시전보다는 오히려 일반 장시에서 주로 거래되었다.

이러한 장시들은 시전과 구별하여 '여항소시閭巷小市'라 불렸다. 도성 내 곳곳에서 열리는 보잘것없고 영세한 시장이라는 뜻이다. 영세한만큼 나라에서 특별히 통제하거나 감독할 필요성이 적었고 따라서 시전과 달리 그 위치가 일정하게 제한되지도 않았다. 그저 파는이와 사는이가 서로 편리한 곳에서 알아서 거래하도록 내버려두었다.

이처럼 개경 도성의 시장은 시전과 여항소시 등 그 종류가 일정하지 않았지만, 비중과 집중성으로 볼 때 중심은 역시 시전이었다. 따라서 개경의 시장거리는 시전이 가장 밀집해 있던 남대가와, 지전·마전의 예에서 보듯이 전체적으로는 십자가를 중심으로 일정거리 내에서 상권이 형성되어 있었다고 하겠다. 개경의 시장거리는 도성의 중심지에 위치했던 것이다. 오늘날의 개성에는 십자가가 있던 곳에 남대문이 서 있다. 그러나 이는 후대에 세워진 것이고 고려 때에는 그냥 넓은 십자가와 이곳을 오가는 숱한 사람들뿐이었다.

1910년경 남대문 앞 시전거리의 모습

## 2. 점포와 상인 그리고 고객

### 점포

　개경의 대표적인 시장인 시전에 대해서는 유감스럽게도 그 건물의 형상을 구체적으로 확인할 길이 없다. 고려시대 개경의 시전 건물이 기와집이었는지 초가집이었는지, 단층이었는지 아니었는지는 짐작조차 할 수 없다. 단지 행랑을 단위로 하여 건물 규모가 정해졌다는 것만 기록을 통해 알 수 있을 따름이다.

　시전들이 행랑을 단위로 규모가 정해졌다고 했는데, 모든 시전이 행랑을 필요로 한 것은 아니다. 예컨대 마시馬市와 같은 가축시장은 말의 덩치가 큰데다 수가 많고 배설물 문제도 있어서 야외의 넓은 공간이 필요했기 때문이다. 실제로 마시장이 있던 곳은 다음 시에서 보듯이 석전石戰을 벌일 수 있을 만큼 탁 트인 개활지였다.

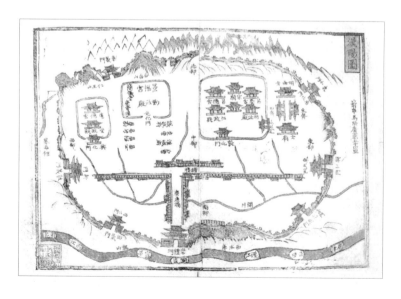

위백규魏伯珪의 「천하도」 중 '한양도'(서울특별시립박물관 소장). 1770년 무렵의 종로 등 한성부 시전거리를 볼 수 있다.

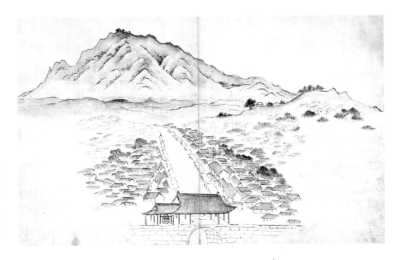

강세황 「송도기행첩」 중 제1
면 '송도전경'(국립중앙박물
관 소장). 18세기 개성의 남
대가 양쪽으로 점포들이 늘
어서 있다. 이곳은 고려시대
부터 시전거리였다.

해마다 단오날엔 힘센 이들이 떼로 몰려들어, 두 진영으로 나누어
서로 돌 던져 공격하네. 마시장이 있는 하천변의 아침에는 (사람들
이) 이미 몰려들었네.　　　　(이색 『목은시고』 권29, 「단오석전端午石戰」)

　시전 점포의 모습에 대해서는 이렇듯 장님 코끼리 만지기 못지않아
서 아쉬움이 클 수밖에 없으니, 강세황姜世晃의 개성 그림으로 약간의
위안을 삼을 수도 있다. 이 그림을 보면, 조선후기의 개성 남대가의
점포들을 볼 수 있다. 여전히 그 자세한 형상은 알 수 없지만 남대가
좌우 연변의 행랑이 있던 곳은 주변의 다른 건물들과 확연히 다르게
묘사된 것을 알 수 있다.
　이들 시전의 점포는 파는 물품의 종류에 따라 그 이름이 붙여졌다.
저시楮市·유시·다점茶店·마시·쌍화점雙花店(만둣집)처럼 말이다. 물론
이것은 한문으로 기록된 문헌에 나오는 것들이다. 실제로는 종잇집·
기름집·찻집·마시장을 뜻하는 당시의 개경말로 더 많이 불렸을 것이
다. 그러나 요즘의 상점들과는 크게 다른 점이 있었다. '행복지물포'

'철수네 철물점' '약속 다방'과 같은 고유한 상호가 없는 것이다.

고유한 상호만 없었던 것이 아니다. 종잇집인지 찻집인지를 알 수 있는 간판도 없었다. 조선말에 촬영된 사진자료에는 더러 간판을 내건 가게들도 보인다. 그러나 조선 세종대에 보이던, 간판을 만들어 잘 알아보게 하자는 건의들이 그후에도 실천되지 않은 것으로 보아 오랫동안 간판 같은 것은 없었던 것으로 짐작된다.

## 상인

예나 지금이나 시장의 주인공은 뭐니뭐니해도 장사꾼과 고객이다. 그럼에도 당시 개경의 상인이나 고객인 개경 주민의 얼굴 모습과 옷차림은 확인할 길이 없다. 다만 한말 종로상인의 사진으로 보아 고려 개경의 상인 모습도 평민들과 다를 바 없었으리라고 짐작할 뿐이다. 문제는 이들 평민의 모습조차 전하지 않는다는 것인데, 그래도 농민의 경우는 일부 불화佛畵나 문헌에 그 형상의 편린이 전하지만 상인들은 그렇지 못하다.

장사꾼들은 개경이나 지방을 막론하고 외모는커녕 그들 내부의 위계질서나 거래과정의 다양한 유형 등도 잘 알 수 없다. 그들의 하루 일과나 독특한 습관에 대한 자료도 없다. 고려시대에 대해선 이렇게 모르는 게 많은지 탄식이 절로 나올 만하다.

다만 하나마나한 얘기, 혹은 이미 잘 알려진 얘기라도 조금은 하고 넘어가자. 예컨대 시전 상인 외에 특정 관청에 소속되어 그 수요품을 공급하는 일종의 조달상調達商도 있었다. 『고려사』에는 숯 보관창고에 방화한 상인의 기록이 나오는데, 그는 장작감將作監이라는 관청에 소속된 상인이었다. 장작감은 주로 건축·토목공사를 담당하는 곳이니, 아마도 이 상인은 각종 철자재나 목재 같은 건축자재를 차질없이

**점포의 이름** 모든 시장 점포가 이름이 없었던 것은 아니다. 국가 직영의 점포 중에는 고유한 이름을 가진 것들도 있었다. 983년(성종 2)에 정부는 6개의 주점酒店을 설치하였는데, 그 이름이 성례成禮·낙빈樂賓·연령延齡·영액靈液·옥장玉漿·희빈喜賓이었다. 당연히 이것들을 써서 내건 간판도 있었을 것이다. 정부는 쌀·콩·조와 같은 곡식이나 삼베·모시 등의 옷감 대신 좀 더 표준화되고 휴대하기 간편한 건원중보乾元重寶라는 철전鐵錢을 만들고, 이를 유통시키기 위해 정책적으로 이들 주점을 설치하였다.

조달하는 일을 맡았던 것으로 추측된다.

시전 상인이나 관부 조달상이 국가와 밀접한 관련을 가진 데 비해 그렇지 않은 상인들도 많았다. 여항소시의 장사꾼이 대표적이라 할 만하다. 물론 여항소시 외에도 시전거리 주변에 일정한 점포를 갖춘 꽤 규모있는 상인들도 적지 않았을 것이다.

상인들 중에는 물건을 만들지는 않고 팔기만 하는 순수 상인이 있는가 하면, 자신이 만든 제품을 직접 판매하는 전문수공업 장인들도 있었다. 개경 도성 밖에 살면서 야채나 땔감을 팔러 오는 농민들도 적지 않았다. 여항소시로 표현되는 영세상인의 상당수는 이들 농민이었다고 추측된다.

한편 개경에는 외국상인들도 많았다. 고려시대에는 시기를 달리하면서 송나라나 원나라의 상인들이 자주 개경 시전거리를 드나들었고, 그중에도 특히 송나라 상인들이 많이 출입하였다. 어떤 정신나간 고려 상인이 자기 아내를 걸고 송나라 상인과 내기 바둑을 두었다는 고려가요 「예성강곡」의 내용은 유명하다. 송나라 상인들은 팔관회날 고려 왕에게 진상품을 바치고 많은 물건들을 댓가로 받은 후, 그들이 가져온 물건과 함께 개경 상인에게 팔거나, 직접 개경 거리에 늘어놓고 팔기도 하였다.

외국상인들 중에는 아예 개경에 눌러사는 자들도 있었다. 11세기에는 중국 남부지방의 상인들이 장삿배를 타고 왔다가 개경에 눌러앉은 자들이 수백명이나 되었다는 기록이 있다. 이들 중에는 본래의 주특기를 살려 장사를 생업으로 하는 이들이 분명 많았을 것이다.

외국상인들이 이렇게 개경에 많이 거주하고 드나들었다는 것은, 이들을 상대로 하는 유흥업의 발전도 부추겼을 법하다. 후대의 자료이긴 하지만 『경도잡지京都雜誌』라는 책에 따르면, 조선후기 한양에서

『경도잡지京都雜志』 조선 후기에 유득공柳得恭이 지은 2권 1책의 세시풍속지. 필사본. 정조 때 씌어진 것으로 추정된다. 제1권 '풍속'에는 건복巾服·주식酒食·제택第宅 등 당시의 여러 문물제도를 19항목으로 나누어 기술했고, 제2권 '세시'에는 입춘立春·복복伏·중삼重三 등 한양의 세시를 19항목으로 분류하여 약술하고 있다.

펼쳐지던 악극 「야희野戱」의 여주인공으로 '당녀唐女'가 있었다고 전한다. 그런데 이 당녀는 고려 때 예성강 어귀에 와 살던 중국인 '창녀倡女'라는 것이다. 말하자면 중국 출신의 기생이었던 셈인데, 이로 미루어보면 개경 시내에는 더 많은 중국인 기녀들이 있어 중국 상인들을 주고객으로 영업했을 가능성이 크지 않을까?

**고객**

상인과 더불어, 개경 시장거리의 주인공은 물건을 사러 온 고객들이었다. 그리고 이들 고객의 대부분은 개경에 거주하는 주민들이었다. 장사꾼들은 당연히 이들이 필요로 하는 물품들을 갖다 놓고 팔았을 것인데, 개경의 주민은 다른 곳의 주민들과 구별되는 특징이 있었다. 이 점은 개경 시장거리에서 거래된 물품들의 특징을 이해하는 데에 필수적이다.

개경 주민은 앞서도 말했듯이 그 구성이 매우 다양했을 뿐 아니라, 평균적인 지식문화 수준도 다른 곳의 주민들에 비해 탁월하였다. 유교적 소양과 시문詩文 및 정책 제안의 능력 등을 시험쳐 임용된 양반 관료는 물론이고, 이들 아래서 행정실무를 담당하는 서리들, 수백개에 이르는 대소大小 사찰의 승려들, 도관道觀의 도사道士 등은 한문 해독은 물론이고 여러 분야의 지식을 소유한 지식인들이었다.

시장을 찾는 개경 주민들은 가진 것 없이 지식수준만 높은 사람들이 아니었다. 구매력 또한 타지역의 추종을 불허하였다. 왕실귀족들은 물론이고, 녹봉祿俸, 전시과田柴科나 녹과전祿科田 등의 토지를 받으며 지위와 권한을 이용해 비공식적 축재까지 가능했던 문무 양반관료들과 서리들, 군인전軍人田이라는 토지를 지급받는 전문 군인들이 개경만큼 많이 살고 있는 곳은 없었다.

화령부·개경호적 가운데 개
경의 호戶

　물론 이런 여러 계층의 주민들이 얼마나 되었는지 그 수치를 구체
적으로 짐작할 수는 없다. 개경 전체의 호수戶數가 10만 호에 이르렀
다는 기록은 있으나, 이것을 그대로 믿기에는 주저된다. 주민수를 호
당 5인으로 치더라도 50만명이나 되기 때문이다. 15세기 한양의 인
구를 10여만명으로 추정한다는 점을 감안하면, 도성 밖 4교四郊 지역
(도성 바로 바깥의 동·서·남·북 지역)의 인구를 포함한 것이라고 쳐도 이
수치는 여전히 과다하다. 그러나 10만 호를 곧이곧대로 믿지 않는다
해도 개경 도성의 인구가 많았다는 것은 충분히 짐작할 수 있다. 이
가운데 구매력 좋고 지식수준 높은 이들이 어느 정도였는지는 수치
상으로 알기 어렵지만, 경제적으로 그리고 지식문화의 측면에서 상대
적으로 수준 높은 사람들이 개경에 밀집해 있었던 것은 확실하다.

## 3. 시장에서 팔리는 것들

　개경의 주민들이 다른 어떤 곳보다 수준 높은 지식문화와 경제력을
지녔던만큼 시장에서는 당연히 이들의 특성에 맞는 물품과 써비스를
제공해야 했다. 이 점에서 개경의 시장은 매우 독특한 곳이었다. 간단
하게나마 이들 상품에 대해 살펴보기로 하자.

### 먹을거리

　비농업인구가 밀집된 개경에서는 역시 미곡류가 가장 큰 비중을 차
지하는 상품이었다. 15세기 중엽의 조선시대 한양의 경우를 보면, 약
10여만 주민의 한해 식량소비량 53만 5천여 석 가운데 20만여 석 이
상이 상인들을 통해 공급되었다고 한다. 이로써 미루어보면 고려시대

개경 시장에서도 쌀·콩·조 등 미곡류의 거래규모가 가장 컸다고 생각된다. 왕조가 막 교체된 15세기 초에 조선을 다녀간 명나라 사신 동월董越은 기행문 『조선부朝鮮賦』에서, 개성에는 "여염집도 많고, 곡식 가게도 숱하다"라고 노래하였다.

필수품은 아니지만 차와 술, 간식거리도 빼놓을 수 없다. 차는 신라 말 고려초 선종禪宗의 성행과 더불어 고려시대에 널리 퍼진 음료이다. 나라에 바칠 차를 전문적으로 생산하는 다소茶所라는 행정구역까지 있을 정도였다. 다만 차는 값이 비싸 가난한 사람들은 먹기 힘든 음료였다.

평상에 비스듬히 누워 문득 나를 잊어버렸네
베갯머리에 바람 불어와 낮잠 절로 깨누나

고려중기 문인 임춘林春의 「다점茶店에서 낮잠을 자다가茶店晝睡」라는 제목의 시이다. 다점이라지만 낮잠도 허락하고 있으니 다목적의 휴게공간인 셈이다. 이렇게 고급손님을 상대하는 찻집에서는 납차臘茶·용봉단차龍鳳團茶와 같은 중국산 수입차도 팔았을 것이다.

물론 술을 전문적으로 판매하는 술집들도 있었는데, 관청에서 기생까지 두고 운영한 주점들도 있지만, 개인이 운영하던 주점도 분명히 있었을 터이다. 그런데 이들 술집은 술과 함께 기생 등을 통한 여흥도 써비스로 제공하는 경우가 많았던 듯하다. 당시 개경의 시장을 감독하던 경시서는 자녀姿女 혹은 유녀遊女 등으로 불리는 기녀들의 장부를 가지고 있었는데, 12세기 초의 경우 경시서에 파악된 기녀들의 수는 300여명이었다고 한다. 이들 중에는 관청이 운영하는 술집에 소속된 자들도 있었겠지만, 개인이 운영하는 고급술집에서 일하던 기녀들도 포함되어 있는 것이 아닌가 생각된다.

술이나 차처럼 삶의 윤기를 더해주는 것이 주전부리이다. 이에 대해서는 아쉽게도 자료가 거의 남아 있지 않지만, 가요 「쌍화점雙花店」은 요즘의 패스트푸드와 비슷한 만두를 팔던 가게와 관련된 얘기를 전하고 있다.

쌍화점에 쌍화 사라 가고신된
회회回回아비 내 손모글 쥐어이다
이 말ᄉᆞ미 이 점店 밖에 나명들명
다로러거디러 죠고맛간 삿기광대 네 마리라 호리라

（「쌍화점」 1절）

개경에 와 있던 회회족回回族 남자가 만둣집에서 만두 사러 온 한 여인을 희롱한 내용이다. 여성들이 만둣집 같은 데에 자유롭게 드나드는 고려의 개방적인 분위기가 조선시대와는 자못 다르게 느껴진다. 하긴 남녀가 같은 개울에서 멱을 감는 것이 그리 큰 허물이 아니던 시대였으니, 만둣가게라 하여 새삼스럽게 남녀동석이 문제되지는 않았으리라.

다만 차나 고급술집의 써비스가 그러했듯이 만두 또한 비싼 물건이었으므로 이 역시 개경의 평균적 구매력을 보여주는 물품이라 하겠다. 면麵의 재료로 쓰인 소맥小麥은 견직물이나 고급차처럼 주요한 중국산 수입품이었기에 성례盛禮에서나 사용될 정도로 귀한 시절이었다. 쌍화, 즉 만두 역시 소맥을 필요로 하는 음식인만큼 아무나 사 먹기에는 무척 부담스런 간식거리가 아니었을까?

---

**「쌍화점雙花店」과 회회아비**
고려 충렬왕 때의 가요. 4절로 된 이 노래에는 당시의 퇴폐적인 성윤리가 잘 나타나 있어, 조선 성종 때는 남녀상열지사 또는 음사淫辭라 하여 배척당하였다. '쌍화'란 '상화霜花'의 음역으로 호떡, 즉 만두를 뜻한다. 여기 등장하는 '회회아비'에 대해서는 당시 송도에 왕래하던 색목인色目人 노옹, 북방인, 터키계 중국서역인, 몽골의 점령군 등의 여러 설이 있다. 최근에는 고려에 거주하던 중앙아시아 위구르-터키계 무슬림으로 보고 있는데, 이것이 현재로서는 가장 역사적인 검토과정을 거친 결론으로 보인다.

## 문방구

개경에는 한문을 구사하면서 다방면에 지식을 갖춘 계층이 집중 거주하고 있었다. 따라서 개경 시장에서는 자연히 종이와 붓, 먹과 벼루 등 각종 문방구류가 많이 거래되었다.

문방사보文房四寶는 모두 유자儒者들이 반드시 필요로 하는 것들인데, 특히 먹이 가장 만들기 어렵다. 그러나 서울(개경)에는 온갖 귀한 것들이 모여들어 쉽게 구할 수 있기 때문에 사람마다 모두 귀하게 여기지 않는다.

(이인로『파한집破閑集』상)

고려 무인집권기의 시인 이인로의 증언이다. 이에 따르면 먹을 비롯해 유자儒者들이 필요로 하는 각종 문방구가 개경에 몰려들고 있었음을 알 수 있다. 문방구 중에서 가장 만들기 어렵다는 먹조차 개경에서는 쉽게 구할 수 있어서 귀하게 여기지 않을 정도였다. 종이의 경우, 십자가 옆 앵계 연변의 저시楮市에서 주로 공급되었다.

개경 시장에서 거래되던 종이나 붓 등을 직접 확인할 수는 없다. 그러나 당시 최고급이었다고 추정되는 것과 같은 종류의 먹이 얼마 전에 무덤에서 발굴되었는데, 이런 고급 먹이라면 반드시 개경시장에서도 많이 거래되었다고 보아야 한다. 오죽하면 개경사람들이 먹을 귀하게 여기지 않았을까?

먹과 더불어 벼루 역시 개경 시장에서 많이 거래되던 품목에 틀림없다. 오늘날 벼루 유물들 중에는 조선시대의

것이 아무래도 많지만, 통일신라 이전에 비해 고려시대 벼루의 유물 역시 증가하고 있다. 이는 고려에 와서 한문을 구사하며 문자생활을 누리는 계층이 그만큼 늘어났음을 의미하는데, 유학을 공부한 계층 등 한문사용 계층이 가장 밀집해 있던 곳이 바로 개경이었다.

기름도 크게 보면 문방구인지 모른다. 고려 태조는 건국하자마자 기름을 파는 유시油市를 자남산 기슭에 서둘러 설치하였다. 유시에서 파는 기름은 연등회나 팔관회 같은 불교행사 때에 연등의 연료로 많이 쓰였겠으나, 품관층과 서리 등 독서 가능 계층의 야간 조명연료로서 등잔에 사용된 것도 적지 않았을 것이다.

### 견직물과 패션상품

개경 주민의 평균 구매력은 전국 최고였던만큼 견직물과 각종 '패션상품'은 개경의 시장에서 빼놓을 수 없는 품목이었다. 개경의 고급관료나 귀부인들은 청青·황黃·주朱·녹綠으로 물들인 금錦·기綺·힐 등의 고급비단으로 옷을 해입었다. 또 귀부인들은 겉옷은 물론이고 속바지도 초   라는 견직물로 만들었고, 장신구로 달고 다니는 향주머니 역시 고급 비단(錦)으로 지었다.

꼭 귀부인이 아니어도 신분상 양반집의 여인이라면 검은색 나羅로 만든 너울을 쓰고 외출해야 했다. 가사袈裟라고 불린 이 너울은 양반 신분의 표시였던 셈이다. 고려중기 문인 이규보의 시 한 구절을 보자.

너 비록 양반네 족속으로 태어났지만, 밥을 얻어먹고 있으니 이미 비천하구나. 더이상 무엇이 부끄러워 헤진 너울을 뒤집어 썼는가!

밥을 빌어먹을 지경이면서도 양반 부인네이기 때문에 헤진 너울이

◀고려시대에 쓰인 청자벼루(1181, 호암미술관 소장)와 '단산오옥丹山烏玉' 명銘 고려 먹(가운데, 국립청주박물관 소장), 조선시대 풍속화에 보이는 장인들의 먹 만들기 모습(아래).

라도 쓰고 다녀야 했던 것이다. 개경의 남자들은 옷 외에 두건에도 비싼 비단을 사용하였다. 고려에서는 지방 향리나 촌락유지들까지 쌀 한섬 값이나 되는 비단[羅]으로 두건을 지어 쓰고 다녔다. 그러니 개경에 살면서 사회적 지위나 경제적 능력이 웬만한 남성들은 거의 예외없이 머리에다 비단을 두르고 다녔던 셈이다. 비단을 넣어 만든 부채도 많이 거래되었다.

「미륵하생경변상도彌勒下生經變相圖」(1350, 일본 知恩院 소장)의 일부. 고려시대 여인들의 머리모양과 다리 장식을 짐작할 수 있다.

11세기 초에 고려 정부는 사치풍조를 금하는 차원에서 능綾·라羅와 같은 고급비단을 재료로 한 부채의 매매를 금지할 정도였으니, 이런 부채들이 개경시장에서 상류층을 대상으로 얼마나 많이 매매되었는지 짐작할 수 있다.

또한 개경에는 남편의 체면과 개인의 만족을 위해 얼굴과 몸치장에 신경쓰는 여인들이 몰려 살고 있었다. 자연히 이들을 위한 '패션상품'이 많았다. 빗은 그 한 예이다.

개경의 여인들은 빗으로 머리를 가지런히 정리한 후 가발을 아름답게 올렸다. 따라서 가발의 일종인 다리도 시장에서 거래되었다. 무인집권기에 조원정曹元正이란 고약한 무인은 남의 물건 뺏기로 유명했는데, 머리카락도 예외가 아니어서 길을 가다가 긴 머리카락을 가진 사람만 보면 불러세워 강제로 머리카락을 잘랐다. 이렇게 모은 머리카락으로 만든 다리가 무려 두 짐이나 되었다는데, 다리를 모은 이유는 그것이 돈이 되기 때문이었다.

12세기 후반 의종은 사치스런 정자들을 여럿 지었는데, 여기에 동

**다리** 여자의 머리숱이 많아 보이게 하기 위해 덧넣은 딴 머리. 월자月子 또는 다래라고도 한다. 삼국시대부터 사용된 다리는 조선시대에도 머리를 크게 보이기 위해, 또, 예식 때 여러 형태의 머리모양을 꾸미기 위해 사용되었다. 다리가 크고 길수록 호사로 여기고, 상류사회에서는 비싼 값으로 상품上品을 사 모음으로써 부녀자들에게는 재산목록의 하나가 되었다.

위로부터 청자유병油甁(12
세기, 태평양박물관 소장),
청자향합香盒(13세기, 태평
양박물관 소장). 청동거울
1. 동제양각쌍용문원형경
(10~14세기, 국립청주박물
관 소장) 2. 동제양각조충문
화형경(10~14세기, 호암미
술관 소장).

원된 한 가난한 백성은 늘 점심을 얻어먹다가 어느날 아내에게서 훌
륭한 도시락을 받았다. 이상해서 연유를 묻는 남편에게 아내는 머리
카락을 잘라 팔았다고 말했다. 이 얘기는 오 헨리(O. Henry)의 「크리
스마스 선물」의 원조격이라 할 만하다. 물론 이런 다리의 소비자는 상
류층 여인네들이었고, 개경에는 그런 여성들이 몰려 살고 있었다.

머리모양과 함께 얼굴도 잘 관리해야 했으니, 화장품과 그것을 담
는 그릇도 중요한 거래물품이었다. 고려의 귀부인들은 면약面藥이라
불리던 미안수美顏水와 분粉을 많이 사용하다가, 후기에 오면서는 연
지도 바르기 시작하였다. 현재 이들 화장품 유물은 남아 있지 않지만
그것을 담은 그릇의 모습은 유물로 확인할 수 있다.

그런데 머리 빗고 다리를 얹으며 맵시를 살피기 위해서는 거울이
필요하다. 요즘처럼 유리로 된 거울은 조선시대에 와서야 사용되었으
며, 그 전에는 청동거울을 썼다. 고려시대의 청동거울은 실로 많은 형
태와 종류가 있으며 유물도 다수 남아 있다. 그중에는 중국에서 수입
하거나 중국 거울을 녹여 새로 제작한 것도 적지 않은데, 개경 시장에
서는 이런 청동거울들이 많이 거래되었다. 궁예 치하의 철원 시장에
서도 거울이 매매된 기록이 보인다.

## 4. 시장에서 벌어진 일들

남대가를 비롯한 개경의 시장거리는 도성 중심의 십자가와 연결된
관도 및 그 주변에 분포해서 개경에서도 유동인구가 가장 많은 곳이
었다. 지방에서 올라와 관청이나 궁궐로 집중되어가는 물류의 최종
경로가 바로 남대가였으며, 출퇴근하는 벼슬아치와 서리들, 훈련 나

가는 군인, 드나드는 외국사신, 도성 주변에 볼일보러 온 사람들, 지방에서 공물을 가지고 올라온 향리와 그 심부름꾼, 물건을 사려는 주민과 상인들로 이 지역은 항상 붐볐다.

이처럼 돈이 오가고 온갖 사람들이 모여드는 곳이었으므로 아무래도 조용한 주거지나 관청가와는 달리 싸움질도 많이 일어났을 터이다. 지금은 흔적조차 없지만, 고려시대에는 십자가에 면한 북쪽 좌우 모퉁이에는 남대가를 사이에 두고 두개의 건물이 마주 서 있었다. 하나는 물가와 유통질서를 관리·감독하던 경시서京市署이고, 다른 하나는 거리 치안을 유지하던 가구소街衢所였다. 물가를 속이거나 나쁜 물건을 판매하지 못하도록 하는 것은 경시서의 몫이지만, 길거리에서 주먹질을 하면 가구소로 끌려갔다.

한편 일상적인 사건과 사고를 넘어서 시장은 가끔 무서운 살육의 장으로 둔갑하기도 했다. 12세기 말 최충헌이 권력을 독점하려고 동생 최충수의 군대와 격돌한 곳이 남대가 즉, 흥국사 바로 아래쪽이었다. 시전거리가 아수라장이 되었음은 물론이고 상인들의 고통도 컸을 것이다.

시장은 온갖 계층의 숱한 사람들이 드나드는 광장이어서 나라에서는 이 점을 정치적인 목적으로 이용하는 일이 많았다. 우선 좁게는, 범죄인의 신고와 체포를 독려하는 방榜을 내걸거나 붙잡힌 범죄인을 다스려 일벌백계의 효과를 노리는 형장으로 쓰기도 하였다. 후자의 경우, 대개 사흘 정도 칼을 씌워 범죄자임을 개경 주민들에게 널리 알린 후에 본 형벌을 가하였다. 숱한 사람들이 오가는 시장통에 죄인을 며칠씩 칼을 씌운 채로 두는 것은, 오늘날 청소년에 대한 성범죄자를 인터넷에 올리는 것과 비슷한 효과였을 터이다. 그나마 본 형벌이 매 맞고 유배되는 것으로 끝난다면 다행이지만, 목이 베여 내걸리기라도

하면 이를 보는 사람들의 두려움은 대단하였을 것이다.

시장거리는 민심의 불안과 동요의 요인을 줄이는 사회통합의 장이 되기도 하였다. 가뭄이 오래 계속될 경우 기우祈雨를 위해 정부는 시장을 일시 폐쇄하고 꼭 필요한 일용품은 여항閭巷으로 옮겨 거래하게 했다. 이를 일컬어 항시巷市라 했는데, 시장의 활동 대신 폐쇄를 통해 강우를 바라는 간절한 사회적 여론을 표현하고 궁극적으로는 민심의 동요를 완화하는 기능을 한 셈이다.

한편 시장거리는 살기 어려운 사람들을 도와주는 곳으로도 활용되었다. 고려말 이색의 시는 시장통에서 흥겨운 음악 연주와 함께 시원한 냉수와 과일, 야채를 행인들에게 제공하고 있음을 전하고 있다. 물론 이러한 음식은 빈민들을 위한 것이었다. 고려전기부터 이런 구호 행사는 대개 승려들이 주관했는데, 불상 옆에 큰 항아리를 갖다 놓고 행인들에게 죽을 퍼주었던 것이다. 여기서 청량리에서 노숙자들에게 밥을 제공하는 어느 목사님의 모습을 떠올릴 사람도 있겠다.

시장은 슬픔과 기쁨의 공감대를 확인함으로써 지배자의 권위를 다지고 외교적인 의례儀禮의 효과를 거둘 수 있는 장이기도 했다. 선왕先王이 돌아가 조의를 표할 때나 반대로 나라에 매우 경사스런 일이 있을 때에는 하루에서 사흘 정도 시장을 아예 쉬었다. 원나라의 간섭을 받던 14세기 초 충렬왕비에게 아버지인 원나라 황제 쿠빌라이가 반란을 진압했다는 소식이 전해졌다. 왕비는 그 소식을 전한 역관譯官에게 상을 내리고 벼슬까지 주었다. 아울러 개경 주민들도 이를 기뻐해 하룻동안 시장을 쉬었다고 한다. 사실이지 이는 일반상인들이야 특별히 기뻐할 일은 아니었을 것이다. 그럼에도 시장을 철시했다는 것은 역시 고려왕실의 외교적 의례로 해석하는 것이 자연스럽다.

이밖에도 시장은 정권의 개혁의지를 과시하여 민심을 얻고 나아가 왕조 교체의 명분까지도 획득하는 대형 이벤트의 현장이 되었다. 고려왕조가 저물던 1390년(공양왕 2)의 어느 가을날, 정도전 등 이성계 일파는 토지제도 개혁의 기치를 들고 각종 토지문서를 모아 시장통에서 불태웠다. 위화도 회군으로 정권을 잡은 이들은 구집권층의 불법 농장을 환수해 자신들의 경제적 기반을 마련하고 왕조 창건의 정당성을 확보하려 했던 것이다. 토지문서 소각은 이러한 의지를 과시하는 일종의 대형 퍼포먼스였으며 시장은 그 무대가 되었다면 지나친 해석일까?

개경의 시장은 재화와 인간이 몰려드는 생기넘치는 삶의 무대였다. 국내 제품은 물론 중국·아라비아 등지의 진귀한 물품들이 거래되는 교역의 공간일 뿐 아니라, 위정자의 의지와 권력을 과시하고 대외적인 의례의 장으로 이용되는 곳이었다. 때로는 전투의 현장이 되기도 하지만, 지배자와 백성이 정서적 공감대를 확인하며 공동체의식을 다져 민심을 위로하는 마당으로 활용되기도 하였다. 개경의 시장은 개경 도성의 중심으로서 물류와 교통의 요충이었을 뿐 아니라 고려의 왕과 신민臣民이 만나는 하나의 광장이었던 셈이다.

〔서성호〕

190

# 누구에게나 부담스러웠던 조세

## 1. 보통사람들의 부담, 3세

개경은 고려왕조의 수도로서 정치·경제·행정의 중심지였기에 여기에는 여러 계층의 많은 사람들이 모여 살았다. 고려시대 개경의 인구수에 대한 것으로는 1232년(고종 19) 강화도로 천도할 때의 개경 인구수가 10만 호였다는 『고려사』의 기록이 있을 뿐이다. 현재는 이 기록을 토대로 당시 개경 나성 안팎의 인구가 50만명 정도였다고 추론하기도 한다. 이렇게 많은 개경의 인구에는 왕족·관료 등을 비롯하여 각 관청에 소속된 서리와 잡류, 군인, 공장, 상인, 농민, 승려, 노비에서 외국인에 이르기까지 실로 다양한 계층의 사람들이 포함되어 있었다. 이들은 대부분 개경에 계속 거주하는 사람들이었지만 기인其人·군인·경주인京主人·외국상인들처럼 일정기간 동안만 개경에 체류하는 사람들도 상당수 있었다. 또한 이들 중에는 왕족·관료·상인 등 상당한 경제력을 가진 자들과 그렇지 못한 일반 서민들이 뒤섞여 있었으며, 개경과 주변지역에는 농사로 생계를 유지하는 사람들도 많이 있었다.

당시 개경에 살던 다양한 계층의 사람들은 어떤 조세를 부담했을까? 개경에 살던 보통사람들은 일반 군현에 살던 사람들과 마찬가지로 조租·포布·역役 3세를 부담했다고 보는 것이 옳다. 왜냐하면 개경의 경우에도 다른 군현과 마찬가지로 조세를 감면해준 기록이 있기 때문이다. 그렇기는 하지만 개경사람들은 워낙 계층이 다양하고 수도 많았기 때문에 농민이 주민의 대부분을 차지하던 다른 군현의 사람들과 똑같은 조세를 부담했다고 보기는 어렵다.

우선 개경에는 경작토지가 많지 않았기 때문에 전세田稅는 다른 조세에 비해 부담이 그리 크지 않았다. 곧 개경 나성 안 평지의 대부분은 궁궐·관청·시전·절 등 공공건물을 비롯해 주거지로 구성되었으며, 경작지는 개경에서 동남쪽으로 흘러서 임진강에 합류하는 사천 유역에 발달했지만 그리 큰 면적은 아니었다. 당시 개경에는 빽빽하게 집이 들어차 있어서 집권층들이 커다란 집을 짓기 위해서 수백 호의 민가를 철거한 사례들을 찾을 수 있다. 최씨 무인정권의 막을 연 최충헌이 1210년(희종 6) 활동闊洞에 저택을 지으면서 민가 1백여 채를 헐었던 사실은 앞서 언급했는데, 그의 아들 최이도 1229년(고종 16) 이웃집 1백여 채를 빼앗아서 동서 수백 보에 이르는 바둑판처럼 평평한 격구장을 만들었다가 나중에 또 민가를 헐고 격구장을 넓혔다고 한다. 최이가 격구장을 만들기 위해서 빼앗은 집이 무려 수백 채였다고 하니, 이것은 최고집권자가 집을 짓고 격구장을 만들기 위해서는 주변의 주택을 헐어야 할 정도로 당시 개경의 평지에는 주택이 밀집되었다는 것을 말한다. 다시 말해 개경의 나성 안에는 경작지가 들어설 여지가 거의 없었다는 뜻이다. 하지만 개경 나성 안의 평지는 주거지로서뿐 아니라 경작지로서도 매우 유리한 조건이었기 때문에 언제든지 경작지로 둔갑할 여지가 있었다. 이와 관련해서는 1392년(공양왕 4) 3월 고려 정부에서 개경의 인구증가를 위한 주거대책을 논의한 일이 흥미를 끈다. 당시 이 논의에 따르면 1361년(공민왕 10) 홍건적의 침입 때 개경 민가의 반이 없어져 공터가 되었고 이 틈을 타고 권세가

**기인其人과 경주인京主人** 고려시대 향리의 자제로서 일정 기간 서울에 머물면서 각종 역을 담당하던 사람이다. 기인제도는 본래 고려초 중앙정부에서 지방세력의 자제를 중앙에 묶어둠으로써 지방세력을 견제하는 동시에 기인역을 마친 이들에게 향직 등을 주어서 그들을 회유하기 위한 것이었다. 처음 기인들은 기인전 등 경제적 대우를 받으면서 중앙에서 지방을 통치할 때 필요한 자문 등을 담당하였으며 역을 마친 후에는 어느정도의 지위가 보장되었다. 고려후기 이후 중앙에 불려온 기인은 토지개간에 동원되기도 하였으며, 각 관청에 예속되어 일정기간 동안 사령으로 부려졌고, 심지어 단순노역에 시달리기도 했다. 결국 기인역은 아주 힘들고 천한 역이 되었기 때문에 역을 피해 도망하는 경우가 많았다. 경주인 역시 지방의 향리로서 서울에 파견되어 중앙과 지방의 연락사무를 맡아본 사람이다. 고려시대 경주인이 하던 대표적인 일이 지방군현에서 중앙관청에 공물을 비롯한 조세를 낼 때 향리들에게 편의를 제공하는 것이었으며, 이 때문에 경주인은 공물대납에 관여하였다. 경주인은 고려후기에 기인의 역이 단순노역이 되면서 지방에서 중앙에 파견된 것으로 보인다. 경주인은 경저리京邸吏·저인邸人·경저인이라고도 하는데, 조선후기까지 서울과 지방의 연락사무를 담당하면서 이권에 개입하기도 하였다.

나성의 서쪽 성벽 모습(맨위).
가혹한 조건 속에서 일반 백성
들의 요역으로 쌓은 것이다.
아래는 모란·당초문 청자기
와(12세기, 전남 강진 사당리
출토, 국립중앙박물관 소장).
『고려사』에는 의종이 1157년
궁궐 동쪽에 양이정을 세우
고 청자기와로 지붕을 덮었
다는 기록이 있다.

들이 그 땅을 빼앗아 농토로 만들면서 개경
의 인구가 더욱 감소하였다고 한다. 정부에
서는 개경의 인구증가를 위해 성안의 빈터를
조사하고 여기에 집을 짓지 않는 자와 집을
헐고 밭을 만든 자는 엄중히 처단할 것을 주
장하였다. 이처럼 고려 정부가 개경의 주거
지가 경작지로 바뀌는 현상을 경계한 것은
원활한 수도경영을 위해서는 많은 인구가 거
주할 공간이 필요했기 때문이다.

개경에 사는 사람들의 가장 큰 부담은 수
도 경영을 위해서 징발되는 노동력(요역徭
役)이었다. 개경에서는 수도 경영에 필요한
각종 크고 작은 공사 즉 궁궐·관청·성곽·절
의 신축과 개축이 이어졌고, 임금과 외국사
신의 행차가 잇달았는데, 이 부담은 고스란
히 개경과 개경 주변 군현에 사는 사람들의
몫이었다. 이때 개경사람들이 부담했던 역을
흔히 방리지역坊里之役이라 하는데, 이것은
개경 5부방리에 사는 사람들의 노역을 의미
한다. 따라서 개경의 보통사람들은 주로 역의 부담이 상대적으로 다
른 지역보다 많았고 이에 따른 폐단도 많았다. 앞서 간단히 소개했던
고려 중기 의종 때 중미정이라는 정자를 만들 때의 일을 구체적으로
살펴보자.

1167년(의종 21) 3월 어느날, 개경의 중미정 공사장은 때 아닌 눈물

바다를 이루었다. 사연은 이러했다. 중미정을 지을 때 부역 나온 사람들은 식량을 스스로 조달하는 것이 관례였다. 한 사람은 매우 가난하여 스스로 식량을 마련하지 못하였기에, 다른 사람들이 밥 한술씩 나누어주어서 그것을 먹고 일을 할 수 있었다. 하루는 그 아내가 음식을 마련하여 왔다.

"친한 분들을 불러서 함께 드시지요."

"가난한데 이 음식을 어떻게 마련했소. 다른 남자와 사통하고 얻었소. 아니면 남의 물건을 훔쳤소."

"얼굴이 못생겼으니 누구와 사통하겠으며 성격이 옹졸하니 어찌 도둑질을 하겠소. 다만 머리를 잘라서 팔았을 뿐이에요."

아내는 잘려서 짧아진 머리를 보여주었다. 남편은 설움이 복받쳐 음식을 먹을 수가 없었고, 주위 사람들도 모두 눈시울을 붉혔다.

(『고려사』 권18)


이처럼 개경과 그 주변에 살던 사람들은 밥도 주지 않는 가혹한 조건 속에서 각종 노역에 징발되었다. 1051년(문종 5) 대안사大安寺와 대운사大雲寺를 중건할 때에는 징발된 역부에게 음식을 나르는 처자가 길을 메울 정도였다고 한다. 개경은 수도였기 때문에 노동력이 많이 필요했고, 그 노동력의 대부분은 개경과 주변 군현에 사는 사람들의 노역으로 충당되었다. 개경과 그 주변의 역사役事는 매우 잦았고 그때마다 멀리 떨어진 지방 군현에서 노동력을 징발하기 어려웠기 때문이다. 비록 규정 이상의 역을 부담한 사람에게는 다른 조세를 면제해주기도 했지만, 이 지역 사람들의 역 부담이 다른 지역보다 많았던 것은 사실이다. 이러한 가혹하고 힘든 역을 피하기 위해서 개경에 사는 사람들은 터전을 버리고 여기저기 떠돌기도 하였고(流亡), 다른 지역의 호적에 허위로 등록하여 역을 피하기도 하였다. 요역의 징발은 호적을 토대로 이루어졌기 때문이다. 1134년(인종 12)의 기록에 의하면 개경에 거주하는 대소 인원의 자제들이 요역을 피하려고 본관 친척의 호적에 이름을 올려서 문제가 된 적이 있다. 이들은 실제 거주하고 있는 개경의 호적에는 이름이 빠져 있으니 요역에 징발될 일이 없고, 지방의 호적에는 이름이 올라 있어도 그곳에 살지 않으니 역시 징발될 염려가 없었던 셈이다.

개경 5부에서의 노동력 징발은 가족(戶)에 속한 사람수의 많고 적음에 따라 구분한 호등제戶等制를 기준으로 이루어졌다. 곧 사람수가 많은 호는 적은 호보다 더 많은 노동력을 국가에 부담하였다. 고려전기에는 9등호제를 기준으로 노동력을 징발하였다. 고려후기에는 집 칸수 등 재산을 기준으로 개경의 일반민호와 상인호를 상중하 3등으로 구분했으며, 이 3등호는 요역 징발뿐 아니라 군역 징발이나 임시세인 과렴 징수에도 적용되었다.

개경 주변의 많은 역사에 일반 방리인들만 동원된 것은 아니었다. 오히려 국가에 큰 역사가 있을 때에는 일반민보다 개경과 그 주변에 주둔하던 군인이 우선 징발되었으며, 경우에 따라서는 아내가 있는 승려가 동원되기도 하였다. 1170년(의종 24) 연복정延福亭 남쪽 내의 제방이 무너져서 다시 막았는데, 이때 국가에서는 군졸의 힘이 다해서 제방을 막을 수 없으니 마땅히 방리에서 정丁을 징발하여 제방을 쌓으라고 하였다. 개경 주변의 큰 역사에 군인이 우선 동원된 것은 이들은 조직된 노동력이었기 때문에 일반민보다 동원하기 쉽고 통제하기도 쉬웠기 때문이다. 아울러 잦은 노역징발에 따른 개경 주민들의 불만을 줄이려는 의도도 있었다. 군인들이 제공한 이런 노동력은 군인 본래의 임무인 군사업무 외에 추가로 부가된 것이 대부분이었다.

이로 말미암아 본연의 임무가 소홀해지거나 그들의 경제기반인 농사를 망치는 일이 많았으며, 이에 따른 군인들의 불만도 적지 않았다.

이외에도 개경의 보통사람들의 조세로는 염세鹽稅가 있다. 염세는 본래 1309년(충선왕 1) 충선왕이 소금전매제專賣制를 실시하면서 일반민들에게 소금 공급의 대가로 포布를 징수하던 것인데, 점차 소금 공급과 관계없는 하나의 조세가 되었다.

## 2. 가진 자들의 부담, 과렴과 품종

고려시대의 기본세인 3세 중 개경의 일반민들에게 가장 큰 부담이 역이었다면 어느정도 이상의 지위와 재산을 가진 사람들이 부담하던 것으로 과렴科斂이 있었다. 과렴은 '무릇 나라에 큰일이 있어 용도가 부족하면 과렴하여 그 비용을 충당한다'는 『고려사』식화지食貨志의 설명대로 정규 조세가 아니라 급박한 재정수요를 충당하기 위해서 부담능력에 따라 차등 징수하는 일종의 임시세였다. 과렴을 통해 재정을 보충한 사례는 고려중기 이후부터 확인할 수 있다. 하지만 과렴은 국가의 재정상태가 악화되는 한편 중국 원나라와의 관계에 따른 임시수요가 급증하는 원종과 충렬왕 때 가장 빈번하게 이루어졌다. 이때는 고려에 주둔한 원나라 군대의 군량을 확보하거나 고려 왕과 태자가 원에 가는 데 많은 비용이 필요했기 때문이다. 과렴을 통해 징수한 물품은 금·은 등의 귀금속, 비단·마포 등의 직물, 쌀·콩 등의 곡물이 중심이었고, 경우에 따라서는 의복, 말의 사료, 군인에게 먹일 술, 원에 공물로 바칠 말이 포함되기도 하였다.

과렴은 본래 주로 개경에 거주하는 왕족·재상을 비롯한 관료를 대

**충선왕의 소금전매제** 소금은 매우 중요한 식품이었기 때문에 중국에서는 오래 전부터 소금을 국가의 관리 아래 두고 재정수입으로 충당하였다. 그렇지만 고대 우리나라에서는 소금의 관리에 대한 기록이 없다. 고려전기에는 염소鹽所에서 소금의 생산과 공급을 담당했으며, 도염원都鹽院이라는 중앙 관청에서 관리하였다. 1309년 충선왕이 재정개혁의 하나로 소금전매제를 실시하여 국가에서 소금의 생산과 유통을 장악하면서 소금은 국가의 주요 세원이 되었다. 국가에서는 각 도별로 염호鹽戶를 징발하여 그들로부터 많은 소금을 공물로 거두고, 그 소금을 일반 민에게 소금값(鹽稅布)을 받고 공급하였다. 이 염세포는 백성에게 소금을 공급하고 그 대가로 징수한 것으로, 그 전에 염소와 염호로부터 징수하던 염세와는 다른 것이었다. 그런데 그후 소금전매제가 제대로 시행되지 않아 소금 공급이 어려워지면서 소금의 구매 대가로 납부하던 염세포는 소금 공급과 관계없이 일반백성들이 부담하는 하나의 세금이 되었다. 이처럼 소금전매제는 본래의 의미를 상실했지만 재정확보라는 측면에서는 어느정도 기능을 수행하면서 고려말까지 존속하였다. 조선건국 후 소금전매제는 폐지되고 징세제로 전환되었다.

상으로 그 지위에 따라 필요한 물품을 과에 따라 차등 징수하여 부족한 재정을 확보하는 것이었다. 과렴의 주 대상인 왕족·고위품관 같은 지배층은 대체로 원 간섭기 사회구조에서 경제기반을 갖춘 세력이었다. 따라서 과렴은 원 간섭기 사회구조에서 특혜를 누린 이들 권세가들이 국가체제의 유지를 위해서 치른 대가의 하나였다. 그러나 과렴의 대상은 점차 확대되어서 경우에 따라서는 관청·사원은 물론 서리·잡류雜類·부자·상인·일반민호·승려·노비 등 개경에 사는 거의 모든 계층이 과렴의 대상이 되기도 하였고, 그 범위가 지방에까지 확대되기도 하였다. 그러면서 그때까지 국가에 조세를 부담하지 않던 상인·무당·노비도 과렴 대상에 포함되기 시작했는데, 이는 변화하는 경제현실을 반영하는 측면도 있었다.

고려후기인 충선왕 때 구휼기관으로 유비창有備倉을 설치하면서 그 재원 마련을 위해서 연호미법煙戶米法을 실시하였다. 이것은 호의 등급에 따라 차등을 두어 쌀을 거둔 것으로, 여기에는 일반민호만이 아니라 당연히 왕족·재상 등 관료들도 포함되었다. 이것은 고려전기 의창곡義倉穀을 확보하기 위해 토지에서 의창조를 거두었던 것과는 차이가 있었다. 연호미법 역시 구휼의 재원을 확보하기 위해서 임시로 호에서 미곡을 거둔 것으로 과렴의 일종이었다.

한편 고려시대에는 일반적인 과렴과 달리 국가운영에 필요한 노동력 자체를 품관으로부터 임시로 징발하는 품종品從이 있었다. 즉 이것은 품관이 보유하고 있는 노비 등의 노동력을 국가의 역사에 일정기간 동안 징발한 것으로서 넓은 의미의 역이지만, 자기 자신의 노동력을 직접 제공하는 일반사람들의 요역과는 그 의미가 달랐다. 품종 역시 개경에 사는 지배층이 국가운영에 노동력을 부담하는 과렴의 일종이었다. 품관이 품종을 내지 못할 경우 노동력 대신 현물로 역가役

價를 징수하기도 했으며, 1280년(충렬왕 6) 3월 궁궐을 수리할 때에는 노비가 없는 양반은 녹봉을 받을 수 있는 증서인 녹패祿牌를 팔아서 역부役夫를 고용하여 부역하기도 하였다.

예나 지금이나 조세는 가진 것 없는 보통사람들뿐 아니라 정치적 지위와 경제력을 가진 자들 모두에게 부담이었던 것 같다.

〔박종진〕

# 허울뿐인 구휼제도의 실상

## 1. 구휼기관

개경사람들의 경제생활에서 빼놓을 수 없는 것이 구휼이다. 구휼은 수해·한해 같은 자연재해와 전쟁, 전염병 등으로 생긴 기근으로부터 개경사람들이 살아남을 수 있는 최소한의 제도적 장치이기 때문이다.

고려시대 개경에 설치된 대표적인 구휼기관이 의창義倉과 상평창常平倉이다. 의창은 중국 수나라 문제文帝 때에 장손평長孫平이 사창社倉을 설치하면서(585) 제도화되었지만, 국가차원의 구휼은 그 이전부터 시행되어왔다. 이미 『주례』에도 곡식을 봄에 나누어주고 가을에 거두어들이는 제도가 규정되어 있으며, 우리나라에서도 194년에 고구려 고국천왕故國川王이 진대법賑貸法을 시행한 것이 『삼국사기』에서 확인된다. 고려시대의 경우 986년 성종成宗이 태조 때 설치된 흑창黑倉에 쌀 1만석을 더하여 개경에 의창을 설치하였다. 한편 상평창은 중국 한나라 선제宣帝 때 경수창耿壽昌이 건의하여 설치한 것으로(기원전 54), 흉년 등으로 곡식가격이 비쌀 때 비축한 곡식을 풀어서 가격을 조절하는 구휼기관이다. 고려 성종 12년에 개경·서경과 12목牧 등 주요 도시에 설치하였다. 당시 국가에서는 1천 금(64만필, 12만 8천석)의 재원을 마련하여 그 반을 가지고 상평창을 운용했는데, 그중 개경에는 5천석이 배정되었다. 개경 상평창의 곡식은 경시서에서 운용하되 대부시大府寺와 어사대御史臺가 공동으로 출납을 관장하도록 하였다. 이외에도 개경에는 구휼을 담당하는 관청으로 동서대비원東西大悲院(문종 때 설치)·제위보濟危寶(광종 때 설치)·혜민국惠民局(예종 때 설치)이 있었으며, 구제도감賑濟都監이나 진제색賑濟色이 임시로 설치되어 구휼을 담당하기도 하였다. 그렇지만 이들 관청뿐만 아니라 개경에 있는 국가의 주요 창고 대부분에서도 직접·간접으로 구휼에 관여하였다.

## 2. 구휼의 실태

여러 계층의 수많은 사람들이 모여사는 대도시였던 개경에서의 구휼형태는 대체로 기근이 들어 주민들이 굶주리면 창고를 풀어서 방리의 호마다 곡식을 나누어주거나 교통의 중심지에 위치한 절 등의 공공기관에 진제장賑濟場을 설치하여 행인들에게 음식물을 제공하는 것이 일반적이었다. 개경은 생산도시의 성격보다는 소비도시의 성격을 더 많이 가지고 있었고 국가에서는 개경에 사는 다양한 계층의 사람들에게 식량을 원활하게 공급하는 것을 매우 중요하게 생각했기 때문이다.

개경에서 이루어진 구휼사례를 살펴보자. 1064년(문종 18) 봄에 지난해의 가뭄과 홍수로 기근이 들자 3월과 4월 두 차례에 걸쳐 문종이 명령을 내려서 백성 구휼을 지시했다. 3월에는 태복경太僕卿 민창소閔昌素를 시켜 3~5월에 개경 동남쪽 관문인 개국사開國寺 남쪽에서 굶주린 백성들에게 음식을 나누어주도록 하였으며, 이것으로 기근이 해소되지 않자 4월에는 5월 15일~7월 15일까지 임진강 나루에 있는 보통원에서 죽과 채소 등을 마련하여 행인들에게 나누어주도록 했다. 이때 구휼실시를 위해서 개국사 남쪽과 보통원에 설치한 것이 진제장이다. 진제장은 이곳 외에도 개경의 중심지이던 남대가南大街 부근의 보제사普濟寺에도 설치된 기록이 있다. 이와 관련된 것으로『고려도경高麗圖經』의 기록을 참고할 수 있다. 왕성 장랑長廊에는 매 10칸마다 장막을 치고 불상을 설치하고, 큰 독에 흰쌀로 만든 묽은 죽을 넣어두고 바가지를 놓아두어 귀천을 묻지 않고 오가는 사람들이 마음대로 마시게 했으며 그 일은 승려들이 맡아하였다고 하니(『고려도경』 권22, 잡속2 시수施水), 이것이 바로 상설 진제장의 모습으로 생각된다.

이같이 교통의 중심지에 진제장을 설치하여 행인들에게 일시적으로 음식을 나누어주는 구휼형태가 있는 반면, 의창을 비롯한 구휼기관에서 방리의 호에 일정한 양의 곡식 등을 나누어주는 방식도 있었다. 이 경우 무상으로 지급하는 경우도 있었지만 대개는 가을에 원곡元穀을 돌려받기로 하고 빌려주는 경우와 시중보다 낮은 값으로 곡식을 포와 바꾸어주는 형태가 많았다. 1360년(공민왕 9) 6월 개경에 기근이 들어 대포大布 1필로 쌀 5되밖에 살 수 없을 정도로 쌀값이 치솟자, 국가에서 창고의 곡식 2천석을 내어서 대포 1필을 받고 쌀 1말(10되)을 나누어주었는데, 이것이 후자의 예이다. 구휼시 나누어주는 것은 쌀을 비롯한 곡물류가 대부분이었지만 경우에 따라서는 소금이나 간장, 의복 등이 포함되기도 하였다.

이제 1348년(충목왕 4)의 사례를 통하여 구휼의 절차와 실태에 대해서 좀더 자세히 살펴보자. 전왕인 충혜왕의 실정으로 정치·경제적으로 매우 어려운 상태에서 어린 나이로 왕위에 오른 충목왕 때 극심한 자연재해가 발생했다. 1348년에는 전해부터의 가뭄·홍수·서리 피해

호 개경을 비롯해 서해도·양광도·충청도에 큰 기근이 들고 전염병이 돌자, 그해 2월 국가에서는 양광도와 서해도에 사신을 파견하여 그 지역의 구휼을 맡기면서 동시에 개경에 지금의 재해대책본부와 같은 임시기구인 진제도감賑濟都監을 설치하였다. 우선 왕의 경비를 줄여서 재원을 마련하고 개경 유비창有備倉의 곡식 500석으로 죽을 쑤어 빈민 들에게 나누어주는 한편 전라도 창고에 보관된 곡식 1만 2천석을 내 어 구휼하도록 했다. 그렇지만 구휼의 재원이 부족했기 때문에 재원 마련을 위한 논의가 이어졌다. 먼저 2월 정동행성征東行省에서는 구휼 자금을 확보하기 위해서 일정한 곡식을 받고 관직을 주는 입속보관제 도入粟補官制度의 시행을 건의했으며, 3월에는 재상들이 의논하여 태사 부太史府 창고의 쌀 30석과 콩 50석, 의성창義成倉과 덕천창德泉倉의 쌀 1백석, 내부상만고內府常滿庫의 포 1백필을 진제도감에 지급하도록 청 하기도 하였다. 이렇게 구휼재원을 모으는 과정은 부자나 어느정도 재정을 확보하고 있던 관청으로부터 당장 필요한 구휼자금을 충당하 기 위한 것으로, 과렴의 일종으로 볼 수 있다. 특히 입속보관제도는 중국 원나라의 제도를 본받은 것으로 부자들이 품관으로 진출하는 계 기가 되기도 하였다. 그런데도 그해 4월 개경에 다시 큰 기근이 들고 전염병이 돌아 길에 굶주린 사람들이 잇달자 전라도의 쌀 1천 4백석 을 운반하여, 그중 일부인 8백석을 개경 5부의 빈민들에게 값을 낮추 어 포와 바꾸어주었다.

대개 구휼의 절차는 지방관이나 담당관청에서 피해상황을 보고하 면서 창고를 열어 구휼할 것을 요청하면 국왕이 최종 결정을 내리게 되어 있다. 구휼이 필요하다고 판단되면 국왕은 기근의 정도에 따라 의창·상평창 등 창고에서 곡식을 내어 구휼하게 하거나 구제도감·진 제도감·구급도감 등 임시기관을 설치하여 구휼을 담당하게 하였다.

또 경우에 따라서는 동서대비원·혜민국 등에서 굶주리거나 병든 사람들을 모아서 병을 치료해주거나 음식을 제공하게 했다. 그런데 어느 경우를 막론하고 창곡은 왕명에 의해서만 풀 수가 있었다. 이것은 곡식을 국가의 근본으로 생각할 만큼 중시하였기 때문이다.

## 3. 구휼제도의 한계와 운영의 폐단

이같이 개경에 기근이 들거나 전염병이 돌면 국가 차원에서 구휼을 하여 개경사람들의 어려움을 덜어주었지만 당시 구휼제도의 운영에는 문제점도 적지 않았다. 우선 기근이 들었을 때 국가에서 제공하는 곡식과 음식이 충분하지 않았던 것이다. 이것은 당시 구휼에 할당된 재원이 부족했기 때문이다. 고려초 토지에서 의창조義倉租를 거두어 의창곡을 확보했지만 의창조는 주로 지방 군현의 의창곡을 확보하기 위해 징수한 것이었으며, 게다가 계속해서 의창조를 거두었는지도 불확실하다. 또 구휼곡을 많이 확보하였다 해도 기근이 들 때 일반민들에게 곡식이나 음식을 나누어주는 형태로 구휼이 진행되었기 때문에 의창곡을 비롯한 구휼곡은 항상 축날 수밖에 없었다. 이와함께 의창곡이 다른 국용곡國用穀과 함께 보관, 관리되었기 때문에 다른 용도로 전용될 여지도 있었다. 더욱이 경우에 따라서는 무이자로 대여해야 하는 의창곡이 1/3의 이자율이 적용되는 곡식으로 둔갑하는 일도 있었다. 이런 이유로 고려중기인 인종 때에는 구휼에 쓸 곡식은 텅 비어 있고 썩은 곡식을 강제로 빌려주고 이자를 받는 폐단이 나타나기도 하였다. 이외에도 왕명을 기다려야 하는 창곡의 분급절차 때문에 시간을 다투는 구휼업무가 지연되어 구휼의 효과를 제대로 보지 못하는 경우가 많았다. 이런 경우는 특히 지방 군현의 구휼에서 많이 나타났는데, 이러한 절차상의 문제로 생긴 폐단은 고려시대뿐 아니라 중국 당나라에서도 사례를 찾을 수 있으며 조선시대까지도 계속 나타난다. 오늘날에도 재해지역에 대한 예산집행이 능장을 부려 주민들의 원성을 사는 경우를 볼 수 있으니 구휼절차의 복잡함은 어제와 오늘이 다르지 않은가 보다.

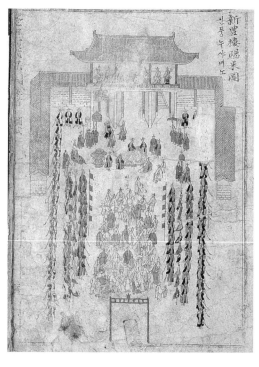

新豊樓勝米圖
신풍누사미도

『원행을묘정리의궤』의 「신풍루사미도」(1975). 조선 정조가 혜경궁 홍씨의 회갑연을 기념하여 백성들에게 쌀을 내려주는 장면을 그린 것이다.

이렇게 고려시대 구휼제도는 제도적인 한계를 가지고 있었는데, 고려중기 이후 국가재정 상태가 나빠지면서 의창을 비롯한 국가의 구휼기관도 부실해지고 따라서 구휼제도도 원활하게 운영되지 못하였다. 그렇지만 국가 차원의 구휼사업은 그 성격상 중단될 수 없었다. 구휼은 백성의 몰락을 방지하여 국가의 재정기반을 보호하기 위해서도 필요했지만 동시에 백성의 어버이를 자처하는 임금의 유교적 통치명분을 충족시키기 위해서도 필요하였기 때문이다. 따라서 고려중기 이후 구휼 전담기관인 의창·상평창이 허설된 이후에도 우창右倉·용문창龍門倉·신흥창新興倉 같은 창고를 비롯한 여러 국가기관에서 계속 구휼을 시행하였다. 한편 1308년 충선왕은 재정개혁책을 실시하면서 구휼 전담기관인 유비창을 개경에 설치하였고, 충숙왕은 혜민국·제위보·동서대비원 등을 보수하였으며, 충목왕은 앞의 예에서 보았듯이 진제도감을 설치하여 구휼에 힘썼다. 국가재정이 어려워도 백성구휼을 포기할 수는 없었기 때문이다.

## 4. 창곡의 보관과 관리

구휼의 기반이 되는 곡식은 주로 지방 군현에서 개경으로 운반된 세곡이었다. 각 군현에서 징수된 세곡은 13곳의 조창漕倉에 모아졌다가 조운을 통해 중앙으로 운반되어 개경의 주요 창고에 보관, 관리되었다. 이것은 전국의 생산물 잉여가 개경으로 집중되었음을 의미한다. 개경 주위의 주요 창고로는 관리의 녹봉을 담당하던 좌창左倉(후에 광흥창廣興倉으로 개칭), 국용을 담당하였던 우창右倉(후에 풍저창豊儲倉으로 개칭)·대창·운흥창雲興倉(후에 신흥창으로 개칭), 군자를 담당하던 용문창龍門倉, 물가조절을 담당하던 상평창常平倉 등이 있었다. 그중 국가 재정 운영에서 가장 중요했던 좌창과 우창은 성안 특히 궁궐에서 멀리 떨어지지 않은 곳에 있었고, 군자곡을 보관하던 용문창은 개경 서쪽인 선의문 밖에 있었으며, 의창곡이 보관되었던 대창은 개경의 서남문 쪽에 있다가 화재로 타버리자 나성의 동남문인 장패문(보정문) 근처로 옮겼다. 이곳은 개경의 물이 모이는 곳으로 화재 대비에 유리하였기 때문이다.

『고려도경』의 묘사에 따르면 당시 창고는 밖에 담장〔牆垣〕을 쌓고

**주요 창고의 기능과 위치**

| 이름 | 기능 | 위치 | 참고 |
|------|------|------|------|
| 좌창(광흥창) | 관리의 녹봉 지급 | 개경 궁궐 주변 | |
| 우창(풍저창) | 국용 전반 | 개경 궁궐 주변 | |
| 용문창 | 군자곡 | 개경 서쪽 선의문 밖 | |
| 운흥창(신흥창) | 국용 전반 | | |
| 대창 | 국용 전반 | 개경 서남쪽→장패문 | 의창곡 보관 |
| 상평창 | 물가조절 | | |
| 유비창 | 구휼 | 개경 | 1308년 설치 |

문을 하나만 내어 도적을 막았다. 내부에는 흙으로 몇자 정도의 대를 쌓고 그 위에 풀로 엮은 섬〔苫〕을 만들어 그곳에 쌀 1석씩을 담아 쌓아놓았는데 그 높이가 몇 길이나 되어 담장 밖에서도 볼 수 있었다고 한다. 또 창고의 천장은 따로 없어서 쌓은 곡식 위에 다시 풀로 덮어 비바람을 막는 정도였다. 이러한 보관방법은 바람을 유통시켜 쌀의 부패를 막기 위한 것이었다. 이 덕분에 고려의 창름에 있는 쌀은 몇년이 지나도 새것 같았다 한다(『고려도경』 권16, 창름). 그렇지만 이런 보관방법은 화재나 수재로부터 곡식을 보호하기가 쉽지 않았다. 따라서 화재로부터 곡식을 보관하기 위해서 지하창고인 지고地庫를 만들기도 하였는데, 국고의 중추부를 보관·관리하던 대창 지고의 규모는 10만석을 보관할 수 있을 정도였다. 이는 당시 관료의 녹봉 지급을 담당하던 좌창의 1년 세입이 약 14만석이었던 것과 비교하면 매우 큰 규모이다. 이들 창고에는 간수군看守軍과 검점군檢點軍이라는 이름을 가진 군인이 파견되어 도적으로부터 창곡을 지켰다.

고려전기에 창곡의 관리는 지금의 별정직 공무원에 해당하는 별감別監이라는 관리가 맡았는데 별감은 왕 측근인사인 근시近侍로 임명되어서 창곡의 운용에 왕의 영향력이 매우 컸다. 후기에는 창고관리를 정식 품관이 맡게 되어서 재정을 합리적으로 운영하려 했지만 여전히 왕이 재정운영에 개입할 여지는 많았다. 한편 감찰기구인 어사대御史臺에서는 주요 창고에 감찰어사 등의 관리를 파견하여 창고의 운용이 공정하게 이루어지도록 감시하였다. 이 때문에 왕과 어사대 관리는 창곡 운용을 둘러싸고 종종 갈등을 빚었다. 1288년(충렬왕 14) 5월 충렬왕이 왕 주변에서 잡무를 담당하던 내료의 밀린 녹봉을 지급하라고 명령했는데, 감찰관인 전중시사 전유田儒와 좌창의 관리를 맡은 좌창별감 장순張巡이 재정부족을 이유로 녹봉 지급을 거부했다가 하옥되

**어사대** 고려시대의 감찰기관으로, 정치의 잘잘못을 따지고 법도에서 벗어난 풍속을 교정하며, 관리의 비위와 불법을 규찰하고 탄핵하는 일을 했다. 고려초에는 사헌대라고 불렸는데, 성종 14년에 어사대로 이름을 바꾸었다. 문종 때의 소속관원으로는 판사判事(정3품) 1인, 대부大夫(정3품) 1인, 지사知事(종4품) 1인, 중승中丞(종4품) 1인, 잡단雜端(종5품) 1인, 시어사侍御史(종5품) 2인, 전중시어사殿中侍御史(정6품) 2인, 감찰어사監察御史(종6품) 10인이 있었다. 충렬왕 원년에 감찰사로 바뀌었다가 충렬왕 24년 충선왕이 즉위하면서 사헌부로 바뀌었는데, 이 이름이 조선시대로 이어졌다. 고려시대 어사대에서는 국가 재정기관의 출납에 대해서도 감찰하였는데, 이는 지금 감사원에서 국가기관과 기업의 재정운영에 대해서 감사권한을 가지고 있는 것과 마찬가지이다. 고려시대에는 어사대의 하급관원인 전중시어사와 감찰어사가 좌창·우창 등 주요 재정기관에 파견되어 좌창별감·우창별감 등과 함께 공동으로 재정운영을 관장하였다.

「경직도」(국립민속박물관 소장)에 보이는 섬으로 곡식을 져 나르는 모습과 1900년 대에 만들어진 섬.

었다. 또 1386년(우왕 12) 6월 광흥창사 나영렬羅英烈, 부사 전사리田思理, 분대규정 권간權幹 등이 순군옥에 갇힌 일이 있다. 이때는 우왕이 내시를 시켜서 측근인사들에게 광흥창의 곡식을 나누어주라고 하였는데, 나영렬 등이 녹봉곡은 아무에게나 함부로 줄 수 없다며 지급을 거부하였기 때문이다. 여기서는 분대규정 권간이 감찰사의 관원이었다. 그런데 감찰관들은 그 지위를 이용하여 비리를 저지르기도 했으니, 고종 때 감찰어사인 송언기가 운흥창의 쌀 7석을 그의 의붓아들과 상인에게 주었다가 처벌을 받은 것은 그 하나의 예이다. 고양이에게 생선을 맡긴 셈이다.

한편 국가의 창고에 보관, 관리하는 곡식은 부패를 막기 위해서 계속 새것으로 바꾸어주어야 했다. 특히 전쟁 등에 대비해 보관하는 군자곡 등은 그 필요성이 더 컸다. 곡식은 아무리 잘 보관하더라도 영원히 썩지 않을 수는 없기 때문이다. 이렇게 헌 곡식을 새것으로 바꾸어주는 것을 개색改色이라고 하는데, 국가에서는 개색을 위해서도 곡식이 부족한 봄에 묵은 곡식을 풀고 추수 후 곡식이 풍부한 가을에 새 곡식을 거두어들였다. 이렇게 함으로써 백성들은 곡식이 부족한 봄에 곡식을 빌릴 수 있었으며 창고에서는 계속 새 곡식을 보관할 수 있게된다. 물론 이 과정에는 부작용이 따르게 마련이었는데 가을에 새 곡

식이 제대로 들어오지 않아 만일을 위해서 보관해야 할 창고의 곡식
이 계속 축나게 되는 것이 그 하나이다. 또한 백성들도 필요하지 않은
곡식을 강제로 빌려야 할 경우도 있었다.

〔박종진〕

# 인재 양성과 관료 충원의 중심지

## 1. 고려의 정치이념, 유교의 특징

고려왕조의 정치·경제·사회·문화의 중심지로서 개경에서는 고려왕조가 정치를 행하고 지배층을 교육하여 관료로 충원하는 핵심적인 일들이 이루어졌다.

고려는 불교를 국교로 삼았지만, 정치이념으로는 유교를 받아들여 국가를 유지하고자 하였다. 태조는 즉위 후 제일 먼저 학교를 세웠고, 후대 왕들에게 비밀리에 전해졌다는 「훈요십조訓要十條」에서 신하의 의견을 존중하고 충성스런 간언을 받아들이는 바람직한 군주상을 제시하기도 하였다. 이후의 왕들도 크게 다르지 않았다. 광종光宗은 재이災異를 당하자 덕을 닦으려고 『정관정요貞觀政要』를 읽었고, 성종은 주공周公과 공자孔子의 도를 일으켜서 유교에서 이상으로 삼는 요·순 임금의 정치가 실현되기를 갈망하였다. 12세기 초 예종·인종 때에 와서는 관학을 진흥하고 경연經筵을 개최하여, 『서경』『예기』『주역』 등의 유교경전이 널리 읽히게 되었다. 유학의 발전은 유교경전을 당시 상황에 맞게 주석하고 현실에 맞는 사상으로 재창조하는 작업으로 이어졌는데, 『역해易解』『논어신의論語新義』『상정고금례詳定古今禮』『삼국사기三國史記』 등의 간행은 그러한 분위기의 결과물이었다.

여기서 고려시대 유교의 특징을 간단히 살펴보자. 우선 고려의 유교는 왕조 성립을 정당화하는 논리였다. 고려의 성립을 천명天命사상에 근거해 설명했는데, 중국의 왕조교체가 하늘의 뜻으로 정해졌듯이 고려 역시 하늘의 뜻에 따라 건국되었다는 것이다. 궁예의 폭정을 중국 하夏나라나 은殷나라의 마지막 왕의 폭정과 같은 것으로 파악하고, 왕건을 왕조를 세운 은나라의 탕湯왕이나 주周나라의 무武왕에 비유한 것이 바로 그 예이다.

아울러 고려의 유교 정치이념의 특징은 천인합일天人合一 사상에 근거한 도덕정치에서도 알 수 있다. 유교정치의 핵심은 도덕정치인데, 이는 도덕의 원천을 하늘에 두고, 천명에 의한 도덕정치를 수행하는 것이 곧 지배층의 본분이라고 여기는 것이다. 이런 사상에서 천문天文의 변화나 자연현상은 국왕을 포함한 지배층의 정치행위에 대한 하늘의 평가로 이해된다. 만약 국왕이 천명을 어기고 도덕정치를 행하지 않을 때에는 하늘의 꾸짖음이 있게 되고, 이러한 꾸짖음은 평소에 볼 수 없는 자연재해나 기이한 현상〔災異〕으로 나타난다. 반면에 국왕이 정치를 잘하면 화기和氣가 돌아 상서로운 현상이 나타난다고 한다. 그러므로 국왕은 도덕정치를 추구하고, 다른 한편에서는 천의天意의 소재가 반영된 자연현상을 잘 파악해야 한다고 믿었다. 이와 관련하여 고려에서는 천인합일론에 의한 도덕정치가 제시된 『서경』과 『예기』를 교육제도의 교과과목이나 경연의 강독교재로 활용하였다.

유교윤리 가운데 '효'를 중시했다는 점도 중요한 특징 중 하나이다. 효는 자식이 부모로부터 생긴다는 논리에 따라 인간의 기본도리로 이해되었고, 가정을 화목하게 하고 사회질서를 유지하는 기본덕목으로 받아들여졌다. 고려시대에는 효라는 윤리규범을 기초로 하여 정치·사회질서를 유지하는 정치이념이 등장하게 된다. 이른바 효치사상孝

治思想이 그것이다.

효를 기초로 한 윤리규범에서 아버지는 아들의 하늘로 파악되고, 이는 임금은 신하의 하늘이며 지아비는 아내의 하늘이라는 가부장적 정치윤리를 형성하는 기초를 마련하였다. 이러한 윤리규범의 중시는 국가에 대한 충성을 유도하기 위한 전제였다. 그 결과 효는 인간이 당연히 지켜야 할 도리이고 모든 행위의 근본이 되면서, 동시에 현존하는 권위에 대한 복종, 더 나아가 상하 신분질서를 유지하는 기초가 된다.


## 2. 개경의 학교

### 고려 유일의 국립대학 국자감

개경에는 건국 직후부터 신라의 국학國學을 계승한 국립대학이 있었다. 건국 직후의 모습을 직접적으로 보여주는 자료는 없지만, 성종 초에 지방에서 260여명의 자제들을 선발하여 교육을 받도록 했다든가 공로가 많은 선생을 포상했다는 기록을 보면, 이미 그 이전에 학교제도가 대략적이나마 갖추어져 있었음을 짐작케 한다. 공식적으로는 992년(성종11)에 "경치 좋은 장소를 택하여 서재와 학교를 크게 세우고 적당한 토지를 주어서 학교의 식량을 해결하게 하며 또 국자감國子監을 창설하라"는 성종의 명령이 국자감 창건에 대한 최초의 기록이다.

이로부터 100년 가량이 지난 1089년(선종 6)에는 국학을 수리하고, 공자상孔子像은 순천관順天館에 옮겼다가 2년 후에 72현의 초상을 그려서 국자감의 벽 위 각각의 자리에 붙였다. 1119년(예종 14)에는 국자감의 재정을 보조하기 위한 양현고養賢庫를 두고, 7재를 두어 관학을 진흥하는 발판을 삼았다.

무인집권기, 몽골 침입으로 인한 강화천도 시기에는 문文이 큰 빛을 볼 수 없는 상황이었기에 국자감역시 제모습을 갖출 수 없었다. 강화도에서 개경으로 돌아온 후 국자감은 다시 지어진 것으로 보이지만, 그 규모나 모습이 제 격식을 갖추지 못했던 듯하다.

1301년(충렬왕 27) 고려를 방문한 야율희일耶律希一은 국학의 건물이 좁고 누추하며, 그 제도도 맞지 않는다 하여 문묘를 새로 지을 것을 건의하고 돌아갔다. 사신 주제에 이런 말을 하는가 싶지만, 이는 야율희일이 당시 원나라에서도 으뜸가는 재상가의 인물이었기 때문에 가능했던 것이기도 하다. 아무튼 그로부터 3년 후에는 대성전大成殿이 다시 완성되었으며, 같은 해 안향安珦의 건의에 따라 국학섬학전國學贍學錢을 두어 재정을 강화하였다.

안향(1243~1306) 영정(국보 111호, 경북 풍기군 소수서원 소장). 안향은 국학의 진흥에 주도적인 역할을 하였고, 주자학 도입과 보급에 공이 큰 인물이다.

원 간섭기에는 국자감의 명칭에 변화가 매우 많았다. 1298년 충선왕이 즉위하면서 성균감成均監으로 명칭을 바꾸고 충선왕이 복위한 1308년(충렬왕 34)에는 다시 성균관成均館으로 고쳤다. 1356년(공민왕 5)에는 모든 관제를 문종 때의 것으로 환원하면서 성균관 역시 국자감으로 개칭했다가, 다시 6년 만인 1362년(공민왕 11)에 국자감을 성균관으로 고쳤다. 충렬왕 이후에 명칭이 자주 바뀌었던 것은 원의 간섭에 의한 관제 격하와 관련이 깊었으며, 공민왕 때의 명칭 변화는 당시의 반원反元개혁에서 유래한 것이었다. 그러나 이때 국자감의 명칭을 다시 성균관으로 재명명한 것은 성리학 수용에 따라 주나라의 대학인 '성균'의 명칭을 원용한 것에서 기인한다.

공민왕 때 성균관의 복구는 당시 성리학이 수용되고 유학이 진흥되

## 고려말 수용된 성리학의 특징

고려후기 신흥정치세력인 사대부는 원을 통하여 성리학을 수용하였다. 이민족인 원나라는 중국을 효과적으로 지배하기 위한 방편으로 한족의 전통사상인 유교를 관학화했는데, 고려 사대부는 이러한 원의 관학 성리학을 받아들였던 것이다. 성리학을 수용한 사대부는 교육과 과거제도를 통해 성리학의 보급에 힘쓰고, 공민왕의 반원개혁에도 실무관료로서 참여하였다. 특히 공민왕 16년에 성균관을 다시 짓고 4서 5경재를 만든 것은 성리학을 널리 보급하는 중요한 계기가 되었다.

그런데 공민왕이 죽고 우왕대 보수정치가 행해지면서 사대부 내에는 개혁의 목표와 방법을 둘러싸고 성리학 이해에 대한 차이가 생기기 시작했다. 왕조의 재건에 주력한 이색과 같은 사대부는 불교를 용인하고 경학敬學과 같은 인성人性 중시의 성리학을 수용하여 고려왕조의 유지에 필요한 성리학을 받아들였다. 반면에 정도전과 같은 사대부는 좀더 근본적인 제도개혁을 주장하고 그에 조응하는 성리학을 수용하였다. 이단에 비판적인 성리학을 받아들여 고려의 지배이념인 불교를 비판하고 주자가례를 수용하여 성리학적·예적 질서를 지향했던 것이다. 여기에는 유불도 삼교가 병존하는 고려의 사회질서를 근본적으로 비판하는 뜻이 담겨 있으니, 정도전 등은 성리학을 체제변혁의 논리로 받아들였던 것이다.

는 분위기에서 이루어진 것이다. 이때 4서 5경재四書五經齋가 만들어졌는데, 이색이 대사성에 임명되고 김구용金九容·정몽주鄭夢周·이숭인李崇仁·박상충朴尙衷 등의 유학자들이 학관學官을 맡아 학문연구에 노력하여 성명의리지학性命義理之學이 번성하였다고 한다. 성균관에 참여한 사대부들은 점차 정치세력화하여 고려말 개혁정치의 핵심인물로 활약하였다. 물론 이들은 개혁의 방법과 그 지향을 둘러싸고 왕조 내의 개혁을 지향하는 이색 계열의 사대부와 새로운 왕조 개창을 전망하는 정도전鄭道傳·조준趙浚 계열의 사대부로 나뉘지만, 성균관의 교육을 통하여 부국강병과 민생안정을 도모하는 학문적 기초를 다지는 데 공헌한 점에서는 마찬가지이다.

국자감은 국학·성균관 등으로 여러 차례 명칭이 바뀌었지만, 기본적으로 그 기능에 있어서는 큰 변화가 없었다. 고려시대의 고등교육기관으로서 학문연구와 인재양성을 위한 중심역할을 수행했던 것이다. 국자감 안에는 국자학國子學·태학太學·사문학四門學 등의 유학부와 서학書學·산학算學·율학律學 등의 기술부를 두었다. 여기에는 박사博士와 조교助敎를 두었는데, 반드시 경학에 대한 소양이 있고 행실을 닦아 스승이 될 만한 사람을 가려 경전을 나누어 가르치게 했다. 연말에는 수업한 분량의 많고 적음을 따져서 이들의 근무성적을 매기기도 하였다. 재상이 겸하는 판사判事·제거提擧가 있기는 했지만, 이러한 국자감의 실질적인 업무를 총괄한 것은 종3품의 국자좨주國子祭酒였다. 그러다 1116년(예종11) 판사가 대사성大司成으로 개칭되면서, 국자좨주는 그 밑의 관직자가 되었다.

한편 국자감보다 하위 교육기관인 동·서 학당이 1261년(원종2)에 설치되었다. 이는 고려말에 이르러 동·서·남·북·중의 5부 학당으로 확대되었는데, 그 규모나 편제 등에 대해서는 현재 알려진 바가 없다.

## 국자감의 위치와 구조

그렇다면 국자감은 어디에 있었을까? 12세기 서긍의 『고려도경』에 따르면, 남쪽 회빈문會賓門 안에 있다가 예현방禮賢坊(봉은사 근처)으로 옮겼다고 전하고 있다.

국자감의 위치와 모습에 큰 변화를 가져온 계기는 공민왕 때에 있었던 홍건적의 침입이었다. 이때 성균관이 허물어지자 1367년(공민왕 16) 탄현문炭峴門 안쪽의 숭문관崇文館 옛터에 새로 지었다. 원래 이곳은 문종이 창건한 대명궁大明宮이란 별궁이었는데, 1078년(문종 32) 6월 송나라 사신 안도安燾 진목陳睦이 왔을 때 이름을 순천관順天館이라 하고 외국손님을 접대하는 곳으로 쓰였다. 그후 숭문관·홍문관弘文館으로 이름이 바뀌다가 성균관이 옮겨오게 된 것이다.

개성 성균관은 강당인 명륜당明倫堂이 앞에 있고, 제사공간인 대성전이 뒤에 위치한다. 그에 반해 한양의 성균관은 대성전이 앞에 위치하고, 뒤에 명륜당이 있다는 차이가 있다. 개성 성균관에는 원래 공자의 소상塑像이 있었다. 1320년(충숙왕 7)에 공자의 소상을 만들었는데, 15세기에 개성에 놀러 갔던 사람들이 원나라의 영향이라고 보면서 구경했던 것이기도 하다. 이는 1574년(선조 7)에 철거되고 위판位版으로 대신하게 되었다. 이때 공자상을 옮겨 내가야 했는데, 전문殿門을 통과할 수가 없을 정도로 커서 북벽을 헐고 담장 뒤에 묻었다고 전한다. 고려 성균관에 화상이나 소상이 쓰인 것은 선현에 대한 제사를 부처에 예불하듯이 행했음을 보여주는 것으로, 불교와 도교의 영향이 강하게 남아 있던 고려 사상계의 분위기를 반영한 것이라고 하겠다.

조선이 건국된 후에도 개성의 성균관은 그 이름을 그대로 유지하였다. 원래대로 따지면 개성은 지방 군현이니 향교라 이름해야 할 것이나, 한양에서처럼 성균관이라는 이름을 가졌던 것이다. 그래서 이에

조선초기 개경의 성균관 성균관 앞에 반수泮水가 교차해 흐르고 개울 너머 석교石橋가 있으며 그 너머 마암 馬岩이 있었다. 석교를 건너 문을 들어서니 문안에 동서 양재 兩齋가 있는데 학생의 집이요, 그 위에 교관청 敎官廳이 있는데, 학생과 교관은 아무도 없었다. 명륜당 뒤에 동서무가 있는데 70자子와 여러 유자의 신판이 있고, 그 위의 대성전에는 중앙에 공자의 상과 곁에 현철의 상이 차례로 있었다(남효온 『추강집秋江集』 권6, 송경松京).

214

오늘날의 개성 성균관 명륜당 전경. 고려 성균관은 인재를 양성하고 관료를 충원하는 최고의 국립교육기관이다.

대해 한때 논란이 일기도 하였다. 성균관이라고 이름한 것은 옛도읍이라서 다른 군현들과는 다르기 때문이라는 둥, 그래도 지방 군현이니 향교라고 해야 하지 않느냐는 둥 말이 많았다. 이에 대해서는 꼭 옛도읍이라서 성균관이라는 이름을 붙인 것이 아니라 태조 이성계가 그래도 3년을 이곳에서 도읍을 하였으니, 이 이름을 고치지 않는 것으로 결론을 보았다.

### 국자감에서 한 일, 교육과 제사

북을 쳐서 반열을 가지런히하는 바로 5경 五更에
백관들 관복에 홀을 잡고 봄 정일 丁日에 제사드리네
면류관 번쩍번쩍 깊은 전각에 빛나는데,
종경 鐘磬소리 은은하게 너른 뜨락에 퍼지누나
　　　　　(이색 「석전시 釋奠詩」,『동국여지승람』권4, 개성부 상)

국자감은 고려시대의 고등교육기관으로서 학문연구와 인재양성을 위한 중심역할을 수행했다. 1109년(예종4)에 만들어진 7재七齋는 국학은 그대로 둔 채 설치된 것인데, 사학私學 발달에 대한 관학진흥책의 일환으로 만든 것이다. 7재는 일곱 종류의 전문강좌로『주역』을 공부하는 이택재麗澤齋,『상서』를 공부하는 대빙재待聘齋,『모시毛詩』를 공부하는 경덕재經德齋,『주례』를 공부하는 구인재求仁齋,『대례戴禮』를 공부하는 복응재服膺齋,『춘추』를 공부하는 양정재養正齋,『무학武學』을 공부하는 강예재講藝齋 말한다. 앞의 여섯 가지 재齋를 유학재儒學齋로 하여 70명을 뽑고, 강예재를 무학재武學齋로 하여 8명을 선발했다.

7재 가운데 무학재가 포함된 것은 당시 여진과의 긴장관계를 고려한 것으로, 문신 중심의 고려사회에서 이례적인 일이었다. 예종은 문벌귀족의 반대에도 불구하고 유학재의 정원을 10명 줄이는 대신 무학재에는 9명을 추가하여 전체 인원을 17명으로 늘리는 조치까지 취했다. 하지만 문벌귀족의 반발이 거세었고, 결국 1133년(인종11)에 문무 두 학문간의 불화를 초래한다는 이유로 무학재가 폐지되었다.

국자감 안에 국자학·태학·사문학 등의 유학부와 서학·산학·율학 등의 기술부가 있었음은 앞서 서술하였다. 이곳에 속한 생도는 한 경전을 공부할 때 반드시 끝까지 읽어야 했고, 다 읽지 못한 사람은 다른 경전을 보지 못하였다. 이곳에는 역시 정해진 교육과정과 수업연한이 있었다. 경전은『주역』『상서』『주례』『예기』『모시』『춘추좌씨전』『춘추공양전』『춘추곡양전』을 각각 1경으로 간주하고,『효경』과『논어』는 필수과목으로 하였다. 경전공부를 마쳐야 하는 기한은『효경』과『논어』는 합쳐서 1년,『상서』『춘추공양전』『춘추곡양전』은 각각 2년 반,『주역』『모시』『주례』『의례』는 각각 2년,『예기』『춘추좌씨전』은 각각 3년으로 하였다. 먼저『효경』과『논어』를 읽은 다음, 다른 경전을 읽고 아울러 시무책時務策을 짓는 법을 연습하였다. 규정된 연수만 따져보아도 시무책 하나 짓는 단계까지 오려면 상당히 오랜 시일이 걸려야 했음을 알 수 있다. 경전 외에도 오늘날로 따지면 일반교양이라고 할 수 있는 『국어』 『설문說文』 『자림字林』 『삼창三倉』 『이아爾雅』도 읽었다. 신언서판身言書判이라 했던가. 이곳에서는 경전을 읽는 일뿐만 아니라 글씨 연습을 위해서 붓글씨도 날마다 한 장씩 썼다.

공민왕 때 유학부와 기술학부가 서로 분리되기 시작해 1352년(공민왕 1) 십학교수관十學敎授官이 설치됨으로써 마무리되었다. 즉 약학藥學은 전의시典儀寺, 율학律學은 전법시典法寺, 자학子學은 전교시典校寺, 의학藥學은 전의시典醫寺 등에서 전담하게 하여 특수분야의 교육은 해당 관서가 맡았다.

국자감은 공부를 하는 기능뿐만 아니라 제사를 지내는 곳으로서도 그 의미가 깊다. 이곳에서는 공자에 대한 정기·비정기 제사가 행해졌

조선시대의 「문묘향사배열도」(19세기). 문묘향사는 문선왕文宣王 즉 공자나 그의 학문을 계승한 제자와 선유에 제사하는 것을 말한다.

다. 정기적인 제사로는 2월과 8월의 상정일上丁日(그 달의 첫번째 정丁일)에 치러진 석전제釋奠祭가 있었다. 유교를 정치이념으로 하는 고려에서 이는 당연히 중시하던 제사였는데, 여러 차례의 전쟁을 거치며 후대로 내려오면서는 그 전통이 단절되기도 했던 모양이다. 공민왕 때 성균관을 중영하고 제대로 석전제를 치르고자 했으나, 그 절차를 잘 아는 이가 없어 책임자였던 이색 휘하의 많은 이들이 고민을 했다. 결국 예행연습만 3일 동안 한 끝에 제사를 치렀는데, 그 모습이 자못 볼 만 했다고 한다.

### 사립학교의 번성, 문헌공도 최충과 12도
문종을 전후한 시기에 관학이 부진해지는데, 재정도

어려워진 데다가 가르치는 학관이 무능하고 불성실한 것이 그 원인이었다. 한편 문벌귀족 사회가 성숙하면서 귀족자제를 교육할 새로운 교육기관이 필요했는데, 사학이 생겨나게 된 것은 이러한 배경에서였다. '사학의 시대'를 연 것은 최충崔冲의 문헌공도文憲公徒였다. 최충은 9년간의 재상직을 포함해 23년간 중앙 정치무대에서 활약하였고, 1026년(현종 17)과 1035년(정종 1) 두 차례에 걸쳐 지공거知貢擧를 맡은 화려한 경력의 소유자였다. 벼슬을 그만둔 뒤, 그는 송악산 아래 자하동에 학당을 마련하여 9재九齋라는 아홉 가지 전문강좌를 개설하였다. 전문강좌뿐만이 아니었다. 매년 여름철이면 개경 탄현문 밖에 있는 귀법사의 승방을 빌려 하과夏課를 열고, 자기 도徒 출신의 급제자 가운데 아직 관직에 취임하지 않은 우수한 사람을 뽑아서 교도敎導로 삼았다. 일종의 여름 캠프였던 셈이다. 또 간혹 먼저 진출한 선배가 찾아오면 여러 생도들과 더불어 각촉부시刻燭賦詩를 열었다. 이는 초

고려 사학의 발흥자 최충의 글씨. 중앙귀족 자제의 교육을 위해 설립된 사학 12도 가운데 가장 번성한 것이 최충이 만든 문헌공도이다.

### 사학 12도

| 사학 12도 | 설립자 | 최고관직 | 과거 경력 |
| --- | --- | --- | --- |
| 문헌공도文憲公徒 | 최충崔冲 | 문하시중門下侍中 | 목종 8년 장원, 현종 17년, 정종 1년 지공거 |
| 홍문공도弘文公徒 | 정배걸鄭倍傑 | 문하시중 | 현종 8년 장원, 문종 1년 지공거 |
| 광헌공도匡憲公徒 | 노단盧旦 | 참지정사參知政事 | 문종 34년, 선종 2년 지공거 |
| 남산도南山徒 | 김상빈金尙賓 | 국자좨주國子祭酒 | 문종 3년 국자감시시관 |
| 서원도西園徒 | 김무체金無滯 | 복야僕射 | 정종 1년 장원 |
| 문충공도文忠公徒 | 은정殷鼎 | 시랑侍郎 | |
| 양신공도良愼公徒 | 김의진金義珍 | 평장사平章事 | 문종 19년 지공거 |
| 정경공도貞敬公徒 | 황형黃瑩 | 평장사 | 숙종 2년 지공거 |
| 충평공도忠平公徒 | 유감柳監 | | |
| 정헌공도貞憲公徒 | 문정文正 | 문하시중 | 문종 32년 지공거 |
| 서시낭도徐侍郎徒 | 서석徐碩 | 시랑 | |
| 구산도龜山徒 | | | |

에 눈금을 그어 초가 그 금까지 타는 시간 안에 시를 짓는 대회이다. 각촉부시는 사실 과거시험의 관건인 시詩와 부賦를 제한된 시간에 빠르게 잘 짓는 것을 공부하는 훈련과정이었다고 하겠다.

최충의 문헌공도로 시작된 사학의 열풍은 유명한 12개의 사립학교를 설립하게 하였다. 사학 12도의 설립자는 최충과 정배걸·문정의 경우처럼 문하시중을 역임한 고위관료 출신이었고, 대부분이 과거 합격자 출신으로 시험관인 지공거를 역임하였다. 즉, 당대 최고의 학자들이 사학을 운영하였던 것이다. 관학인 국자감보다 여기에 입학하는 것이 좀더 수준 높은 교육을 받을 수 있었을 뿐만 아니라, 사학 설립자들이 과거시험의 지공거라도 될라 치면 합격에 좀더 유리한 입장에 서게 마련이어서 당대의 귀족자제들이 앞다투어 입학했다. 결국 사학은 특권층을 위한 교육기관이었던 셈이다.

사학 12도는 무인집권기나 원 간섭기를 거쳐 고려말까지 존속하였다. 무인집권기의 이승장李勝章은 어렸을 때부터 문헌공도의 솔성재率性齋에 들어가 공부했고 과거급제 후 사문태학박사四門太學博士와 감찰어사監察御使를 지냈다. 이규보는 14살 때 성명재誠明齋에 적을 두고 하과 때마다 1등을 하여 선배들을 탄복시켰다고 한다. 그러나 고려말 국학 진흥정책에 따라 사학 12도는 점차 예전의 명성을 잃어가다가 1391년(공양왕 3)에 와서 폐지되었다. 이후 조선에 들어 서원이 설립되기 전까지 사립학교의 활동은 침체되었다.


## 3. 출세의 지름길, 과거

과거는 958년(광종9) 처음 실시되었다. 초창기에는 중앙관리의 자제인 국학생과 지방 출신인 향공鄕貢을 막론하고 예비시험 없이 직접 본시험에 응시할 수 있었다. 이후 점차 예비시험제도가 발달하여 국자감 시험인 성균시成均試(남성시南省試)를 거친 후에야 본시험인 예부시禮部試에 응시할 수 있게 되었다.

과거는 출세의 지름길이었다. 고려시대에 관료로 진출하는 데는 음서蔭敍 등의 방법도 있었지만, 문관의 등용문인 과거시험에 합격해 관료가 되는 것이 자신의 정치·사회적 지위를 보장받는 가장 확실한 길이었다. 『고려사』 열전에 실려 있는 총 650명의 관료 중 과거에 합격해서 관료가 된 자가 340명으로 가장 많다는 점이 그 대표적인 증거라고 하겠다. 이런 연유로 부친의 음덕으로 벼슬을 시작한 고위관료의 자제도 좀더 확실한 출세길을 보장받으려고 과거시험에 응시하기도 했다. 하물며 중앙정계에 배경이 별로 없는 지방 출신은 어떠했겠는가. 그들은 더욱더 과거시험에 매달릴 수밖에 없었다.

과거에 급제했다 하더라도 이는 관료자의 후보자를 뽑는 것에 불과하였다. 급제자가 관직에 나가려면 이부와 병부의 심사과정을 거쳐야 했다. 기록에 의하면 "국자감은 의관자제를 보아 『논어』와 『효경』을 가지고 시험하여 합격자는 이부에 보고하고, 이부는 다시 세계世系를 고찰하여 초직初職을 주었다"고 한다. 과거시험 합격자라도 집안배경이 크게 작용하고 있었던 것이다. 김부식의 아들 김돈중金敦中이 차석으로 급제하자 인종이 김부식을 위로하고자 수석으로 올려주기도 했고, 이곡李穀과 허백許伯 같은 관료도 사적인 감정에 이끌려 별로 공부한 것 없는 명문가의 자제들을 선발하여 헌사의 탄핵을 받기도 하였다.

고려후기에는 과거제 운영에 많은 문제가 발생하였다. 국왕을 비롯한 권세가가 개입하거나 책을 가지고 시험장에 들어가는 행위, 그리고 다른 사람의 답안지를 대신 쓰는 일 같은 부정행위가 공공연히 벌어졌

음서 아버지나 할아버지 혹은 다른 친족의 음덕에 의하여 그 자손이 관직에 나아가는 제도이다. 고려시대 음서에는 문음門蔭과 공음功蔭이 있었는데, 문음이란 문관과 무관 5품 이상 관리의 자손에게 시행된 것이며, 공음은 특별한 공훈이 있는 관리의 자손이거나 공신의 자손을 대상으로 시행된 것이다.

고려말의 충신 정몽주의 영정. 정몽주는 고려왕조에 절의를 다한 삼은三隱의 한 사람으로 조선왕조에서 동방오현의 첫번째로 추앙받는 인물이다.

다. 공민왕이 최연소로 회시會試에 합격한 왕강王康을 불러 답안지를 다시 써보라고 하였더니, 쓰지 못했다는 얘기가 전해지기도 한다.

그럼 과거의 종류에는 어떤 것이 있었을까? 고려의 과거시험에는 문장 잘 짓는 자를 뽑는 제술업製述業과 경서에 밝은 사람을 뽑는 명경업明經業, 기술관을 뽑는 시험인 잡업雜業이 있었다. 이중에서도 행정 실무능력과 문장력 있는 사람을 우대하여 제술업을 중시하였다. 고려중기까지만 해도 응시과목 중에서 시·부를 주요 과목으로 했으나, 후기에 이르면 대책對策과 경학經學의 비중이 커졌다. 성리학이 수용되기 전에는 시와 부를 중시하여 변려문騈儷文처럼 글자의 자수를 맞추거나 음률에 따라 글짓는 것을 위주로 하였다.

성리학이 수용되면서 경학이 중시되기 시작하는데, 1344년(충목왕 즉위)에 시험과목을 조정한 것이 그 변화를 알리는 첫 조짐이었다. 1369년(공민왕 18)에는 원나라의 향시鄕試·회시會試·전시殿試와 같은 과거삼층법科擧三層法이 정해져 시험관의 영향력을 축소했다. 원래 과거시험에는 시험관인 지공거·동同지공거, 같은해의 과거 합격자인 동년同年이 있었는데, 동년들은 시험관을 좌주座主라 부르고 자기들은 좌주의 문생門生이라고 하였다. 좌주와 문생의 관계는 부자와 같이 긴밀하여 관리 진출이나 승진에 많은 영향을 주기도 하였다. 그러나 이때에 와서는 국왕이 시험을 직접 관장하는 친시親試를 시행하여 국왕의 영향력을 확대하는 계기로 삼고자 하였다.

성리학이 수용되는 고려후기의 시험과목에서 4서와 같은 경학과 대책이 중시된 것은 주목할 만한 일이다. 우주와 자연 및 인간과 사회를 '리理'에 의해 설명하는 성리학은 변동하는 현실에 적절하게 대응할 수 있는 선진적인 의미를 지녔고, 따라서 이전의 유학이나 불교를 대신하는 지배이념으로 등장할 수 있었다. 특히 성리학은 사물의 이치를 터득하고 인륜도덕을 밝혀, 도덕정치를 실시할 것을 제시하였다. 말하자면 수기修己·수양修養을 전제로 한 치인治人을 내세웠던 것이다. 이에 따라 과거 합격자는 시부장구詩賦章句를 익히고 글을 짓고 다듬는 것보다는 수기·수양에 힘쓰고, 이를 기초로 백성들을 위한 정치에 힘쓰는 새로운 관료로 등장할 수 있었다.

〔도현철〕

# 개경의 축제, 연등회와 팔관회

나의 지극한 관심은 연등燃燈과 팔관八關에 있다. 연등은 부처를 섬기는 것이요 팔관은 하늘
의 신령과 5악嶽, 명산名山, 대천大川, 용신龍神을 섬기는 것이다. 함부로 증감하려는 후세 간신
들의 건의를 절대로 금지할 것이다. 나도 당초에 이 모임을 국가 기일忌日과 상치되지 않게 하
고 임금과 신하가 함께 즐기기로 굳게 맹세하여왔으니 마땅히 조심하여 이대로 시행할 것이
다.                                                                『고려사』권2, 태조 26년 4월 훈요십조)

기록에 의하면 866년(신라 경문왕 6) 정월 보름에 왕이 황룡사皇龍寺에서 간등看燈한 것이 가
장 오래된 연등회이며, 팔관회는 6세기 중엽 신라 진흥왕 때 시작되었다고 한다. 고려 태조는
이러한 전례를 수용하여 봄철 연등회와 겨울철 팔관회를 대표적인 불교행사이자 국가행사로
법제화하고, 자신의 후계자들에게 항례적인 행사로 설행할 것을 당부한다. 그런데 성종은 당
나라 태종의 정치를 모델로 설정하고 이상적인 유교정치를 추진하면서, 이 행사를 중지하였
다. 당시의 정치를 주도한 최승로崔承老로 대표되는 일군의 유학자와 관료들은 불교는 '수신
지도修身之道'로, 유교는 '이국지도理國之道'로 규정하여 엄격하게 역할을 구분하였다. 결국 국
가의례로 행해지던 팔관회와 연등회는 설행이 중지되고 유교적 의례가 그 자리를 대신하게

되었다. 그러나 연등회와 팔관회 폐지는 관리층의 반발을 불러일으켰을 뿐만 아니라 일반서민들에게서도 호응을 얻지 못하였다. 게다가 거란과 전쟁을 하는 사이 연등회와 팔관회를 다시 실시할 것을 주장하는 목소리가 힘을 얻게 되었다. 결국 현종은 즉위하자마자 연등회와 팔관회를 다시 개최하고 이것을 상례로 하였다. 이후 연등회와 팔관회는 대표적인 국가 불교의례로서 고려와 그 운명을 같이했는데, 지극히 '고려적'인 국가 의례이자 행사였던 까닭에 조선건국 후에 존속될 수 없었음은 물론이다.

## 1. 상원연등회와 초파일 연등

불교에서 어둠을 밝혀주는 등은 지혜에 비유되었고, 연등공양은 꽃공양·향공양과 함께 중요한 공양법이자 복을 쌓는 공덕의 하나로 인식되었다. 연등은 석가탄신일 밤의 중요한 행사로 인도에서 시작되어 서역을 거쳐 중국에 전해졌다. 순수한 종교적 행사이던 연등회는 중국에서 국가의례의 성격을 띠게 되었고, 중국 고유의 상원上元행사(음력 정월대보름에 한해의 복을 기원하는 행사)가 덧붙여지면서 세시풍속이자 불교행사로서의 상원연등회가 성립되었다. 상원연등회上元燃燈會는 정월 보름에 일년의 농사를 시작하는 개막축제와 같은 성격을 가지는 것이었다. 이후 중국의 연등회는 정월 14~16일까지 사흘에 걸쳐 종교적 성격과 오락적 성격을 띤 국가의 연중행사로 개최되었다. 바로 이 상원연등회가 우리나라로 전래되었던 것이다.

그런데 고려에서는 1월 15일이 아닌 2월 15일에 연등회를 개최하였고, 이것을 상원연등회라고 불렀다. 왜 고려에서는 '상원'연등회라고 하면서 2월 15일에 개최하는 것을 상례로 삼았을까? 그것은 상원연등회가 갖고 있던 농경의례로서의 성격에서 연유하는 것으로 우리의 절기에 맞게 날짜를 한달 변경했기 때문인데, 중국에서 수용한 연등회를 고려화한 것이다. 고려가요 「동동動動」은 "2월 보름에 아으 높이 켠 등불다호라 만인 비취실 즈싀(얼굴)샷다 아으 동동다리"라고 노래하여 2월의 대표적인 행사로 연등회를 꼽고 있다. 고려에서 상원연등회는 선왕이나 왕비의 기월忌月과 겹칠 경우 정월 보름에 시행되기도 했으나, 2월 15일에 개최하는 것이 원칙이었다.

그렇다면 언제부터 2월 보름 대신 4월 초파일을 연등회날로 기억하게 되었을까? 고려에서는 2월 15일의 상원연등회 외에도 종종 연등회가 개최되었는데, 대부분 4월 초파일 즉 불탄일佛誕日 행사의 일환이었다. 불탄일 행사에서 연등 공양이 중요하게 부각되어 이 행사를 연등회라고 부르게 된 것은 무신집권기 최고권력가인 최이崔怡로부터 시작되었다. 4월 초파일 연등회는 강화천도기에 국속國俗으로 자리잡았고 개경으로 환도한 뒤에는 이전의 상원연등회를 대신하게 되었다. 4월 초파일 연등회는 순수한 불교행사로 태조신앙太祖信仰을 기반으로 하던 상원연등회와는 성격이 다른 것이었다. 특히 원 간섭기라는 시기적 특수성으로 인해 태조신앙을 전면에 내세우지 못하게 되면서 상원연등회는 중단되는 일이 많아진 반면, 공덕 자체를 중시하는 연등회는 성행하게 되었다. 또한 연등 공덕을 강조하면서 구슬과 옥으로 등롱燈籠을 만드는 등 그 성격이 극도로 사치스럽고 화려해져갔고, 점차 화합을 위한 국민적 축제가 아닌, 단순히 화려한 등불을 보며 즐기는 호사스런 잔치가 되었다. 연등의 의미가 개인적 기복을 위한 불교의 공덕신앙 정도로 축소되면서 국가의례인 연등회의 위상은 점차 쇠락하였다. 공민왕 때 반원정책이 추진되어 각종 제도를 원 간섭기 이전으로 되돌리는 과정에서 국가의례로서의 상원연등회가 다시 설행되었으나 4월 초파일 연등회 역시 대규모로 설행되었다. 이후 민간에서 4월 초파일 연등회를 가장 중요한 불교행사로 생각하게 되면서, 조선초 상원연등회는 혁파되었으나 4월 초파일 연등회는 계승되었고, 오늘날에는 가장 대표적인 불교행사로 자리잡았다.

고려에서는 정례적인 상원연등회와 4월 초파일 연등회 외에 특별한 일이 있을 때에도 연등회를 개최하였다. 1067년(문종 21) 정월에는 흥왕사 창건을 축하하는 특별연등회가 5일 밤낮으로 계속되었다. 대궐 뜰에서부터 흥왕사 입구까지 5색 비단으로 감은 장대를 즐비하게 세우고 생선비늘처럼 촘촘하게 연결하여 겹겹이 잇대었다. 왕의 수레가 통과하는 큰길 좌우에는 등을 장대에 달아 수풀처럼 세워 밤을 대낮처럼 밝혔는데, 이날처럼 성대한 불교행사는 일찍이 없었다고 한다. 또 1073년(문종 27) 2월에는 봉은사에 새로 안치된 불상을 찬송하기 위해 특별히 봉은사에서 연등회를 개최하였다. 이때에도 길가에는 3만개의 등불을 이틀밤에 걸쳐 밝혔으며, 중광전重光殿(뒤에 강안전康安殿으로 이름을 바꿨다)과 각 관아에는 모두 오색 비단으로 장식한 다락[樓]과 등불산을 만들고 풍악을 연주했다고 한다. 그러나 국상國喪이 있거나 외적의 침입 또는 화재와 같은 변고가 있을 때에는 기악을 중지하거나 꽃장식을 하지 않는 등 간소하게 의식을 진행하였다.

## 2. 천자국의 축제 팔관회

해동천자海東天子이신 지금의 황제皇帝에 이르러 부처님과 하늘이 도우시니, 교화가 널리 퍼져 세상이 다스려지도다

(…)

남만南蠻과 북적北狄이 스스로 내조來朝하여, 온갖 예물을 우리 천

자天子 섬돌 아래 바치는도다

금계옥전金階玉殿(궁궐)에서 만세를 불러, 우리 주상 오래도록 보위

에 계시기를 축원하네

이러한 태평시절을 맞이하여, 관현管絃 소리와 가요歌謠 소리 아름

답도다

(『고려사』 권71. 악지 풍입송風入松)

팔관회는 인도의 팔계재八戒齋가 불교와 함께 중국으로 전래되어
팔관재八關齋로 바뀐 것을 신라시대에 수용한 것이다. 신라의 팔관회
는 중국의 영향을 받아 위령제의 성격을 지니면서도 미륵의 용화세계
龍華世界 구현과 화랑의 풍류風流가 결합된 축제의 성격을 지니고 있
었다. 궁예가 연 후고구려의 팔관회는 고구려의 제천행사인 10월 동
맹제東盟祭를 계승하여 신라 이래의 팔관회에 추수감사제로서의 농경
의례적 계절축제의 성격을 더하였다.

고려의 팔관회는 신라와 후고구려의 것을 계승한 것으로, 태조 왕
건은 흩어진 민심과 지방세력을 하나로 모으고 전쟁으로 피폐해진 민
심을 달래기 위해 불교를 적극적으로 이용하였다. 태조는 국가의례인
팔관회를 통해 불교의 테두리 안에서 토착적인 신앙을 국가적으로 종
합하였다. 고려시대의 팔관회는 수도 개경을 중심으로 하여 전국적
연계망을 형성하고 각 지역의 제사를 중앙에서 종합적으로 개최하였
다는 점과, 하표賀表(신하가 바친 축하의 글)를 가진 신하들이 그 지역을
대표하여 참가했다는 점에서 전국적인 성격을 띤 국가의례였다.

팔관회 행사에서 신하들이 팔관일을 축하하며 국왕에게 올리는 하

표는 국왕과 왕실의 권위를 확인하며 국가의 위상을 만천하에 과시한다는 의미를 가지고 있었다. 그리고 하표를 가지고 의식에 참여한 신하들의 복종심을 강화하게 하는 계기도 되었다. 또한 지방세력에게 있어서는 왕권을 평가하고 중앙정세를 살필 수 있는 기회였다. 고려 왕실은 팔관회 의례절차 속에 고려사람들에게 가장 영향력 있는 불교와 그 속에 포섭된 토속신앙, 그리고 군신관계를 상징하는 조하朝賀의식을 연결시킴으로써 고려사람으로서의 소속감을 재확인하고 사회적 통합기능의 극대화를 꾀하였다. 또한 팔관회는 관민이 어우러져 함께 즐기는 축제의 성격도 가지고 있어서 계층간의 결속력을 강화하는 계기도 되었다.

팔관회는 대외적으로는 국제관계에 대한 고려의 입장을 나타내는 행사였다. 고려는 중국 중심의 세계질서를 전제로 하면서도 고려가 중심이 되어 중국과 병존하는 또 하나의 세계질서를 모색하였다. 이에 따르면 고려는 또 하나의 천하를 이루는 천자국이었고, 팔관회는 이 천하를 다스리는 천자인 고려황제가 친히 집전하는 국가의례였다. 팔관회는 왕을 위해 만세를 부르고 왕이 행차하는 길에 황토黃土를 까는 등 황제의 격식으로 진행되었고, 외국인들이 고려 왕에게 조하하는 의식이 중시되었다. 팔관회에 조하하는 외국인들은 고려에 복속된 것은 아니지만 고려가 중심이 되는 천하의 일원으로 고려에 내조來朝하면서 고려의 덕화德化를 받는 조공국朝貢國의 사자로서 예우되었다. 고려와 송나라 사이의 무역에서 중요한 역할을 담당했던 송나라 상인들은 오늘날의 경제사절단과 같은 성격으로 송을 대표하여 팔관회에 참여하였다. 한편, 여진과 탐라의 사신을 팔관회에 참석시킨 데에는 정치적인 의미가 강해서 이들에 대해 고려가 주도적인 위치임을 확인하는 것이었다. 그러므로 팔관회의 외국인 조하의식은 각종

**조하** 조의진하朝儀陳賀의 준말로, 조정에 나아가 임금에게 경축하는 예〔賀禮〕를 올리는 것을 말한다. 보통 특별한 행사나 경사가 있을 경우 왕세자를 비롯한 백관들이 조하를 올렸으며, 정월 초하루와 동짓날, 매월 초하루와 보름, 왕이나 왕비의 생일에 조하를 올리는 것이 상례였다.

문물제도가 정비되고 왕권이 안정된 전성기, 자신감 넘치던 고려의 국가적 위상을 뒷받침해주는 국가의례였다. 고려가 스스로 천자국으로 칭하고 그에 맞춘 국가의식으로 팔관회를 거행하고 있었음은 송나라에도 알려져 있었으나 송나라는 고려가 내부적으로 황제라고 칭한다는 사실을 문제삼지 못하였다. 하지만 원 간섭기 고려가 원의 부마국駙馬國이 되면서부터는 팔관회 절차에 제약이 가해졌다. 1275년(충렬왕 1) 원은 '만세' 대신 '천세'를 부르게 하고 왕의 행찻길에 황토를 까는 것을 금하는 등 황제의 의례로 행해지던 팔관회를 제후의 의례로 격하했다.

팔관회는 대내외적인 성격을 통해 볼 때 고려의 국가의례 중에서도 비중이 큰 행사였다. 연등회가 국기國忌 등의 이유로 설행일자가 변경되었던 데 비해 팔관회는 국상國喪이 있을 경우 축제적인 요소가 축소되기는 했으나 변함없이 11월 보름에 개최되었다. 연등회가 불교의례이면서 군신동락君臣同樂의 축제적인 성격이 강했다면 팔관회는 무엇보다도 국왕의 권위와 고려의 위상을 만천하에 과시하는 국가의례로서의 성격이 중시되었기 때문이다. 그러나 원 간섭기 이후 명목상으로만 국가의례로 시행되었을 뿐 이전의 면모는 상실하였다. 그리고 고려멸망 후 연등회가 민간풍속화한 반면 팔관회는 계승되지 못하고, 일부 연희적인 요소만이 궁중연례의 속에 포함되어 남게 되었다.


## 3. 연등회·팔관회 날의 행사

연등회와 팔관회는 14일 소회일小會日과 15일 대회일大會日의, 이틀간 행사가 진행되었다. 연등회와 팔관회에는 대략 2,3천명의 의위사

儀衛士들이 동원되었다. 자색·푸른색 보상화寶相華 꽃무늬를 수놓은 화려한 의복과 갑옷을 갖춰 입고, 비단모를 쓰고, 칼·활 등 각종 무기류와 깃발, 일산日傘 등 의식용 기물들을 든 모습은 그 규모만으로도 굉장한 볼거리를 제공하였고, 끊임없이 울려퍼지는 풍악소리는 축제 분위기를 고조하였다. 여기에 더하여 관리들은 사흘간(14~16일) 법정 휴가를 얻어 개경 전체는 그야말로 축제분위기에 휩싸였다.

## 봄날의 축제 연등회

봄이 건곤에 들어와 날씨 점점 화창하오온데
옥황玉皇이 음악을 벌이고 인궁人宮이 화化하게 하옵나이다
피리소리와 노래소리는 한밤 달에 드높았는데,
무늬 있는 곱고 화려한 비단옷은 보전寶殿 바람에 꽃같이 흩어지옵
니다
금향로가 향을 토하니 연기 한가닥 푸르고
촛농이 그림자를 가르니, 불산[火山]이 붉으옵니다
서울사람은 호위무관의 물음을 두려워하지 않사옵는데
하늘이 유관遊觀(구경거리)을 허하여 대중과 같이 하옵나이다

(임종비 林宗庇「등석치어 燈夕致語」, 『동문선』권104)

연등회에서는 14일 오후 왕이 봉은사에 행차하여 태조의 영정에 제사지내는 것이 가장 중요한 행사였다. 궁궐에서 연등회 행사가 진행되는 중심공간은 강안전康安殿이었다. 14일 아침부터 이 일대는 행사준비로 매우 부산하였다. 강안전에는 행사 때 임금이 사용할 장막과 임시휴게소를 준비하고, 꽃탁자와 사자화로 등 각종 기물을 늘어놓고

뜰에는 꽃동산을 만들어 편전 일대를 화려하고 장중하게 장식하였다. 왕이 입장하여 백관들의 인사를 받고 나면 백희잡기百戲雜技가 공연되었다. 백희잡기는 인도로부터 서역을 거쳐 궁중오락으로 중국에 수입되어 점차 대중화된 것이었다. 고려왕실은 백희잡기를 통해 일반백성들의 관심을 끌어내고 참여를 유도하였다. 연등회 기간 동안 공연된 백희잡기는 축제분위기를 한층 북돋웠다.

공연이 끝나면 왕은 봉은사奉恩寺로 행차하여 그곳에 모셔진 태조의 영정에 절을 하고 제사를 지냈다. 봉은사에서 태조의 영정에 향을 올리고 제사를 지내는 일은 고려 상원연등회만의 특징이었다. 고려에서는 국가가 위기에 처할 때마다 후삼국의 전란을 끝내고 통일왕조를 이룩한 태조의 위업이 재인식되었는데, 태조는 국민들을 단합시킬 뿐만 아니라 왕의 권위에도 힘을 실어주는 존재였다. 봉은사에 행차하여 태조의 영정에 봉향하는 의식은 이러한 태조신앙을 연등회의 중요한 행사로 포함시킨 것이었다.

화려한 일산日傘과 부채가 늘어서고 화려한 복장으로 의식용 기물

일산을 쓰고 호위하는 신하들을 거느린 왕의 행차 모습. 「미륵하생경변상도」 부분 (일본 知恩院 소장).

고려불화에 나오는 천녀天女들의 모습이다. 승평문 밖에 나와 왕의 수레를 맞이하며 악기를 연주하고 춤을 추는 양부 기녀들의 모습을 추정할 수 있다. 「미륵하생경변상도」 부분(일본 知恩院 소장).

을 든 군사들이 왕이 탄 수레 앞뒤로 도열하고, 사이사이에는 시신들이나 내시관들이 위치하고, 맨 뒤에는 악관樂官과 잡기雜技를 하는 사람들이 따랐으며, 북을 치는 군인(고취군사鼓吹軍士)과 소라를 부는 군인(취라군吹螺軍)들이 수레 앞뒤를 호위하였다. 그리고 태자와 백관들은 말을 타고 왕의 행차를 따라 봉은사로 갔다. 장대하고 웅장한 왕의 행차는 그 행렬 자체만으로도 일반 백성들에게는 크나큰 구경거리였으며, 왕으로서는 백성들에게 자신의 위엄을 보여주는 기회가 되었을 뿐만 아니라 자연스럽게 백성들과 접촉하는 기회가 되었다. 봉은사 행사가 끝나면 왕은 갔던 길을 그대로 되돌아 궁으로 돌아왔는데, 양부兩部의 기녀들이 무지개빛의 화려한 치마를 입고 화관花冠을 쓰고 음악을 연주하며 승평문昇平門 밖에서 임금의 수레를 맞이하였다. 풍악이 연주되는 가운데 왕의 수레가 궁으로 들어설 때면 짧은 초봄의 해가 저물고 난 뒤였다. 이미 밤이 깊어 하늘에는 별이 총총한데 풍악소리는 요란하여 마치 공중에서 울려나오는 것 같았다고 한다. 길가와 건물에는 붉은 연꽃을 한 섬이나 흩뿌려놓은 것처럼 연등이 빛을

『원행을묘정리의궤』(1795)
의 「헌선도」

발하고, 그 속에서 오색찬란한 비단옷을 입은 기녀들이 머리에는 화려한 꽃장식을 하고 춤을 추었다고 하니 천상세계를 보는 듯한 착각이 들기도 했을 것이다.

　이날밤 궁궐에서는 등석연燈夕宴이라는 잔치를 베풀어 관등觀燈놀이를 하였다. 등석연은 상원연등회의 공식행사는 아니었지만, 군신간의 격식을 벗어나 친목을 도모하기에는 효과적이었다. 등석연에서는 연등회를 위한 교방악敎坊樂이 연주되고 새로 만들어진 가무가 발표되기도 했으며, 군신간에는 등석시燈夕詩를 주고받았다. 다사로운 봄바람은 산들산들 불어오고 찬란한 등불과 현란한 붉은 초롱이 대궐 안을 가득 밝혔다. 군신은 만수배萬壽杯가 오가고 '헌선도獻仙桃'라는 음악과 춤이 연주되고, 비단옷을 입은 궁녀들이 다투어 「자운곡慈雲曲」을 부르는 광경은 신선이라도 취할 만했다고 한다. 그러다 보면 서늘한 새벽달 아래 금빛·푸른빛이 선연할 때까지 밤을 새는 경우가 비일비재했다.

　14일의 행사는 공식적인 국가의례의 성격을 강하게 지녀 전반적으로 매우 엄숙한 분위기였지만 밤에는 축제의 장이 펼쳐졌다. 신분의 고하를 막론하고 이날 밤만큼은 마음껏 즐길 수 있었다. 야간에 있던 통행금지 조처도 이날만은 폐지되었다.

　왕과 비빈들은 화려하고 아름답게 등불을 켠 사원의 밤풍경을 구경했고, 도로는 사람들로 혼잡하였다. 이날 개경의 밤거리를 환하게 밝힌 등불은 위로는 왕실에서 아래로는 노비에 이르기까지 모든 사람들의 가슴속 소망을 담은 것이었다. 백성들은 자신의 마음을 밝힐 등불을 하나씩 매달며 가족들의 안위와 좀더 풍요롭고 건강한 삶을 기원했고, 또 정토왕생을 기원했다. 이런 소망을 품은 백성들은 개경의 크

고 작은 사찰에 모여 밤새도록 등불을 구경하기도 하고, 탑돌이를 하
거나 불상에 절을 올렸으리라. 한편 거리로 쏟아져나온 많은 사람들
은 광대들의 놀이를 보기도 하고, 여기저기서 소리 높이 울려퍼지는
음악을 즐기면서 밤을 보냈다. 그리고 대로변과 사찰에 이르는 길 좌
우에는 상인들이 갖가지 먹을거리와 잡화와 진기한 물건들을 늘어놓
고 호객행위를 하기도 했을 것이다.

떠들썩한 밤이 지나고 15일 아침이 밝으면 궁궐에서는 연회가 벌어
졌다. 모두 3부에 걸쳐 진행되었는데, 왕과 신하들이 차와 술, 음식을
서로 나누고, 왕은 신하들을 비롯해 악대나 산대山臺(가면극) 놀이꾼
등에 이르기까지 행사에 참석한 사람들 모두에게 꽃과 봉약封藥, 과
일, 술, 음식을 하사하였다. 이 행사는 왕과 신하간의 상하위계와 질
서를 확인하고 군신관계를 더욱 돈독히 다지기 위한 것이었다.

## 한겨울의 축제 팔관회

넓은 뜰에 새벽부터 미리 문·무반을 재촉하여 정렬시켰고
왕께서는 옥련玉輦을 타시고 구중궁궐에서 천천히 내려오셨사옵니
다
일월日月은 바로 황도黃道 위에 임하옵고 성신星辰은 높이 자미紫微
사이를 향하옵니다
하늘을 흔드는 아악雅樂은 삼청곡三淸曲이요 땅을 흔드는 환성은
만세산萬歲山이옵니다.　　　　(임종비「팔관치어」,『동문선』권104)

연등회가 순수한 불교적인 행사였다면, 팔관회는 연등회보다는 공
식적인 국가의례의 성격이 강하였다.

234

팔관회 전날인 13일에는 재상과 문무백관에서부터 악공에 이르기까지 행사에 참여하는 모든 사람들이 행사장인 의봉루儀鳳樓 앞마당 즉 구정毬庭에 모여 행사 진행과정을 연습했다. 팔관회 행사에 참여하는 신하와 외국사절들이 국왕에게 표문(表文, 왕에게 올리는 글)을 올리는 장소나 국왕에게 절을 올리는 장소는 태자를 중심으로 배치되어 있었다. 그런데 그 자리배치나 행사진행이 너무 복잡하여 원만한 행사진행을 위해서는 연습이 꼭 필요하였다. 복잡한 의식절차를 갖추고 있을 만큼 팔관회는 장대하고 중요한 행사였다. 팔관회에서는 14, 15 양일 모두 연회를 베풀어 신하들과 외국사신들로부터 조하를 받는 행사를 했는데, 이것이 가장 중요한 의식이었다.

구정에 마련된 행사장은 찬방饌房과 다방茶房의 휘장을 동서에 각각 설치하고 큰 황룡기 2개를 앞마당 양쪽에 꽂아두는 것을 제외하고는 연등회 행사장의 모습과 거의 흡사했다. 찬방과 다방이 설치된 것은 왕이 신하들로부터 조하를 받은 뒤 군신간에 술과 음식을 나누는 연회가 팔관회 행사의 중심이었기 때문에 음식과 차를 준비하기 위해 설치된 것이었고, 황룡기를 꽂은 것은 고려가 천자국이라는 의식의 산물이었다.

14일 아침 해뜰 무렵 의장대가 구정에 정렬하고 각종 일산·부채·위장들을 대관전大觀殿 뜰에서부터 의봉루 사이의 좌우에 늘어놓았다. 3천여 명의 의위사들이 가지각색의 화려한 깃발과 무기를 들고 왕이 행차하는 길을 따라 좌우로 도열함으로써 궁성 안은 화려하고 엄숙하기 그지없었다. 왕은 신하들의 인사를 받은 후 연등회 때와는 달리 왕만 의봉루에서 태조의 영전에 진헌하여 팔관회 개최를 유훈으로 남긴 태조를 기렸다.

태조의 영전에 진헌하는 행사가 끝나면 본행사인 연회가 시작되었고, 연회가 끝나면 왕은 궁궐 동북쪽에 위치한 법왕사法王寺로 행차하였다. 법왕사에서는 고승들을 초빙하여 법회를 열고 불경을 설하여 부처의 가피를 입어 민심이 편안하고 대외관계가 안정되기를 기원하였다.

14, 15양일에 걸쳐 열리는 연회에 앞서 신하들의 조하를 받는 순서가 있었다. 이 행사는 팔관회에서 가장 중요한 순서로 팔관회의 성격을 잘 보여준다. 14일에는 중앙관리들이 왕에게 조하를 올리고, 지방관리들이 지표관을 보내어 표문을 올렸다. 15일에는 외국인들로부터 조하를 받았다. 송나라 상인 대표 및 동·서번東西蕃과 탐라인들이 차례로 들어와 절하고 무릎을 꿇고 예물목록을 진상하였다. 왕은 이들에게 자리에 앉아 풍악을 관람할 것을 허락하고 술과 음식을 선사하도록 하였다. 그리고 사방에서 올라온 공물과 외국인들이 바치는 공물들이 동문(인덕문仁德門)으로 들어왔다가 서문(의창문義昌門)으로 나갔다.

조하의식이 끝나면 연회가 열렸다. 주악奏樂이 연주되는 가운데 왕은 팔관회에 참석한 모든 이들에게 술·약·과실·꽃·음식을 하사하였다. 이 행사는 단순히 연회라고 하기에는 그 절차가 매우 까다롭고 엄격해서 조하 및 연회 때 배치되는 좌석에서부터 위계에 따른 상하관계가 철저히 지켜졌다. 의봉루 앞마당에 태자를 기준으로 하여 관등별로 복잡하게 배치된 자리는 팔관회라는 행사가 국왕을 정점으로 하는 철저한 위계질서를 표현하는 것임을 뜻하였다. 연등회의 연회 역시 군신간의 상하관계를 엄격하게 하고 그에 따라 예물을 헌상하고 하사하는 형식의 의례로 정형화되어 있었고, 이를 통해 군신간의 친목을 도모하는 한편 국왕을 중심으로 하는 고려의 국가적 질서체계를 상징하였다. 하지만 팔관회는 이 범위를 확대하고 고도로 의전화함으로써 왕의 정치적 권위를 더욱 강화하고자 하였다. 신하들은 위계에 따라 왕에게 술잔을 올리고 왕이 내리는 술과 과실을 받으며 군신간의 결속을 다졌는데, 이 의식은 매우 복잡한 절차로 엄격하게 진행되었기 때문에 원종 때 병부시랑이던 김연金連은 팔관회에서 예식에 맞지 않게 행동했다는 이유로 파면되기도 했다. 또 명종 때에는 왕이 재상에게 보내는 화주花酒 전달이 지연되자 참정이던 송유인宋有仁이 노하여 받지 않았고, 결국 이것이 문제가 되어 전달하는 일을 담당했던 태부소경 정국검鄭國儉이 탄핵을 받은 일도 있었다.

그러나 팔관회 행사가 엄격하기만 했던 것은 아니다. 연회가 시작되면 비단으로 만든 장막이 설치되고, 꽃으로 화려하게 장식된 속에서 술, 유밀과, 귤, 유자 등 각종 과일과 음식들이 오고갔다. 태자를 비롯한 모든 중앙관리, 각지의 공물과 축하글을 가지고 개경으로 올라온 지방신하, 고려 황제에게 바치는 공물을 가지고 온 외국사신 등이 연회에 참석하였다. 고려 황제를 위한 만세소리가 천지를 진동하는 가운데 각종 음악이 연주되었으며 춤과 백희가 공연되었다. 백희

「관경십육관변상도觀經十六觀變相圖」(1323, 일본 西福社 소장) 부분. 연등회와 팔관회에서 행해진 악기 연주 모습을 짐작할 수 있다.

와 가무가 벌어지는 곳에는 높이가 5장丈 이상이
나 되는 커다란 연대蓮臺 모양의 채붕綵棚(비단으
로 만든 임시 누각)을 두 곳에 설치하였고, 날이 어
둑어둑해지면 구정에 달아두었던 커다란 윤등輪
燈과 사방에 달아둔 향등香燈에 불을 밝혀 밤을
낮처럼 환하게 하였다. 그리고 한겨울 보름달 아
래서 군신이 함께 취하고, 백성들은 각종 공연을
구경하며 어울려 즐겼다.

　팔관회에서 공연된 백희 중에는 용·봉황·코끼
리·말의 형상으로 장식한 배 모양의 수레라든지
원래는 화랑과 낭도로 조직되었을 사선악부四仙
樂部라고 불리는 4개의 악대처럼, 신라의 전통을
그대로 계승한 것도 있었다. 또한 팔관회를 계기
로 새로운 가무가 선보이기도 했다. 포구락拋毬樂

拋毬樂

『원행을묘정리의궤』에 보이
는 「포구락」 모습. 12명이 노
래를 부르며 춤을 추다가 양
편으로 나뉘어 장대에 매단
붉은 실로 짠 그물로 만든
주머니에 공을 집어넣는 시
합을 하고 진 사람은 얼굴에
는 붓으로 먹칠을 하는 놀이
를 겸한 가무이다.

이나 9개의 기구를 가지고 묘기를 부리는 구장기별기九張機別伎가 대
표적인 것으로, 포구락은 조선시대에도 이어져 궁중행사에서 공연되
었다. 거리는 구정 일대에서 공연되는 백희와 팔관회 행사를 구경하
려고 많은 사람들이 쏟아져나와 북적거렸다. 이러한 백희 공연은 팔
관회가 왕실 행사에만 그치지 않고 일반백성들까지 참여를 유도하는
데 기여하였다. 위로는 왕으로부터 아래로는 백성들까지 모두 즐기는
이러한 행사를 통해 축제분위기가 고조되면서 같은 문화를 공유하는
공동체로서의 일체감도 형성되었다.

　이처럼 팔관회는 고려와 고려 왕의 위상을 대내외에 천명하고 의례
를 통해 군신 상하간의 위계를 분명히하며 국왕을 정점으로 국가의
질서체계를 재확인하는 행사로, 그 절차가 매우 까다롭고 엄숙하면서

도 한편으로는 연회와 밤새도록 계속된 행사들로 평상시와 다른 환락적인 분위기도 연출하였다. 팔관회는 관민동락의 계절축제의 성격도 강하게 지니고 있었던만큼 자유분방한 난장亂場의 모습이 펼쳐지기도 하였다. 예종은 팔관회에 참석했다가 궁정의 합문閤門 앞까지 와서 행차를 멈추고 시를 짓고 화답하다가 광대들에게 새벽 1시가 가깝도록 장내에서 노래부르고 춤추게 했다고 한다. 한번은 팔관회 행사장에서 어사대의 아전과 대정隊正 간에 일어난 사소한 다툼이 시발이되어, 흥분한 병사들이 기와와 돌멩이를 어사대 천막으로 던지는 사건이 일어나기도 했다. 또 팔관회 예행연습 도중 추밀원에서 준비한 연회자리가 너무 사치스러웠던 것이 문제가 되어 고관들이 만취하여 욕설을 하고 주정을 부리기도 했다.

이처럼 고려는 연등회와 팔관회 행사를 통해 왕을 정점으로 한 국가 질서체계를 구현하면서도 각종 연회를 통해 군신이 함께 즐김으로써 절기행사와 같은 축제의 전통을 계승하였다. 연등회와 팔관회는 국가와 왕실의 안녕을 기원하기 위한 것이기도 하면서, 군신간의 친목도모와 왕의 정치적 권위를 확인하는 의례였고, 전국민이 참여하여 함께 즐기는 한바탕의 축제이기도 했다. 이 양대 행사에는 고려의 모든 문화적 역량이 총집결되었다. 각종 가무가 행해지고, 광대들의 공연이 펼쳐졌으며, 최고의 장인들이 만든 각종 기물과 비단들로 행사장 일대와 사찰 그리고 개경 시내 곳곳이 장식되었다. 연등회와 팔관회는 다양한 프로그램으로 나라 사람 모두가 즐기는 종합문화제이자, 태조가 「훈요십조」에서 강조한 바를 충실히 이행하는 군신동락의 축제였다.

## 4. 연등회·팔관회 준비과정

이처럼 연등회와 팔관회는 매년 정기적으로 개최된 가장 중요한 국가행사였다. 연례행사로서 설행규범이 완벽하게 갖추어져 있고 많은 경험이 축적되어 있었다 하더라도 그 규모로 보아 비용을 마련하고 행사를 준비하는 일은 결코 만만치 않았을 것이다. 행사를 준비하는 기간도 제법 걸렸을 것이며, 무엇보다도 소요되는 막대한 경비와 물자를 마련하는 일은 항상 중요한 문제였을 것이다. 그렇다면 연등회나 팔관회 행사를 준비하던 곳은 어디이며 경비는 어떻게 마련했을까?

우선 연등회와 관련하여 연등도감燃燈都監을, 팔관회와 관련하여 팔관보八關寶라는 기관을 확인할 수 있는데, 이들 두 기관이 중심이 되어 여러 부서가 조직적으로 준비에 참여하였다. 연등도감은 말 그대로 연등회 행사를 치르기 위해 임시적으로 설치하는 기관이었다. 그러나 매년 연등회 행사가 개최되었을 뿐만 아니라 경우에 따라서는 특설연등회도 개최되곤 했으므로 그만큼 자주 설치되었다. 연등도감은 행사에 필요한 기금을 관리하고 운영하기보다는 행사진행 자체를 위해 만들어진 기관이었다. 그러므로 연등회 때 사용되는 시설물들을 만들고 설치하는 것을 총감독하는 것이 임시관청인 연등도감의 중요한 임무였다. 연등도감에서 행사를 총감독했다면, 행사장에서 사용되는 시설물들은 도교서都校署·상사국尙舍局 등 각 부서에서 분담하여 설치하였고, 연회에 꼭 필요한 기악은 양부의 악관과 산대 악사들이 담당하였다.

한편 팔관회 행사를 담당한 팔관보는 고려시대 설치되었던 많은 '보寶' 중의 하나로 팔관사八關司라고도 불렸는데, 팔관회의 운영경비를 조달하기 위한 기관이었다. 늦어도 문종 때에는 개경에 설치되

> **도감都監** 고려에서는 국가의 중요한 일을 관장하게 할 목적으로 수시로 임시관청을 세웠는데, 이를 도감이라 한다. 도감은 특정한 목적에서 임시로 설치되어 해당 사무만을 처리하는 기관이었기 때문에 국가의 필요와 목적에 따라 다양하게 설립되었다가 폐지되었다. 연등회 준비를 위한 연등도감, 궁궐 축조를 위한 궁궐도감, 대장경 간행을 위한 교장敎藏도감, 빈민 구제를 위한 구제도감, 불경 보관용 나전함을 만들기 위한 전함 조성도감 등이 있었고, 이외에도 제기祭器도감·식목式目도감·급전給田도감·흥왕興王도감 등 그 종류는 매우 다양하다. 도감은 임시기구이기는 했지만 경우에 따라 국가의 상설기구보다 막대한 권한을 가지고 실질적인 국가의 최고기관 노릇을 하기도 했다. 무인집권기 최충헌이 설립하여 관리의 인사행정과 세정稅政까지 맡아보던 교정敎定도감이나 공민왕 때 신돈의 전민변정田民辨正도감이 그러한 예이다. 임시기구로서의 도감은 조선시대에도 이어져 산릉山陵도감·가례嘉禮도감·국장國葬도감 등이 있었다. 도감에 속한 관원과 그 품계는 도감의 성격에 따라 달랐으며, 대개 겸직이거나 임시직이었다.

었는데, 승평문 동쪽에 있었으며 제사와 관련된 업무를 관장하기도 했다. 팔관보에는 11명의 관리가 있어 봉급을 받고 있었지만 연등도 감과 마찬가지로 1년에 한번 팔관회 개설을 전후로 하여 설치되는 임시기관이었다. 한편 행사장 설치를 분담하는 기관은 연등회와 동일하였고, 예부에서 황룡기 2개를 준비하는 것만이 다른 점이었다.

연등회와 팔관회를 준비하는 데 어느 정도의 기간과 비용이 소요되었는지는 확인할 길이 없다. 다만 서경(평양)의 연등·팔관·재제齋祭·객사客使를 위한 예산이 연간 4231석 2두로 책정되어 있었다고 하므로, 그보다 훨씬 규모가 큰 개경의 경우는 막대한 비용이 들었을 것으로 추정만 할 뿐이다. 게다가 팔관회에서는 지방관들이 보낸 지표원들과 외국인들이 국왕에게 조하하고 표문이나 하례봉물을 바치면 국왕은 이들에게 많은 양의 귀한 물건들을 내렸는데, 이것을 마련하는 데 소요되는 경비와 노력도 만만치 않았을 것이다.

연등회와 팔관회 때 신하들에게 하사되는 물품 중 중요한 것이 약藥이었다. 이것을 준비하기 위해 의관醫官들은 개경 근처 농민들의 소를 징발하여 젖을 짰다. 그러다 보니 암소와 송아지가 모두 상하게 되었고, 밭갈이할 소마저 줄어드는 것이 문제가 되어 명종 때에는 소젖으로 약을 만드는 것을 중단하기도 하였다.

**연등회·팔관회 행사준비를 담당한 기관**

| 담당부서 | 분담내용 |
| --- | --- |
| 도교서 | 강안전 층계 전면에 부계 설치 |
| 상사국 | 사자화로(2개), 왕이 사용할 장막과 편차 |
| 상의국 | 꽃탁자(2개) |
| 전중서 | 꽃동산, 등롱(4개) |
| 내고사 | 준뢰(2개) |
| 다방 | 과실상 |
| 상승국 | 반룡·공작·홍수선·수정장·부월의 진열 |

연등회와 팔관회의 행사준비와 경비를 국가와 왕실에서만 부담한 것은 아니어서 국가가 공식적으로 지출하는 비용 외에 상당한 액수가 개인이나 기관에서 염출되었다. 연등회의 경우 백료百寮와 군부軍府가 연등회 행사의 중심인 궁궐에서 봉은사에 이르는 공간을 중심으로 개경의 거리거리를 비단이나 연등으로 장식하였다. 팔관회에서도 백료와 군부가 부서별로 과상果床을 차리고 복장을 갖추었는데, 서로 화려하게 하려고 경쟁했기 때문에 그 폐해가 컸다. 또한 관리들이 개인적으로 팔관회의 연회비용을 부담하기도 했는데, 문하록사門下錄事와 후당관後堂官이 팔관회 연회의 비용을 내어 성대하게 치르는 것이 상례였다. 이들은 연등회 때에도 연회비용을 내고 공궤供饋도 담당했기 때문에 많은 자금이 필요했고, 이는 결국 폐정의 한 원인이 되었다.

　　연등회와 팔관회를 위해 책정된 예산이 따로 있었다고는 하나 지방에서 바치는 하례봉물이나 왕이 하사하는 물품 및 연회에 소비되는 경비 등은 관리들에게서 염출하여 충당하였다. 이것은 결국 백성들의 부담으로 전가되었고, 폐단을 야기할 수밖에 없었다. 정치가 안정되고 경제적으로 풍요로울 때는 이것이 그다지 심각한 문제가 되지 않았을 것이다. 그러나 안정되고 풍요로운 시기보다는 그렇지 못한 때가 더 많았을 것이고, 지독한 전쟁이나 흉년이라도 겪었을 때에는 백성들에게 고통을 주는 또 하나의 요인이 되었다.

「관경십육관변상도」의 세부. 이런 꽃장식과 꽃동산으로 연등회·팔관회 행사장을 장식했을 것이다.

　　하지만 연등회와 팔관회가 정부기관과 개인이라는 두 방향에서 준비되고 개최되었던 것은 많은 사람들의 참여를 유도하여 국가적인 성격과 공동체적 축제로서의 성격을 부여한다는 점에서 중요한 의미를 갖는다. 또한 국가적·개인적으로 마련되는 화려한 장식들은 한편으로는 일반 백성들에게 좋은 구경거리를 제공해주는 것이기도 했지만, 다른 한편으로는 국가와 왕실의 권위를 상징하여 공동체의 구성원으로서 자부심을 느끼도록 하는 요소이기도 했다.

〔강호선〕

# 개경의 변천과 미래의 개성

## 1. 한양 천도와 개성

조선을 건국한 태조 이성계는 1394년 음력 10월 25일 개성을 떠나 한양漢陽으로 출발, 3일 후 한양부 객사에 몸을 풀었다. 그날로 개성은 500년 수도의 이름을 영영 잃게 되는 것처럼 보였다. 그후 이성계가 권좌에서 물러나고 방과(정종)가 왕위에 오른 바로 얼마 뒤인 1399년(정종 1) 개성은 잠시 옛 위상을 되찾았으나, 6년이 지난 1405년(태종 5) 겨울, 태종은 아버지가 건설한 한양으로 다시 옮겨왔다. 이후 600년 수도로서의 한양의 역사는 흔들림이 없었으니, 이로써 개성은 역사의 뒤안길로 물러난 것이다.

조선이 건국된 후 10여년 동안의 일들은 500년 역사의 수도에서 벗어나는 것이 얼마나 힘든지를 보여준다. 새로운 국가의 출발을 뚜렷이 드러내고 싶었던 이성계와 건국 초기에 무리수를 두고 싶지 않았던 공신세력 간의 갈등은 개국후 2년 동안의 천도논란을 빚었다. 이때 갈등 속에서 절충안으로 합의된 것이 한양이었다. 한양은 고려시대부터 이미 개경에 버금하는 큰 도시였고, 나라의 중앙에 위치하여 조운에 무리가 없었으며, 교통로 역시 개경과 공유하고 있었다. 더구나 고려말에는 실제로 한양으로 천도하기도 했고, 풍수도참에서도 좋은 땅이라

개경 송악산 전경(위)과
1910년대의 개성시(아래)

고 하지 않았던가.

그러나 이러한 절충의 산물이 다수에게 곧바로 인정받을 수 있었을까? 여전히 대부분의 백성들은 개경을 그리워했으며, 상인들은 한양으로 이사오려 하지 않았다. 심지어는 관료들——고려 조정의 녹을 먹기도 했던——역시 500년 수도 개성이 여전히 명당임을 주장했던 것이다. 정치권력이 뒤바뀌던 정종 때 개성으로 환도한 것은 이런 갈등이 분출되었기 때문이다.

태종 때에 이르러서야 관료들의 반발 속에서도 부왕인 태조의 요구를 수용하려는 태종의 노력으로 4년에 걸친 지루한 논의를 거쳐 한양으로 재천도하게 되었다. 이로써 개성은 전 왕조의 수도로서 역사 속의 이름으로만 남게 되었던 것이다.

조선 개국초까지만 해도 개경은 지기地氣야 어쨌든 간에 수도로서 제일의 명당이라는 점을 의심받은 적은 없었다. 그러나 한 세기가 지나면 상황은 역전된다. 한양이야말로 그 형세가 "만세에 빼지 못할 큰 터"이며, "동경(경주)·서경(평양)·개경·삼경의 형세는 그 만분의 일도 방불할 수 없다"(『동국여지승람』)고 공표한 것이다. 신화는 이렇게 만들어진다.

## 2. 조선 전기의 개성

한양천도 후 개성에는 개성유후사留後司가 설치되었으며, 1438년
(세종 20) 개성부開城府로 승격, 경관직인 종2품 유수留守를 두었다. 이
후 유수직은 수차례 외관직外官職과 경관직京官職으로 바뀌기를 거듭
하다 1469년(예종 1)에 경관직으로 확정되었다. 이에 따라 조선초기의
지방관제는 한성부와 개성유수부, 팔도체제가 되었다.

조선정부에서 개성에 경관京官인 유수를 파견한 이유는, 고려의 옛
수도였다는 역사적인 배경도 중요했지만, 개성이 경기도와 해서海西
에 끼어 있어 군사 요충지였다는 점도 무시할 수 없었다. 개성에는 정
병正兵이 5려旅 625명에 달했으며, 유수는 병마절도사의 직책을 겸임
하여, 군사적인 책임을 수행하였다.

한편 개성은 중국에서 사신이 올 때 반드시 경유하는 곳이기도 했
다. 성종 때 조선을 방문했던 명나라 사신 동월董越 같은 이는 개성에
대해 "그 백성과 물산이 풍성하여 실로 다른 고을에 비길 것이 아니
요, 풍기風氣가 밀집하니 또한 서경(평양)에 견줄 바가 아니다"라고 읊
기도 하였다. 중국사신을 접대하기 위한 물건들은 개성부에서 거둔
조세로 충당했고, 대신 개성에서는 중앙에 조세를 상납하지 않았다.

그렇다면 개성부에서는 어떻게 조세를 거두어들였을까? 이 부분은
상업도시인 개성부의 특징을 잘 보여주는 측면이기도 하다. 개성은
고려 때부터 이어온 상업의 전통이 강하게 유지되었다. 태종 때 상인
들의 한양 이주를 촉진하기 위해 개성에서의 상업행위를 제한했지만,
부상대고富商大賈들은 개성에서 한양으로 완전히 이주하지 않고 양쪽
에 집을 두고 왔다갔다하면서 상행위를 벌일 정도였다. 그에 더해 지

246

리적인 요인도 작용하였다. 개성에는 토지가 많지 않았으며, 그나마 논보다는 밭이 많았다. 인구는 많은데——조선초 3만여명 추정——토지는 적으니, 이곳 사람들은 풍년이 든다 해도 상업을 하지 않고서는 살아갈 수가 없었다.

상황이 이러하니, 개성부의 조세에서 전세田稅가 차지하는 비중은 적을 수밖에 없었다. 대신 개별 민호에 부과하는 부역이나 상인들에게 부과하는 조세의 비중이 컸다. 그래서 개성부는 "군읍郡邑과 달라 오로지 시민市民의 힘을 사용한다"거나 "모든 시정인市井人이 생업을 꾸리면서 역役에 응한다"라는 얘기가 나오곤 하였다. 또한 중국사신들을 접대하기 위해서 필요한 물건들을 시장 상인들에게서 억지로 헐값에 사들이기도 하였다.

이렇게 개성은 조선에 들어서도 여전히 상업도시이며 한양에 맞먹는 제2의 도시로서, 또한 수도의 배후를 지키는 군사도시로서, 사행使行이 빈번한 교통로의 요지로서 그 위상을 지키고 있었다.


## 3. 개성의 위기와 상업의 발달

고려 때의 유적과 유물들은 시간이 지나면서 급속히 쇠락해갔다. 1485년(성종 16) 개성을 방문한 남효온南孝溫은 자신이 10년 전에 왔을 때만 해도 남아 있던 팔각전八角殿(공민왕 때 건설된 화원花園의 전각)이 지금은 주춧돌만 남았다고 하며 아쉬움을 토로한 적이 있다. 10년 만에 전각 하나가 완전히 없어질 만큼 그 쇠락의 속도가 빨랐던 것이다.

그러나 조선의 도시로서 개성이 맞은 가장 큰 위기는 다름아닌 임진왜란이었다. 1592년 발발한 임진왜란으로 선조가 의주까지 몽진을 가면서 개성은 왜군에 의해 한차례 열병을 앓게 된다. 이듬해 1월에 개성 부근을 정찰하고 온 이덕형李德洞은 개성의 상황을 다음과 같이 전했다.

신이 이달 21일에 개성부에 들어가 살펴보니 (태조 이성계의 어진을 모셨던) 목청전穆淸殿은 이미 철거되었으며, 아름드리 나무들은 모두 베어져 통곡을 금할 수 없었습니다. 관아들은 거의 모두 타버렸으며 여염의 집도 남아 있는 것이 18, 19채였습니다.

(『선조실록』권34, 선조 26년 1월 28일 계미)

이런 상황에서 개성의 인구와 토지가 그대로 유지되었을 리 없다. 15세기 세종 때는 6천여 호를 헤아렸지만 임진왜란을 겪은 후인 17세기 인조 때 불과 1200호로 감소하고 말았으며, 전쟁 이전 4천여 결로 추산되던 전결田結 총수가 채 반도 안되는 1760결에 그쳤다.

임진왜란이 개성에 물리적 피해를 가했다면, 병자호란(1636~37)은 개성의 군사적 중요성을 새삼 일깨워주었다. 북방으로부터의 침입 때 그 길목이 되는 개성은 병자호란이 터지기 직전 이곳을 지키는 진수군을 두자는 논의가 있었고, 전란이 발발하자 누루하치가 거쳐가기도 하였다. 이러한 경험은 이후 숙종 때 천마산의 대흥산성을 수축하는 계기가 되었다.

병자호란 이후 국제정세가 급격하게 변동하면서 개성의 재정부담이 급증하게 되었다. 대흥산성 수축에 필요한 인력동원과 군사비 역시 개성에서 부담해야 했으며, 사신의 잦은 내왕과 중강개시中江開市의 비용 또한 부담해야 했다. 재정부담의 증가는 개성부 재정의 피폐화를 가져왔다. 어느 해에는 개성부에 들어온 1년치 수입이 1만 9680

중강개시 조선시대 의주義州의 중강中江(馬子臺)에서 열리던 조선과 청나라의 무역. 임진왜란 중의 기황飢荒을 계기로 요동지방의 미곡 수입을 위해 1593년(선조 26) 처음으로 개설했다가 1601년 폐지되었는데, 청나라 건국 후인 1646(인조 24) 다시 열었다. 해마다 3월 15일과 9월 15일에 2차에 걸쳐 엄중한 감시 아래 무역하게 했으나, 그 시기가 농번기와 겹치는 폐단이 있었으므로 이듬해부터는 2월과 8월로 고쳐 행하였다. 개시의 공매매품公賣買品은 소〔牛〕·해삼·면포·소금·백지·장지壯紙·이구犁口·사기沙器 등이었다. 그러나 목마牧馬와 인삼은 일체의 거래를 엄금했으며, 사사로운 매매도 금지했으나 차차 금령禁令이 해이해져서 사실상 자유무역처럼 되었다. 이후 50여년 동안 중강후시中江後市의 이름으로 큰 성황을 이루었으나, 1700년(숙종 26) 이를 폐지하였다. 이보다 앞서, 현종 초부터는 사신의 왕래가 빈번해짐에 따라 책문柵門(九連城과 鳳凰城門)에서 요동의 차호車戶와 의주·개성의 상인들 사이에 통상이 이루어져 책문후시柵門後市라는 이름의 상품교역이 생기기도 하였다.

량이었는 데 반해 지출은 3만 6650량이었을 정도였다. 결국 이 문제는 정조 20년 금천군金川郡의 2개 면과 장단부長湍府의 일부를 개성에 이속시킴으로써 일단락되었다.

한편 양란으로 잠시 위축되었던 개성의 상업은 빠른 속도로 회복되어갔다. 이 시기에 오면 부익부 빈익빈 현상이 가속화되어 대상들은 자본을 축적한 반면, 영세한 행상들은 파산하는 등 상인층의 분화가 이루어졌는데, 인삼재배와 중계무역이 그 계기가 되었다. 이중환李重煥이 『택리지擇里志』에서 당시 개성에 중국과의 무역을 통해 이익을 취한 거부가 한양 다음으로 많다고 지적한 것은 이러한 분위기를 보여주는 예라고 하겠다.

지금도 개성의 상업에 대해서는 많은 얘기가 전해온다. 개성에서는 남자가 10세가 되면 행상에 종사한다거나, 사람들은 상고商賈를 업으로 삼으며 본전本錢이 없으면 대출貸出하여 사용한다는 17세기의 기록에서부터, 자식을 낳으면 자기 집이 아니라 다른 집에 보내서 일을 배우게 한다는 근대의 애깃거리에 이르기까지 개성 상업에 대한 많은 신화를 접할 수 있다.

## 4. 근대 이후 개성의 변천과 미래의 개성

조선시대의 개성부는 갑오개혁(1894) 이후 지방제도 개편에 따라 개성군이 되었다가 일제식민지 치하에 들어가면서 다시 몇차례 변동을 겪게 된다. 1914년 개성은 경기도 개성군 송도면이 되었다가, 1930년에는 시내 지역은 개성부, 외곽 지역은 개풍군으로 개편되어, 시내와 시외가 분리되었다.

일제강점기 개성은 식민수탈의 전형을 보여주는 곳이 되었다. 우선 일제는 조선총독부 주도 아래 홍삼전매권紅蔘專賣權을 탈취하는 것을 비롯하여 적극적으로 개경의 상업권을 장악하려고 노력했을 뿐만 아니라 불교 문화재와 고려 왕릉을 비롯한 수많은 문화재의 약탈을 감행했다. 얼마전까지만 해도 경복궁에 덩그러니 서 있었던 경천사 10층 석탑은 바로 이런 약탈의 전형적인 예이다. 1909년 일본 궁내대신 타나까 미쯔아끼田中光顯는 이 탑이 썩 마음에 들었는지 불법으로 해체해서 반출했

개성의 명물 인삼 말리는 풍경(1910년경)과 구한말 무너져내린 회경전 앞 돌계단을 내려오는 대한제국 마지막 황제 순종의 행차 모습(가운데 일산을 쓴 이).

다. 이후 다시 반환되기는 했지만 그 과정에서 많이 손상된 채 경복궁 근정전 회랑에 방치되었다. 이 탑이 그나마 제 모습으로 다시 설 수 있게 된 것은 수십년이 흐른 후였고, 현재 재정비하기 위해 일반 공개를 하지 않고 있다. 그래도 이러한 약탈을 조금이나마 줄일 수 있었다면, 그것은 일제시기 개성사람들의 노력 때문이었을 것이다. 그들은 개성보존회開城保存會라는 조직을 만들어 문화재 보호에 힘을 기울였는데, 이러한 노력을 바탕으로 서울·평양·경주·부여 지역과 함께 개성에 박물관이 들어설 수 있었다. 이 시기 개성사람들의 개성 문화재에 대한 애정과 자부심은 그 자신 개성사람으로 개성박물관에 몸담았던 고유섭高裕燮의 『송도고적松都古蹟』에 반영되어 있다.

한편, 일제시기 개성의 부유층들은 송악산 아래 만월대 근처와 자남

산 부근 운계천 주변에 많이 살았고, 가난한 사람들은 용수산 아래와 시내 남부에 많이 거주했다. 일본인들의 주거는 서부의 태평관이 있던 지역에 집중되었다. 이 시기에 남대문 부근을 평평히하기 위해 주변을 돋우어 남대문의 홍예가 2m 이상 묻히게 되었다. 또한 장마철에 이 일대가 자주 침수되자 자남산에서 동북쪽으로 뻗은 등성이를 잘라 수로를 새로 내기도 하였다.

현대의 개성 시가지 전경과 남대문에서 바라본 거리, 개성 한옥마을.

8·15 해방과 더불어 한반도에 38도선이 그어지면서 한반도의 중심에 있던 개성의 중심부는 남쪽에 속하게 되었다. 한국전쟁이 일어나면서 개성은 열강의 이데올로기 대결과 힘의 각축장이 되었고, 그 결과 고려시대의 수도 개성은 그 흔적조차 기억하기 힘들 정도로 전쟁의 참화를 입었다. 전쟁 초기 개성은 전선에 위치했기 때문에, 미군의 폭격으로 시내 한복판에 서 있던 남대문뿐 아니라 일제시기에 세워진 각종 학교들도 불타 없어졌다. 1950년 말부터 이듬해 상반기까지 개성은, 낮에는 남쪽 군대가 들어오고 밤에는 북쪽 군대가 들어오는 상황이었다. 다만 전쟁의 막바지에 개성의 고려동高麗洞에서 정전협상이 진행되면서 다른 북녘땅보다는 무차별 폭격의 피해를 덜 입을 수 있었으니 불행중 다행이라고 하겠다. 휴전 후 개성은 북한에 편입되었고, 이후 이산

가족이 제일 많은 도시가 되었다. 한국전쟁 이후인 1955년, 북한의 행정기구 개편에 따라 개성은 개성시와 개풍군, 판문군을 포괄하여 직할시로 편성되었으며, 1960년 여기에 장풍군이 편입되어 현재 개성직할시는 개성시와 개풍군·판문군·장풍군으로 이루어져 있다.

냉전시대 개성은 버려진 도시에 가까웠다. 남한 입장에서야 어차피 우리 땅이 아니니 관심을 기울이려 해도 기울일 수도 없었지만, 북한에서조차도 너무나 전선 가까이에 있는 이 시골도시에 관심을 기울일 여력이 별로 없었다. 그러나 한반도에 화해의 분위기가 조성되면서 이러한 조건은 오히려 새로운 전기로 작용하고 있다. 2000년 6월 15일 평양에서 역사적인 남북정상회담이 열리고, 급기야 현대 아산재단이 개성 주변에 공단을 조성하고 관광사업을 하기로 북한과 합의하게 되면서 개성은 잊혀진 도시에서 각광받는 도시로 떠오른 것이다. 본격적인 남북 경제협력의 시금석으로서, 보존해야 할 역사도시로서 개성은 역사의 무대에 다시 등장하기 시작하는 듯하다.

개성은 앞으로 어떠한 모습으로 우리에게 다가오게 될 것인가. 우리는 개성을 어떻게 다듬고 발전시켜나갈 것인가? 적합한 절차, 장기적인 안목, 과거와 미래의 현명한 조화. 우리는 발전의 올바른 방향을 알고 있다. 조건을 갖추기 위해 노력하고, 곧 그러한 노력이 열매 맺을 수 있기를 바랄 뿐이다.

〔홍영의·장지연〕

# 개성 문화재 맛보기

## 1. 개성의 문화재 현황과 지정문화재

개성은 919년에 고려왕조의 서울로 자리잡은 이후 강화로 수도를 옮겼던 30여년(1232~70, 고종 19~원종 11)을 제외하면 430여년 동안 고려왕조의 서울이었다. 개경은 정치의 주무대였고, 국가 경제운용의 중심지인 동시에 생활공간이었다. 따라서 개성 일대에는 나성·발어참성·내성 등의 성곽, 만월대 등 궁궐터, 수많은 왕릉, 절터, 관청터 등 고려시대 유적지가 널려 있다. 그렇지만 개성과 개성 주변의 문화유적은 고려멸망 후 조선왕조에 의해 제대로 보호되지 않았고, 일제강점기를 전후해서는 도굴과 약탈에 방치되었으며, 해방 이후에도 보호와 복원의 손길이 제대로 닿지 않은 상태로 있었다. 결과적으로 개성 주변의 문화재에 대한 체계적인 기초조사도 제대로 이루어지지 못한 듯하며, 그래서인지 개성의 문화재에 대한 제대로 된 종합목록 하나 찾을 수 없는 것이 현실이다. 일제강점기 고유섭에 의해서 개성의 고적이 정리된 이후(고유섭『송도고적』, 1945; 열화당 1977) 최근까지 개성의 문화재에 대해서는 체계적인 정리가 거의 없었다고 해도 지나치지 않을 정도이다. (최근『북한의 문화재와 문화유적』(서울대 출판부 2000)이 출판되었는데, 그중 고려편인 III, IV권에 개성의 주요 문화재가 소개되어 있다.)

북한은 남한과 마찬가지로 문화재를 국보급·보물급·사적으로 구분하고 있는데, 1984년까지 국보급은 50개, 보물급은 53개, 사적은 73개 등 모두 176개가 문화재로 지정되어 있다. 최창조의 『북한 문화유적 답사기』(중앙M&B 1998)에 따르면 최근 북한의 문화유적은 국보유적·준국보·보존유적으로 구분된다고 한다. 또 만월대가 국보유적 122호, 선죽교 표충각이 국보유적 138, 광통보제선사비가 국보유적 152라고 소개한 것으로 보아 최근 북한의 문화재 유적 관리체계가 바뀐 것으로 생각되지만, 구체적으로 확인할 수 없기 때문에 여기서는 그전의 기록을 기초로 소개한다. 개성에는 모두 27개의 지정문화재가 있는데, 이 가운데는 고려시대의 것이 많다(270면, 개성의 지정문화재 표 참조).

## 2. 성곽과 문루

성곽은 외적의 침입으로부터 주민과 내부시설을 보호하기 위해서 흙이나 돌로 높이 쌓아올린 큰 담이다. 개성의 대표적인 성으로는 사적으로 지정된 나성·반월성(내성)·대흥산성과 사적으로 지정되지 않은 발어참성勃禦塹城 터가 있다. 그중 고려시대 개경을 상징하는 성곽은 사적 46호로 지정되어 있는 나성이다.

나성은 북쪽의 송악산(488m)에서 남쪽의 용수산(177m)으로 연결되는 구릉의 능선을 따라 쌓은 성이다. 고려 건국 후 약 100년 뒤인 1020년(현종 11) 강감찬의 건의에 따라 추진되어 1029년에 완성되었다. 둘레는 약 23km로 조선시기 한양 도성의 둘레 18km보다 더 길다. 본래 나성은 흙으로 쌓았으며, 고려말 내성을 쌓으면서 겹치는 서쪽과 북쪽의 성벽은 돌로 다시 쌓았다. 밑면의 너비는 토성 부분이 7~8m, 석성 부분이 6m 정도이고, 높이는 모두 3~4m 정도이다. 『고려사』 지리지에서 25개의 성문 이름을 확인할 수 있는데, 그중 동쪽의 숭인문崇仁門과 서쪽의 선의문宣義門, 남쪽의 회빈문會賓門과 북쪽의 태화문(북성문), 동남쪽의 장패문長覇門(보정문)이 중요한 문이었다. 나성에 성문이 많은 것 역시 조선시대 한양의 도성과 다른 점인데, 지금 제대로 남아 있는 성문은 하나도 없다. 북쪽의 북창문北昌門과 서쪽의 눌리문訥里門 등 내성과 겹치는 부분의 일부 성문이 누각 없이 돌문만 남아 있으며, 동남쪽 문인 장패문과 그 옆 수구문의 터가 남아 있다고 하는데 어떤 상태인지 확인할 수 없다.

나성이 만들어지기 이전의 성곽으로는 발어참성과 황성皇城이 있었다. 발어참성은 896년(신라 진성왕 10) 궁예의 명으로 왕건이 송악산 기슭에 쌓은 것으로, 898년 개성이 후고구려의 서울이 되면서 도성의 기능을 하게 되었다. 919년(태조 2) 태조 왕건이 개성을 고려왕조의 수도로 삼으면서 발어참성을 토대로 토성을 쌓았는데, 그것이 황성이다. 이 황성이라는 이름은 광종 때 개경을 황도로

나성 전경

고칠 때 붙여진 이름으로 추측된다. 『고려사』 지리지에 의하면 고려시대 황성에는 광화문을 비롯한 20개의 성문이 있었다지만 역시 지금 남아 있는 것은 하나도 없다. 황성은 현종 초 거란의 침입으로 파괴되었으며, 그후 개경에 나성이 축성되면서 완전히 복구되지 않은 듯하다. 지금 남아 있는 발어참성 터는 황성의 동쪽 정문인 광화문廣化門 근처의 흔적으로 생각된다.

한편 개성에는 사적 47호로 지정된 반월성 곧 내성이 있는데, 1393년(조선 태조 2)에 완성되었다. 고려말에 이 성곽을 쌓기 시작한 것은 당시의 국력으로 규모가 큰 나성을 외적으로부터 효과적으로 방어하기 어렵다고 판단하였기 때문이다. 내성은 나성 서쪽벽 눌리문訥里門 부근에서 시작하여 동남쪽으로 능선 줄기를 타고 내려와 개경 중심부 남대문이 있는 십자가를 지나 동북쪽으로 자남산과 성균관 뒤 언덕을 지나서 나성의 북쪽 성벽에 이른다. 내성의 둘레는 나성과 겹치는 부분을 포함하여 11.2km로 나성의 절반 정도였다. 황성과 나성이 토성인 것과 달리 내성은 돌로 쌓은 석성이었다. 내성의 북쪽과 서쪽 면은 나성 성벽을 이용하여 쌓았기 때문에 그 겹치는 나성의 서쪽과 북쪽의 일부 성벽은 석성으로 남아 있다. 내성에는 본래 7개의 성문이 있었는데, 문루가 복원되어 남아 있는 것은 남대문 하나이다.

오늘날 개성 문화재의 상징처럼 되어 있는 개성 남대문은 개성시 북안동에 있다. 이곳은 개성의 중심지인데, 고려시기 개경의 중심도로인 십자가가 이곳을 지나갔다. 남대문은 내성의 남문으로 1393년 내성이 완성되면서 모습을 드러낸 조선초의 문화재이며, 한국전쟁 때 완전

파괴되었다가 1955년에 복원되었다. 그 문루는 정면 3칸(13.63m) 측면 2칸(7.96m)의 안팎 3포의 합각식 건물로 되어 있다. '남대문南大門'이라 씌어 있는 현판은 조선전기의 명필인 석봉 한호石峯 韓濩의 글씨로 알려져 있으며, 남대문 문루에는 보물급 30호로 지정된 연복사演福寺 종이 걸려 있다. 연복사 종은 1346년(충목왕 2)에 만들어졌는데, 조선중기 연복사가 불에 타서 없어지자 근처의 남대문에 옮겨 달았던 것이 오늘에 이르고 있다.

연복사 종은 동합금으로 주조한 것인데, 크기는 높이 3.3m, 구경 口徑 지름 1.9m, 두께 23cm이며, 무게는 약 14톤에 달한다고 한다. 이 종은 우리나라 5대 종의 하나로 일

개성의 명물 남대문과 연복사종. 현재는 남대문에 걸려 있다.

컬어지는데, 모양과 무늬 등이 다른 것과 다르다. 종의 몸체는 여러 줄의 굵은 선으로 아래 위 두 부분으로 나뉘며, 여기에 명문을 비롯해 불상, 불경, 여러가지 모양의 문양이 새겨져 있다. 특히 물결 모양으로 만들어진 이 종의 구경 테두리에는 물결을 타고 움직이는 물고기·용·봉황·기린·게 등을 새겼으며, 그 위에 종을 만든 연대와 내력을 써놓았다.

연복사는 본래 919년 고려 태조가 수도를 철원에서 개성으로 옮긴 후 도내에 창건한 10찰 중 하나였다. 선종 사찰인 연복사의 당시 이름은 보제사普濟寺였으며, 위치는 남대문보다 조금 남쪽에 있었다. 조선시대에 유람객이 개성에 오면 연복사에 들르는 것을 빠뜨리지 않았다

고 하는데, 그것은 5층 층각이 있어서 그곳에 올라 도성을 굽어볼 수 있었기 때문이었다. 연복사가 불에 타 없어진 이후에는 연복사 종이 걸린 남대문이 연복사 대신 개성 시가지를 내려다보는 망루 기능을 했는데, 조선시대에 남대문에서 서남쪽을 바라보면 연복사 탑이 보였다고 한다.

개성의 성으로 빼놓을 수 없는 것이 사적 52호로 지적된 대흥산성이다. 대흥산성은 개성의 배후산성으로 조선시기 한양의 북한산성과 같은 기능을 했을 것으로 생각되지만 처음 축성시기는 분명하지 않다. 대흥산성은 천마산과 성거산의 골짜기를 끼고 축성된 포곡식 산성으로 둘레는 약 10.1km이다. 이곳에는 4개의 큰 문과 사이 문이 있는데 그중 북문이 가장 잘 보존되어 있다. 또한 이곳에는 4개의 수구문이 있는데, 대표적인 것이 송도 삼절의 하나인 박연폭포를 이루는 북쪽 수구문이다. 대흥산성 안에는 대흥사와 관음사가 있다. 그중 관음사는 보물급 33호로 지정되어 있으며, 대웅전과 7층 석탑이 유명하다. 관음사 대웅전은 조선후기 목조건축물이며, 7층 석탑은 고려시대 것으로 알려져 있다.

## 3. 만월대와 성균관

그러나 개성의 핵심 문화재는 단연 고려시대의 궁궐이라고 할 수 있다. 궁궐은 왕과 왕실의 거처이자 정치와 행정이 행해지던 곳, 곧 나라의 최고 관청이었기 때문이다. 그런데 고려시대의 궁궐은 현재 남아 있지 않으며 흔히 만월대라 부르는 궁궐터(사적 48호)만 남아 있다.

고려의 본궐인 만월대 궁궐은 황성의 아래쪽에 자리잡은 궁성 안에 있었다. 현재 만월대는 북쪽의 송악산을 배경으로 그 남쪽의 구릉지대에 펼쳐져 있다. 경복궁을 비롯한 조선시대 궁궐이 대체로 평지에 건설된 것과 달리 흙을 높이 돋워 석축을 쌓은 언덕진 곳에 자리잡은 것이 만월대 궁궐의 특징이다. 이것

만월대 용머리 조각

김홍도 「기로세련계도」(1804년경)

은 이른바 '지기地氣'를 손상하지 않으려는 의지에서 나온 것이면서, 동시에 궁전 중심부의 건축적 위용을 과시하려는 목적을 추구한 것이다.

본래 황성의 남문인 주작문朱雀門을 지나고 궁성의 남문인 승평문昇平門을 들어서면 구정이 나오고, 구정을 지나면 다시 신봉문이 나오며, 신봉문神鳳門을 지나면 본대궐의 중심전각인 회경전會慶殿의 창합문 闔門이 나오게 되는데, 회경전은 33단으로 된 4개의 돌계단 위에 놓여 있었다. 지금 만월대에는 회경전 앞의 돌계단 외에는 중심전각이던 회경전 터를 비롯하여 신봉문 터, 창합문 터, 건덕전 터, 장화전 터, 중광전 터의 주춧돌만 드러나 있다.

만월대 법궁은 919년에 건설된 이후 현종 때 거란 침입, 인종 때 이자겸의 난, 고종 때 몽골 침입 등을 겪으며 여러 차례 소실과 중건을 반복하였다. 특히 1362년(공민왕 11) 홍건적의 침입으로 불에 탄 후 복원되지 못하여 지금에 이르고 있다. 고려의 본궐 터는 조선초에 원천석元天錫이 "세월이 유수하니 만월대도 추초秋草로다"라고 읊었듯이 이미 풀숲에 묻혀 있었다. 조선시대에 이곳의 너른 마당이 여러 행사장소로 이용되었음은

258

조선후기 김홍도의 「기로세련계도耆老世聯稧圖」라는 그림에서 확인할 수 있을 뿐이다. 현재 개성 역사박물관에는 만월대 궁궐의 모형이 전시되어 있다.

만월대 서북쪽에는 사적 49호로 지정된 고려 첨성대가 있다. 이것은 고려시대의 천문대로 알려져 있는데, 지금은 화강암으로 다듬어 만든 축대 부분만 남아 있다. 축대는 동서남북 방위와 일치하고, 그 높이는 2.8m이며 한 변의 길이는 2.6m이다. 첨성대와 멀지 않은 곳에는 인종대 이자겸이 난을 일으켰을 때 목숨을 던져 왕을 구한 홍관洪灌의 비가 있다.

만월대 법궁 외에도 많은 이궁의 이름이 전해지지만 현재 위치가 확인되는 것은 많지 않다. 공민왕 후반 이후 고려의 왕이 정사를 돌보았고 조선의 태조와 태종이 즉위했던 수창궁壽昌宮은 개성의 중심부인 십자가 근처에 있었는데 지금은 그 터에 학생소년궁전을 세워놓았다. 그 근처에서 발견된 용머리 조각은 회경전 앞에 있던 용머리 조각과 함께 현재는 성균관 대성전 뜰에 옮겨져 있다.

고려시대 개경에는 많은 관청이 있었지만 지금 그 흔적을 확인할 수 있는 것은 사적 50호로 지정된 성균관뿐이다. 지금 성균관은 개성시 선죽동에 있다. 이곳에는 본래 문종 때 대명궁이라는 별궁이 있었는데, 순천관·숭문관 등으로 이름이 바뀌어오다가 1367년(공민왕 16) 성균관으로 중영되면서 오늘에 이르렀다. 특히 고려말 개혁에 앞장섰던 신진사대부들이 이곳에서 성장하였다. 건물은 남북 중심축을 따라 앞에 명륜당이, 뒤에 대성전이 배치되었다. 이곳에는 고려에 성리학을 전한 안향安珦이 중국에서 직접 가져온 여러 현인들의 인물상이 있다. 현재 성균관은 개성 역사박물관으로 이용되고 있다. 여기에는 개성 근처에서 발굴된 여러가지

개성 성균관 전경. 현재 개성 역사박물관으로 쓰고 있다.

유물들을 모아 전시하고 있으며, 뜰에는 주변의 절터에서 가져온 탑과 불상들을 모아놓았다. 서울 경복궁 뜰을 연상하면 될 듯하다.

## 4. 왕릉과 무덤

개성시를 중심으로 개풍군·판문군 일대에는 고려 역대 왕과 왕비, 그리고 왕족들의 무덤이 많다. 왕릉의 경우, 강화에 있는 2기(희종 석릉, 고종 홍릉)와 위치가 확실하지 않은 3기(우왕·창왕·공양왕 능으로 추정)를 제외한 29기가 개성 일대에 있을 것으로 추정되지만, 고려의 왕릉 중 위치가 확인되는 것은 강화의 2기를 포함하여 모두 20기에 불과하다. 또 북한에서 문화재로 지정된 것은 공민왕 현릉玄陵(정릉 포함), 태조 현릉顯陵, 고려 7릉군뿐이다(장호수 「개성지역 고려왕릉」, 『한국사의 구조와 전개』, 혜안 2000 참조).

무덤형식은 돌칸흙무덤(석실봉토분 石室封土墳)으로 발해와 통일신라기의 형식과 같다. 내부구조는 대체로 외칸무덤(단실분單室墳)으로 평천정구조이다. 안칸 바닥 가운데 관대가 놓이고 그 위에 나무로 만든 관이 놓였다. 네 벽과 천장에는 벽화가 그려진 것이 있는데, 왕릉 가운데 벽화가 있는

태조 현릉 전경과
왕릉 앞의 돌범

것은 모두 7기가 확인되었다. 태조릉과 공민왕릉을 비롯하여 정종 안릉·문종 경릉·신종 양릉·원종 소릉·충목왕 명릉 등에 벽화가 있다.

개성시 개풍군 해선리 만수산에 있는 태조 현릉은 태조가 죽은 943년(태조 26) 5월에 만들어졌는데, 첫째 왕후인 신혜왕후 유씨가 함께 묻혀 있다. 현릉은 외적의 침입으로 몇차례 이장되기도 했다. 즉 1018년(현종 9) 거란이 침입하자 부아산負兒山 향림사香林寺로 옮겨졌다가 다음해 11월 환장還葬되었으며, 1217년(고종 4) 거란족이 국경에 침입하자 태조의 재궁(관)은 다시 봉은사로 옮겨졌다. 또 1232년(고종 19) 강화도로 천도하면서 현릉은 다시 강화로 이장되었

으며, 개경으로 서울을 옮긴 1270년(원종 11)에 임시로 이판동에 옮겨졌다가 1276년(충렬왕 2) 제자리를 찾게 되었다. 따라서 지금의 현릉 자리가 처음 태조가 묻혔던 바로 그 자리인지는 알 수 없다. 이곳은 또한 1906년(광무 10) 도적들에 의해 파헤쳐진 적이 있으며, 1950년 한국전쟁 중에 파괴되었으나 1954년에 복구하였다. 1992년 북한에서 발굴조사 후 새로 고치고, 1993년 5월 5일 한자로 쓴 '고려태조왕건왕릉개건비'를 세웠다. 이때 12지상을 새긴 본래의 병풍석들은 무덤 안쪽에 넣어 보존하였다. 북한에서 발굴할 때 여러가지

정릉(노국대장공주릉)과 현릉(공민왕릉), 그 앞의 문인·무인상

유물이 나왔는데, 그중 금동불상은 등신불로서 현재 개성역사박물관에 전시되어 있다. 무덤 안칸에는 벽화를 그렸는데, 동벽에는 매화나무·참대·청룡이, 서벽에는 소나무·매화나무·백호가, 북벽에는 현무가, 천장에는 8개의 별이 그려져 있다.

국보급 문화재 39호로 지정된 공민왕릉은 왕릉인 현릉과 왕비릉인 정릉을 포함해 말하는 것이다. 이 능은 개성시 개풍군 해선리 정릉동 봉명산 기슭에 있는데, 태조 현릉보다 서쪽에 있다. 잘 알려진 대로 1365년 공민왕의 왕후인 노국대장공주가 죽자 공민왕은 직접 정릉을 만들었으며, 1372년에 자신의 사후를 위하여 현릉을 만들어 두었다가 1374년 그곳에 묻혔다. 공민왕은 여기에 당대 최고의 기술 및 최대의 비용과 인력을 동원하였다. 현릉과 정릉은 1905년 경 도굴된 적이 있고, 1920년에 일부 수리공사를 했으며, 1956년 개성시 문화유물보존위원회에서 다시 수리공사를 하면서 내부조사를 실시하였다. 이때 무덤구조와 내부시설을 조사하고 벽화를 옮겨 그렸다.

공민왕의 현릉 벽에는 12지상 그림이 한 벽에 4개씩 그려져 있다. 병풍석에 그린 12지상과 같은 모습으로 공민왕이 직접 그렸다고 전한다. 천장에는 해와 북두칠성, 3성 그림이 있으며, 안칸 동벽에는 문을 그렸고, 그 밑에 네모난 구멍을 뚫어 정릉과 통하게 되어 있다. 동쪽으로 좀 떨어진 개풍군 해선리에는 원찰로 세운 광통보제사廣通普濟寺의 보제선사비가 세워져있다. 이 비의 탑신 부분은 다른 탑비와 달리 비교적 넓은 대리석으로 되어 있으며, 여기에는 광통보제선사와 공민왕릉의 내력이 적혀 있다. 한편 태조 현릉 서북쪽에는 사적 54호로 지정된 고려7릉군이 있는데, 그 주인공은 확인되지 않았다. 최근의 보고에 의하면 7릉 중 6곳은 왕릉급이라고 한다.

한편 고려의 왕릉 중 탄동리의 영릉榮陵(경종릉), 봉동리의 영릉永陵(충혜왕릉), 판문리의 영릉英陵(숙종릉)의 3개 영릉이 개성의 동쪽과 동남쪽에 위치하는데, 이 지

청동도장(국립중앙박물관 소장). 인종 장릉에서 청자, 청동 수저, 인종 옥책 등과 함께 출토되었다.

역은 현재 개성공단과 배후도시 예정지에 포함되어 있어 훼손이 우려된다. 아울러 개성 주변에는 조선초의 왕릉과 왕족의 무덤도 있는데, 조선 2대 정종릉인 후릉을 비롯하여 태조 이성계의 비인 신의황후 한씨의 제릉, 이성계의 아들 방의·방우의 묘가 있다. 주변에는 서경덕徐敬德·박지원朴趾源의 묘도 있는데, 특히 박지원의 묘는 비교적 잘 보존되어 있다고 한다.

## 5. 불교문화재

고려시대의 개경은 불교도시라 할 만큼 수많은 절이 있었다. 조선중기의 한 기록에는 유명한 절만도 성내에 300곳이 있었다고 하며, 현재 절 위치와 창건연대를 확인할 수 있는 것만도 30여개가 넘는다. 고려시대의 절은 종교적 기능만을 하는 장소가 아니라 정치·경제·사회·문화적으로도 매우 중요한 곳이었다. 그럼에도 불구하고 현재 남아 있는 불교문화재는 그리 많지 않다. 먼저 지정문화재를 살펴보자.

현재 북한에서 지정한 개성 주변의 불교문화재는 국보급으로 지정된 불일사 5층탑·영통사 5층탑·영통사 서3층탑·현화사비·현화사 7층탑과, 보물급으로 지정된 연복사 종·흥국사탑·개국사 석등·관음사·화장사 사리탑·영통사 동3층탑·영통사 대각국사비와 당간지주·현화사 당간지주·탑동 3층탑 등 모두 15개이며, 이중 영통사와 관련된 것이 5개이고 현화사와 관련된 것이 3개이며, 탑이 7개로 가장 많다.

가장 많은 지정문화재를 갖고 있는 영통사는 개성 나성 밖 동북쪽인 개성시 용흥리 오관산 남쪽에 있다. 이 절은 고려초에 창건된 것으로서 고려전기 화엄종단의 대표적인 절이다. 절터에는 현재 국보급으로 지정된 영통사 5층탑(37호), 영통사 서3층탑(38호)을 비롯하여 보물급으로 지정된 영통사 동3층탑(35호), 영통사 대각국사비(36호), 영통사 당간지주(37호)가 제자리를 지키고 있다. 3기의 석탑은 모두 고려초기의 것으로 5층탑을 가운데 놓고 좌우에 3층탑이 동서로 서 있다. 또 보물급 36호로 지정된 영통사 대각국사비는 1125년(인종 3)의 것으로, 김부식金富軾이 지은 비문을 통하여 화엄승려로 활동한 대각국사 의천義天(1055~1101)의 행적을 살필 수 있다. 이 비문은 본래 의천이 입적한 다음해인 1102년 윤관尹瓘이 지었는데, 김부식이 개찬한 것이다. 이 일로 윤관의 아들 윤언이와 김부식은 서로 사감을 가지게 되었다 한다.

의천의 비는 경상북도 칠곡군의 선봉사지에도 있는데, 영통사 것보다 7년 늦은 1132년(인종 10)에 세워졌다. 임존林存이 쓴 이 비문에는 천태종 개창자 의천의 모습이 드러나 있다. 이렇 듯 한 승려에 대해 두개의 비문이 전하는 것은 희귀한 예인데, 이는 천태종 개창을 통해 선종 을 통합하고 교종인 법상종法相宗을 견제하여 당시의 불교계를 재편하려 했던 화엄종 승려 의 천의 활동과 관련이 있다. 이외에도 의천이 입적한 해인 1101년에 작성된 묘지명이 국립중앙 박물관에 보관되어 있다. 현재 영통사지는 발굴과 복원이 추진되고 있다고 한다.

영통사지에서 멀지 않은 개성시 월고리 영취산 아래에 있는 현화사지에도 주요 문화재가 남 아 있다. 현재 현화사와 관련된 지정문화재는 국보급인 현화사비(40호), 현화사 7층탑(41호)과 보물급인 현화사 당간지주(38호), 현화사 석등이 있다. 이중 석등은 서울의 경복궁 앞뜰에, 7층 탑은 개성시 역사박물관 주변에 옮겨져 있다. 현화사는 현종이 부모의 원찰로 지은 법상종 계 통의 절이다. 현종은 1018년(현종 9)에 국력을 기울여 현화사를 창건하고, 많은 토지와 노비를

영통사지 탑과 당간지주

제공하였다. 1021년에 건립된 현화사비는 채충순蔡忠順이 썼는데 여기에는 현화사의 창건과정
이 기록되어 있다. 이에 의하면 현종 때 현화사에는 토지가 2000경, 노비 100구를 비롯하여 많
은 물자들이 있었으며 학도들이 1000명이 넘었다. 현화사 창건내력을 적은 비 앞면의 윗부분
에는 해와 달을 상징하는 까마귀와 토끼 조각이 있으며, 비 양 옆면에는 용이 새겨져 있다.

개성시 방직동의 역사박물관 옆에 옮겨진 현화사 7층석탑은 1020년에 만든 것으로 고려초
기 석탑의 양식을 잘 보여주고 있다. 현화사탑에는 탑신받침이 있고, 각층 탑신의 네 면에는
감실형태로 판 안상 안에 불상과 보살상이 조각되어 있다. 한편 개성시 방직동 역사박물관 주
변에는 현화사 7층탑 외에도 불일사 5층탑·홍국사탑·탑동 3층탑 등 불탑과 원통사 부도가 모
여 있는데, 흡사 서울 경복궁 앞의 중앙박물관 뜰에 여러곳의 석탑과 부도가 모여 있는 것과
같다. 불일사는 951년 광종이 모후의 원찰로 세운 것으로, 개성시 판문군 선적리 보봉산 기슭
에 그 터가 있다. 1959년 발굴했으며, 그 다음해 불일사 5층탑을 현재의 위치로 옮겼다. 불일
사 5층탑은 개성 주변에 있는 대표적인 고려초 석탑으로서 국보급 35호로 지정되었다. 불일사

현화사 석등과 현화사탑의 감실 부분. 현화사 석등은 서울의 국립중
앙박물관 뜰에 있다.

흥국사탑 명문. 석탑의 조성 유래가 기록되어 있다.

5층탑을 옮길 때 불일사탑에서는 금동 9층탑·금동 5층탑·금동 3층탑·작은 돌탑 20여개·작은 청자 사리단지·불경 등 많은 유물이 나왔는데, 그것들은 지금 개성 역사박물관에 전시되어 있다.

또 이 주위에는 흥국사탑도 있다. 흥국사는 924년(태조 7)에 개성의 중심부인 북부 흥국방에 세운 절인데, 법왕사·봉은사·민천사 등 개경 중심부에 위치하던 다른 절과 마찬가지로 국가의 주요 불교행사를 주관했으며, 정치공간으로 이용되기도 하였다. 흥국사는 고려 신종 초 최충헌의 노비인 만적이 난을 일으킬 때 거사장소로 정한 곳이기도 하다. 흥국사탑에는 글이 새겨져 있는데, 이에 따르면 이 탑은 강감찬이 1021년(현종 12) 거란과의 싸움에서 승리한 기념으로 세운 것이라 한다. 이 탑은 2층부터 탑신이 없어져서 지붕돌만 포개놓은 불완전한 상태이지만 새겨진 글에서 탑을 세운 연대를 알 수 있기 때문에 고려초기 석탑 연구에 중요한 유물이다.

개국사 석등 역시 역사박물관 주변에 있는 주요 불교문화재이다. 개국사는 935년(태조 18) 개경의 동남쪽에 창건되었는데, 이곳은 나성의 장패문 바로 바깥으로, 당시 개성에서 동남쪽으로 내려가는 길목이었다. 따라서 개국사는 고려초 동북쪽에 창건한 현성사와 함께 개경의 관문에 위치하여 개경의 안팎을 연결하고 더 나아가 개경을 방어하는 중심 역할을 하기도 하였다. 개국사 석등은 높이가 4m에 가까운 커다란 석등으로 사각기둥 모양을 한 전형적인 고려초기의 석등이다. 개국사에 속했던 남계원의 7층탑은 장패문 안에 있었는데, 이 탑은 일제강점기에 서울로 옮겨져 현재 서울 국립중앙박물관 뜰에 보존되어 있다. 이것은 얼마 전까지 경복궁 뜰에 세워져 있던 경천사 10층탑과 함께 서울로 옮겨진 대표적인 개성의 불교문화재이다. 이외에도 고려박물관 뜰에는 고려초 창건한 10대 사찰 중의 하나인 원통사의 부도, 개성시 동흥동에 있던 미륵사 석불입상, 개풍군 해선리에 있던 복령동 석불입상 등 고려시대의 불상도 옮겨져 있다.

보물급 34호로 지정된 화장사 부도도 간단히 소개할 필요가 있다. 이 부도는 개성시 용흥리 화장사 터에 있는데, 고려말에 만든 것으로 우리나라 종 모양 부도 가운데 가장 오래된 것이다. 이 부도 몸돌 앞면에 '지공정혜령조지탑指空定慧靈照之塔'이라는 글이 새겨져 있어서 이것의 주인공이 지공이라는 것을 알 수 있다. 이외에도 용흥리 오룡사지에는 법경대사 부도비가 있는데, 이것은 921년 일월사에서 죽은 법경대사 경유慶猷의 비로서 944년(혜종 1)에 세운 것이다.

고려시대 개경에는 수많은 절들이 있었지만 이렇듯 남아 있는 불교문화재는 몇 기의 석조물이 전부이다. 그 가운데 개성시 산성리 대흥산성 안에 있는 관음사는 그 자체가 보물급 33호로 지정되었다. 이는 개성의 절 중에서 거의 유일하게 조선후기의 절집이 지금까지 남아 있기 때문일 것이다. 실제로 개성에서 복원된 절은 관음사와 안화사 등 극소수에 불과하며 그것

경천사지 10층 석탑(14세기, 옆). 원 간섭기 라마교의 영향을 받은 것으로 현재 서울에 옮겨져 있다.
화장사 부도(아래). 우리나라 종 모양 부도 가운데 가장 오래된 것이다.

도 제대로 복원된 것은 아니다. 관음사에는 대웅전을 비롯하여 7층탑 등이 있다. 또한 관음사에는 대리석으로 만든 고려시대의 관음보살상이 있었는데, 지금은 평양의 조선중앙역사박물관에 옮겨져 있다.

　지정된 문화재는 아니지만 흥왕사지와 천수사지(천수원지)를 소개할 필요가 있다. 흥왕사지는 개풍군 봉동면 흥왕리에 있는데, 이곳은 1067년(문종 21) 문종이 덕수현의 치소를 옮기고 대대적인 지원 끝에 창건한 화엄종 계통의 절인 흥왕사가 있던 곳이다. 이곳에는 1070년 성을 쌓았다. 지금도 성터가 남아 있는데, 성의 길이는 약 4km 정도이며 동서남북 4개의 성문터가 확인된다고 한다. 이렇게 흥왕사에 성을 쌓은 것은 이 절이 처음부터 궁궐 남쪽의 이궁 역할을 하도록 설계되었기 때문이다. 천수사지는 고려 예종 때 장단군 진서면에 지은 천수사가 있던 곳이다. 이곳은 개성에서 남쪽으로 내려가는 교통의 요지였으며, 조선시대에는 이곳에 천수원이 있었다. 천수사지 옆에는 취적교라는 고려시대 돌다리가 있다.

## 6. 선죽교와 숭양서원

　고려 충절의 상징처럼 되어 있는 선죽교는 개성시 선죽동에 있는 고려시대의 돌다리이다. 이곳에서 고려말 정몽주가 피살되었다고 전해진다. 이 다리의 옛 이름은 선지교選地橋였는데,

정몽주의 집이 있던 자리에 세운 숭양서원과 선죽교 비석. 비석의 글씨는 조선시대 명필 한호의 것이다.

정몽주가 피살된 날 밤 다리 옆에 참대가 났기 때문에 이름을 선죽교로 고쳤다고 한다. 선죽교에는 본래 난간이 없었는데 지금 있는 난간은 1780년(정조 4) 정몽주의 후손이 다리를 보호하기 위해서 설치한 것이다. 선죽교는 국보급 36호로 지정되었으며, 그 옆에는 석봉 한호가 썼다고 전하는 '선죽교善竹橋'라고 씌어진 비석이 있다. 한편 개성사람이던 한석봉은 이외에도 남대문과 성균관의 명륜당·대성전의 현판에도 그 명필의 흔적을 남기고 있다.

이 다리 주변에는 정몽주와 관련된 유적들이 많이 있는데, 그중 대표적인 것이 숭양서원崧陽書院과 표충비表忠碑이다. 사적 51호로 지정된 숭양서원은 정몽주의 집 자리에 세운 서원이다. 서원은 조선중기 이후 본받을 만한 유학자를 제사지내는 동시에 유학공부를 시키던 일종의 사립학교인데, 숭양서원에는 정몽주의 위패가 모셔져 있다. 또 근처에는 조선후기 이후에 정몽주의 충절을 기리는 표충비 2개가 비각 안에 들어 있는데, 북쪽 것은 1740년(영조 16) 영조가, 남쪽 것은 1872년(고종 9) 고종이 개성에 와서 그의 충절을 기린 내용을 기록한 것이다. 선죽교와 숭양서원 일대는 현재 북한당국이 나름대로 보호와 복원에 애쓰고 있는 문화유적의 하나이다.

한편 개성 서쪽 토성면 여릉리 두문동에는 두문동비가 있는데, 여기에서도 고려 충신들의 충절을 느낄 수 있다. 이 비는 조선왕조가 개창되자 벼슬을 버리고 이곳에 들어와 끝까지 충절을 지킨 고려의 충신 72명을 기리기 위하여 1751년(영조 27)에 세운 것이다.

〔**박종진**〕

*이 글은 「개성의 문화재」(『역사비평』 54호)를 고친 것이다.

## 개성의 지정문화재

| 분류 | 지정번호 | 문화재 이름 | 현위치 | 연대 | 참고 |
|---|---|---|---|---|---|
| 국보급 | 34 | 개성 남대문 | 개성시 북안동 | 조선 초기 | |
| | 35 | 불일사 5층탑 | 개성시 방직동 | 고려 초기 | 개성 역사박물관 |
| | 36 | 선죽교 | 개성시 선죽동 | 고려시기 | |
| | 37 | 영통사 5층탑 | 개성시 용흥리 | 고려 초기 | |
| | 38 | 영통사 서3층탑 | 개성시 용흥리 | 고려 초기 | |
| | 39 | 현릉·정릉 | 개성시 개풍군 해선리 | 고려 말기 | |
| | 40 | 현화사비 | 개성시 방직동 | 고려 초기 | 개성 역사박물관 |
| | 41 | 현화사 7층탑 | 개성시 방직농 | 고려 초기 | 개성 역사박물관 |
| 보물급 | 30 | 연복사 종 | 개성시 북안동 남대문루 | 고려 후기 | |
| | 31 | 흥국사탑 | 개성시 방직동 | 고려 초기 | 개성 역사박물관 |
| | 32 | 개국사 석등 | 개성시 방직동 | 고려 초기 | 개성 역사박물관 |
| | 33 | 관음사 | 개성시 산성리 | 불분명 | |
| | 34 | 화장사 부도 | 개성시 용흥리 | 고려 말기 | |
| | 35 | 영통사 동3층탑 | 개성시 용흥리 | 고려 초기 | |
| | 36 | 영통사 대각국사비 | 개성시 용흥리 | 고려 전기 | |
| | 37 | 영통사 당간지주 | 개성시 용흥리 | 고려 초기 | |
| | 38 | 현화사 당간지주 | 개성시 방직동 | 고려 초기 | 개성 역사박물관 |
| | 39 | 탑동 3층탑 | 개성시 방직동 | 고려시기 | 개성 역사박물관 |
| 사적 | 46 | 개성 나성 | 개성시 | 고려시기 | |
| | 47 | 반월성 | 개성시 | 조선 초기 | |
| | 48 | 만월대 | 개성시 송악산 | 고려시기 | |
| | 49 | 고려 첨성대 | 개성시 만월동 | 고려시기 | |
| | 50 | 성균관 | 개성시 선죽동 | 고려 후기 | |
| | 51 | 숭양서원 | 개성시 선죽동 | 조선시기 | |
| | 52 | 대흥산성 | 개성시 산성리 | 불분명 | |
| | 53 | 현릉 | 개성시 개풍군 해선리 | 고려 초기 | |
| | 54 | 고려 7릉군 | 개성시 개풍군 해선리 | 고려시기 | |

＊문화재관리국, 『북한문화재 실태와 현황』(1985) 참고

## 고려왕릉 일람표

| 왕과 능이름 | 능자리/( )는 미확인 | 왕과 능이름 | 능자리/( )는 미확인 |
|---|---|---|---|
| 1. 태조 현릉 | 개풍 중서면 고령리 *신혜왕후 부장 | 18. 의종 희릉 | (개성 동쪽) |
| 2. 혜종 순릉 | 개성 송악면 자하동 *의화왕후 부장 | 19. 명종 지릉 | 장단 장도면 두매리 지릉동 |
| 3. 정종 안릉 | 개충 청교면 양릉리 안릉동 | 20. 신종 양릉 | 개풍 청교면 양릉리 양릉동 |
| | *문공왕후 부장 | 21. 희종 석릉 | 강화 양도면 능내리 |
| 4. 광종 혜릉 | 개풍 금남면 심천리 | 22. 강종 후릉 | (개성 금남면 현화리) |
| 5. 경종 영릉榮陵 | 개풍 진봉면 탄동리 | 23. 고종 홍릉 | 강화 국화리 |
| 6. 성종 강릉 | 개풍 청교면 비야리 | 24. 원종 소릉 | 개풍 금남면 소릉리 |
| 7. 목종 의릉 | (개성 동쪽) | 25. 충렬왕 경릉 | (개성 서쪽) |
| 8. 현종 선릉 | 개풍 중서면 고령리 | 26. 충선왕 덕릉 | (개성 서쪽) |
| 9. 덕종 숙릉 | (개성 북쪽 교외) | 27. 충숙왕 의릉 | (개성 중서면) |
| 10. 정종 주릉 | (개성 북쪽 교외) | 28. 충혜왕 영릉永陵 | (봉동면 봉동리) |
| 11. 문종 경릉 | 장단 진서면 경릉리 | 29. 충목왕 명릉 | 개풍 중서면 여릉리 명릉동 |
| 12. 순종 성릉 | 개풍 상도면 풍천리 풍릉동 | 30. 충정왕 총릉 | 개풍 청교면 비야리 총릉동 |
| 13. 선종 인릉 | (개성 동쪽) | 31. 공민왕 현릉 | 개풍 중서면 여릉리 정릉동 |
| 14. 헌종 은릉 | (개성 동쪽) | | *노국공주 정릉 |
| 15. 숙종 영릉英陵 | 장단 진서면 판문리 구정동 | 32. 우왕릉 | (강원 강릉설) |
| 16. 예종 유릉 | 개풍 청교면 비야리 총릉동 | 33. 창왕릉 | (경기 강화설) |
| 17. 인종 장릉 | (개충 청교면 장릉리) | 34. 공양왕릉 | (경기 고양설. 강원 삼척설) |

＊장호수, 2000 「개성지역 고려왕릉」, (『한국사의 구조와 전개』(혜안 2000)을 바탕으로 작성.

| | |
|---|---|
| 896(신라 진성여왕 10) | 왕건, 발어참성 축성 |
| 898(신라 효공왕 2). 7 | 궁예, 송악으로 천도 |
| 905(신라 효공왕 9). 7 | 궁예, 철원으로 재천도 |
| 918(고려 태조 1). 6 | 고려 건국 |
| 919(태조 2). 1 | 송악 남쪽에 도읍을 정하고 개주開州라 함. 5부部를 나누고 시전市廛을 설치 |
| 919(태조 2). 3 | 법왕사法王寺·왕륜사王輪寺 등 10개 절 창건 |
| 922(태조 5) | 왕건의 옛집을 광명사廣明寺로 함 |
| 930(태조 13) | 흥국사興國寺 창건 |
| 940(태조 23). 7 | 신흥사新興寺에 공신당을 두어 삼한공신을 벽에 그림 |
| 943(혜종 즉위). 6 | 태조를 현릉顯陵에 장사지냄 |
| 951(광종 2). 1 | 봉은사奉恩寺·불일사佛日寺 창건 |
| 960(광종 11). 3 | 개경을 황도皇都, 서경을 서도西都로 고침 |
| 961(광종 12) | 수영궁궐도감修營宮闕都監 설치, 궁궐 수리 |
| 983(성종 2). 10 | 주점 酒店 6개소 설치 |
| 986(성종 5). 7 | 의창義倉 설치 |
| 986(성종 5) | 양경 兩京의 팔관회 금지. 태학 중수 |
| 987(성종 6) | 5부방리 五部坊里 개편 |
| 990(성종 9). 10 | 좌우 군영 左右軍營 설치 |
| 991(성종 10). 2 | 사직 社稷 설치 |
| 992(성종 11). 12 | 국자감 창립. 태묘 낙성 |
| 993(성종 12). 2 | 개경·서경·12목에 상평창 설치 |
| 995(성종 14). 7 | 개주를 개성부開城府로 하고 적현赤縣과 기현畿縣을 관할하게 함 |
| 1009(목종 12). 1 | 천추전千秋殿 화재 |
| 1010(현종 1) | 연등회·팔관회 부활 |
| 1011(현종 2). 1 | 거란군 침입. 태묘·궁궐·민가 방화 |
| 1011(현종 2). 8 | 송악성松岳城 중수 |
| 1014(현종 5). 1 | 궁궐 복구 |
| 1014(현종 5). 7 | 사직단 수리 |
| 1018(현종 9). 2 | 개성부를 없애고 경기 京畿로 함 |
| 1018(현종 9). 6 | 현화사玄化寺 창건 |
| 1018(현종 9). 12 | 태조의 관棺을 부아산負兒山 향림사香林寺로 옮김 |
| 1019(현종 10). 11 | 태조의 관을 다시 현릉顯陵에 모심 |

272

| | |
|---|---|
| 1019(현종 10). 11 | 태조의 관을 다시 현릉顯陵에 모심 |
| 1021(현종 12). 1 | 자신전紫宸殿을 경덕전景德殿, 토양궁土陽宮을 정양궁正陽宮, 조천문朝天門을 조종문朝宗門, 유원문柔遠門을 숭복문崇福門으로 개칭 |
| 1021(현종 12). 2 | 개경 인수문仁壽門 밖 2000호 화재 |
| 1021(현종 12). 3 | 문공전을 문덕전文德殿으로 개칭 |
| 1021(현종 12). 7 | 명경전明慶殿을 선정전宣政殿으로, 영은전靈恩殿을 명경전으로, 경덕전景德殿을 연영전延英殿으로 개칭 |
| 1022(현종 13). 2 | 궁성 동북 행랑 150여 칸 화재 |
| 1024(현종 15). 12 | 5부방리 개편 |
| 1027(현종 18). 2 | 태묘 수리 |
| 1029(현종 20). 8 | 나성羅城 완성 |
| 1029(현종 20) | 강감찬, 흥국사興國寺 석탑 건립 |
| 1034(덕종 3). 4 | 장작감將作監 화재 |
| 1037(정종 3). 1 | 인가 860여 호 화재 |
| 1037(정종 3). 11 | 대부시大府寺 화재 |
| 1038(정종 4). 2 | 중부中部 민가 860호 화재 |
| 1040(정종 6). 2 | 승평문昇平門 행랑 화재 |
| 1041(정종 7). 2 | 송악신사松岳神祠 화재 |
| 1051(문종 5). 2 | 경시서京市署 화재로 120호 연소 |
| 1052(문종 6). 2 | 사직단 신축 |
| 1055(문종 9). 3 | 성황신사城隍神祠 설치 |
| 1055(문종 9). 7 | 최충, 문헌공도文憲公徒 세움 |
| 1056(문종 10). 2 | 흥왕사興王寺를 덕수현德水縣에 지으면서 그 현을 양천楊川으로 옮김 |
| 1056(문종 10). | 서강 남쪽에 장원정長源亭 건축 |
| 1058(문종 12). 12 | 내사문하성 화재. 회경전 동남쪽 행랑 연소 |
| 1060(문종 14). 12 | 회경전 동남 행랑 연소 |
| 1062(문종 16) | 지개성부사知開城府事 복구 |
| 1064(문종 18). 1 | 도관해사都官廨舍 화재, 청하관淸河館 연소 |
| 1066(문종 20). 2 | 운흥창雲興倉 화재 |
| 1067(문종 21). 1 | 흥왕사 낙성 |
| 1070(문종 24). 6 | 흥왕사 축성 |
| 1070(문종 24). 11 | 개경 주변 네 곳에 고수탄철고固守炭鐵庫 설치 |

| | |
|---|---|
| 1076(문종 30). 12 | 가구소街衢所 설치 |
| 1081(문종 35). 5 | 여진인의 개경 체류기간을 15일로 한정 |
| 1081(문종 35). 8 | 도성 동·서 각각 십여리에 좌우 궁궐을 짓게 함. |
| 1086(선종 3) | 흥왕사에 교장도감敎藏都監 설치 |
| 1087(선종 4). 8 | 숭경궁崇慶宮을 보녕궁保寧宮으로, 경흥원慶興院을 원희궁元禧宮으로 개칭 |
| 1089(선종 6). 8 | 국학國學 보수. 공자상을 순천관順天館으로 옮김 |
| 1090(선종 7). 3 | 신흥창 화재 |
| 1091(선종 8). 9 | 국자감 벽에 72현賢 초상 그림 |
| 1092(선종 9). 3 | 민가 640호 화재 |
| 1093(선종 10). 7 | 광인관廣仁館에 봉선고奉先庫 설치 |
| 1096(숙종 1). 8 | 김위제金謂磾가 남경南京 천도 건의 |
| 1097(숙종 2). 2 | 국청사國淸寺 낙성 |
| 1100(숙종 5). 8 | 큰 화재 |
| 1101(숙종 6). 3 | 서적포書籍鋪 설치 |
| 1102(숙종 7). 12 | 좌우 주무酒務 실시. 시가 양편에 점포店鋪 설치 |
| 1104(숙종 9). 5 | 남경 궁궐 완성 |
| 1105(예종 특). 12 | 대녕궁大寧宮 화재 |
| 1106(예종 1). 2 | 송악松岳 식수 |
| 1106(예종 1). 12 | 대녕궁 화재 |
| 1110(예종 5). 4 | 상약국尙藥局 남쪽 행랑 화재 |
| 1112(예종 7). 2 | 혜민국惠民局 설치 |
| 1113(예종 8). 2 | 도성 남서쪽에 화원花園 설치 |
| 1113(예종 8). 11 | 경천사敬天寺 창건 |
| 1116(예종 11). 8 | 궁중에 청연각淸讌閣 설치 |
| 1117(예종 12). 6 | 궁중에 천장각天章閣 설치 |
| 1118(예종 13). 4 | 안화사安和寺 중수 |
| 1119(예종 14). 1 | 영은관迎恩館 화재 |
| 1119(예종 14). 7 | 국학에 양현고養賢庫 설치 |
| 1119(예종 14). 10 | 건명전乾明殿 화재 |
| 1125(인종 3) | 영통사靈通寺 대각국사비大覺國師碑 건립 |
| 1126(인종 4). 2 | 척준경, 궁궐 방화 |
| 1128(인종 6). 1 | 인덕궁仁德宮 화재 |

| | |
|---|---|
| 1131(인종 9). 3 | 동서대비원·제위포濟危鋪 수리 |
| 1138(인종 16). 5 | 여러 전각 및 궁문의 이름 고침 |
| 1138(인종 16). 10 | 궁궐 중수 |
| 1142(인종 20) | 인종, 정국안화사에 사운시四韻詩를 돌에 새김 |
| 1143(인종 21). 5 | 연덕궁延德宮 화재 |
| 1145(인종 23). 1 | 인은관仁恩館 화재 |
| 1153(의종 7). 6 | 목청전穆淸殿 화재 |
| 1156(의종 10). 9 | 충허각沖虛閣·선구보善救寶·양성정養性亭 건립 |
| 1157(의종 11). 3 | 상승국尙乘局 화재 |
| 1157(의종 11). 4 | 대궐 동쪽 별궁인 수덕궁壽德宮 천녕전天寧殿 낙성. 왕충·김정순·유필·김거공의 집을 각각 안창궁安昌宮·정화궁靜和宮·연창궁連昌宮·서풍궁瑞豊宮으로 삼음. 민가 50채를 헐어 태평정太平亭 건립. 그외 관란정觀瀾亭·양이정養怡亭·양화정養和亭·환희대歡喜臺·미성대美成臺 등 건립 |
| 1157(의종 11). 4 | 진사眞絲 400근으로 문공원의 저택을 사서 순어소巡御所로 삼음 |
| 1157(의종 11). 12 | 정함鄭誠의 집을 경명궁慶明宮으로 삼음 |
| 1158(의종 12). 4 | 신창관리新倉館里 화재, 320여 호 연소 |
| 1158(의종 12). 11 | 만보전萬寶殿 화재 |
| 1165(의종 19) | 연흥전延興殿 착공 |
| 1167(의종 21). 3 | 중미정衆美亭 건립 |
| 1167(의종 21). 6 | 연복정延福亭 건립 |
| 1170(의종 24). 6 | 연복정 남천南川 제방 수리 |
| 1170(의종 24). 8 | 연복정 남천 제방 붕괴 |
| 1171(명종 1). 10 | 궁궐 화재 |
| 1174(명종 4). 5 | 좌소 백악산白岳山·우소 백마산白馬山·북소 기달산箕達山에 연기궁궐조성관延基宮闕造成官을 둠 |
| 1175(명종 5). 2 | 내사동궁內史洞宮 화재 |
| 1175(명종 5). 10 | 궁궐 화재 |
| 1177(명종 7). 10 | 궁궐도감宮闕都監과 시가의 상점 38칸 화재 |
| 1179(명종 9). 4 | 천령전千齡殿 완공 |
| 1180(명종 10). 1 | 도성에 폭동 |
| 1180(명종 10). 11 | 강안전康安殿 완공 |
| 1180(명종 10). 12 | 삼사三司 화재 |

| | |
|---|---|
| 1181(명종 11). 1 | 사경원寫經院 화재 |
| 1181(명종 11). 3 | 대창大倉·봉은사 태조 진전에 도둑 |
| 1182(명종 12). 9 | 목친전睦親殿 및 여정궁麗正宮 완성 |
| 1185(명종 15). 8 | 호부戶部 판적고版籍庫 화재 |
| 1186(명종 16). 4 | 여경문麗景門 준공 |
| 1187(명종 17). 1 | 추밀원樞密院 화재 |
| 1189(명종 19). 5 | 대창 화재 |
| 1197(명종 27). 9 | 달애정炟艾井 대신 광명사廣明寺 우물을 어수御水로 함 |
| 1198(신종 1). 5 | 만적萬積 등이 흥국사에서 반란 모의 |
| 1208(희종 4). 7 | 광화문 안 대창 남쪽 행랑과 영휴문迎休門 등 73영楹 지음. 대시大市 좌우행랑 개축(광화문에서 십자가까지 1008영) |
| 1223(고종 10). 7 | 나성羅城 황참隍塹 수리 |
| 1225(고종 12). 10 | 저상儲祥·봉원奉元·목친睦親·함원舍元의 4개 궁전에 화재. 대창에 지고地庫를 구축하여 화재 방지 |
| 1229(고종 16). 4 | 삼사三司 문장고 화재 |
| 1230(고종 17). 7 | 대창의 지고 등 화재 |
| 1232(고종 19). 6 | 강화江華 천도 |
| 1250(고종 37). 1 | 승천부昇天府의 임해원臨海院 터에 궁궐 조영 |
| 1268(원종 9). 3 | 개경에 출배도감出排都監을 둠 |
| 1270(원종 11) | 개경 환도. 봉은사의 태조 소상과 9묘의 신주들을 이판동泥板洞으로 옮김 |
| 1271(원종 12). 2 | 경기 8현의 토지로 녹과전 실시. 저시교楮市橋 근처 민가 300여 호 화재 |
| 1272(원종 13). 3 | 태묘 낙성 |
| 1272(원종 13). 6 | 동서 학당 설치 |
| 1275(충렬왕 1). 8 | 제상궁堤上宮 철거, 5대사원 재건 |
| 1275(충렬왕 1) | 국자감을 국학으로 개칭 |
| 1276(충렬왕 2). 3 | 염점동鹽店洞 1000호 연소 |
| 1276(충렬왕 2). 9 | 태조를 현릉顯陵에 다시 모심 |
| 1277(충렬왕 3). 3 | 태부大府 화재, 민가 800여 호 연소 |
| 1279(충렬왕 5). 3 | 민가 300여 호 철거, 죽판동竹坂洞에 새 궁궐 지음 |
| 1279(충렬왕 5). 8 | 객관客館 건축 |
| 1280(충렬왕 6). 6 | 새 궁궐 완성, 응경궁膺慶宮·한벽루寒碧樓·태통문泰通門이라 함 |
| 1281(충렬왕 7). 2 | 조성도감 화재 |

| | |
|---|---|
| 1284(충렬왕 10). 11 | 죽판궁 대전大殿 건축 |
| 1290(충렬왕 16). 1 | 합단적 침입 |
| 1290(충렬왕 16). 11 | 태조 소상, 강화로 옮김 |
| 1290(충렬왕 16). 12 | 충렬왕 강화도 선원사로 옮김 |
| 1292(충렬왕 18). 1 | 선원사에 역대 실록 보관, 개경으로 수도를 옮김 |
| 1292(충렬왕 18). 2 | 종묘·사직을 개경으로 옮김 |
| 1304(충렬왕 30). 3 | 이현梨峴 신궁 낙성 |
| 1304(충렬왕 30). 6 | 국학의 대성전大成殿 완성 |
| 1308(충렬왕 34) | 개성현 설치 |
| 1308(충선왕 복위). 8 | 시가 장랑長廊 낙성 |
| 1308(충선왕 복위). 10 | 5부 호구조사 |
| 1309(충선왕 1). 3 | 강안궁康安宮·연경궁延慶宮 중수 |
| 1309(충선왕 1). 9 | 충선왕, 수녕궁壽寧宮을 희사하여 민천사旻天寺라 함 |
| 1324(충숙왕 11). 1 | 연경궁 화재 |
| 1324(충숙왕 11). 3 | 앵계리鶯溪里·지장방리地藏坊里·괴동리槐洞里 등에 화재 |
| 1342(충혜왕 후 3). 2 | 의성창義成倉·덕천창德泉倉·보흥고寶興庫의 포목으로 시장 점포 개설 |
| 1343(충혜왕 후 4). 3 | 삼현三峴에 신궁 축조 |
| 1344(충목왕 즉위). 8 | 신궁을 헐고 숭문관崇文館을 지음 |
| 1348(충목왕 4) | 경천사敬天寺 석탑 건립 |
| 1349(충정왕 1). 윤7 | 의봉루儀鳳樓 붕괴 |
| 1358(공민왕 7). 4 | 교동에 왜적 침입, 경성 계엄 |
| 1361(공민왕 10). 6 | 흰 옷·흰 갓 사용 및 승려의 시가 출입 금함 |
| 1361(공민왕 10). 10 | 성문 수리 |
| 1365(공민왕 14). 3 | 창릉에 왜적 침입, 세조 초상 약탈 |
| 1366(공민왕 15). 5 | 정릉正陵과 노국대장공주의 영전 공사 시작 |
| 1366(공민왕 15). 6 | 9재九齋 수축 |
| 1367(공민왕 16). 5 | 국학 복구 |
| 1369(공민왕 18). 9 | 경기 토지 측량. 덕암德巖의 돌을 마암馬巖의 영전影殿으로 운반 |
| 1373(공민왕 22). 6 | 화원팔각전花園八角殿을 이현泥峴에 지음 |
| 1373(공민왕 22). 7 | 동강·서강 창倉에 축성 |
| 1382(우왕 8). 9 | 남경 천도 |
| 1383(우왕 9). 2 | 환도 |

| | |
|---|---|
| 1384(우왕 10). 윤9 | 수창궁 준공 |
| 1390(공양왕 2). 2 | 경성 5부와 동북면의 부·주에 유학교수관을 둠 |
| 1390(공양왕 2). 6 | 적경원積慶園 설치 |
| 1390(공양왕 2). 7 | 연복사演福寺 중수를 위해 절 옆 민가 30여 호 철거 |
| 1390(공양왕 2). 9 | 남경 천도 |
| 1390(공양왕 2) | 경기를 좌·우도로 나누고 도관찰출척사를 둠 |
| 1391(공양왕 3). 2 | 환도 |
| 1391(공양왕 3). 4 | 5부에 의창 설치 |
| 1392(공양왕 4). 2 | 해온정解慍亭 조영 |
| 1392(조선 태조 1). 7 | 조선 건국. 수창궁에서 이성계 즉위 |
| 1393(태조 2). 11 | 내성 축성 |
| 1394(태조 3). 10 | 한양 정도 |
| 1395(태조 4). 6 | 개성부를 개성유후사로 개칭 |
| 1399(정종 1). 3 | 송악 환도 |
| 1400(태종 즉). 12 | 수창궁 화재 |
| 1401(태종 1). 7 | 추동 궁궐 확장 |
| 1405(태종 5). 10 | 한양 재환도 |
| 1409(태종 9). 3 | 개성 개시開市 허가 |
| 1419(세종 1) | 개성 계명전啓命殿에 태조 어진 봉안 |
| 1422(세종 4) | 계명전을 목청전穆淸殿으로 개칭 |
| 1466(세조 12) | 개성부윤으로 바꿈. 부방을 4부 4방으로 구획 |
| 1676(숙종 2). 5 | 대흥산성 축조 |
| 1796(정조 20) | 금천군金川郡 대소남大小南의 두개 면面과 장단부長湍府 사천면沙川面 서쪽 및 백치진白峙鎭을 개성부로 이속 |
| 1894(고종 31) | 개성군으로 개칭 |
| 1914 | 경기도 개성군 송도면으로 변동 |
| 1930 | 시내 지역은 개성부, 외곽 지역은 개풍군으로 개편 |
| 1945 | 38도선이 그어지면서 남한에 속함 |
| 1952 | 휴전으로 북한에 편입 |
| 1955 | 개성시와 개풍군·판문군을 포괄하여 직할시로 편성 |
| 1960 | 장풍군 편입 |

# 참고문헌

## 기본사료

『고려고도징』『고려사』『동문선』『보한집』『선화봉사고려도경』『동국여지승람』『용재총화』『태조실록』『중경지』
『파한집』『한국금석전문』


강호선 (2000)「14세기 前半期 麗·元佛敎交流와 臨濟宗」, 서울대 국사학과 석사학위 논문.

개풍군지편찬위원회 (1984)『개풍군지』.

고영근 (1982)「고려가요에 나타나는 문법형태」,『백영 정병욱선생 환갑기념논총』, 신구문화사.

고유섭 (1977)『송도의 고적』, 열화당(초판 1945;『송도고적』).

김기덕 (2001)「고려시대 개경의 풍수지리적 고찰」,『한국사상사학』40.

김동욱 (1993)『종묘와 사직-빛깔있는 책들』, 대원사.

김두진 (1996)「풍수지리·도참사상」,『한국사』11.

김병국 (1997)『고전시가 잘 알기』, 도서출판 벽호.

김완진 (1979)「문학작품의 해석과 문법」,『문학과 언어』, 탑출판사.

김인호 (1997)「이규보의 과거시험대책은 어떠했을까」,『고려시대 사람들은 어떻게 살았을까』, 청년사.

김창현 (1999)「고려 개경의 궁궐」,『사학연구』57.

김태웅 (1999)「朝鮮後期 開城府 財政의 危機와 行政區域 改編」,『한국사론』41·42합집, 서울대학교.

김형규 (1955)『古歌註釋』, 백영사.

김훈식 (1991)「고려후기의《효행록》보급」,『한국사연구』73.

노명호 (1999)「高麗時代의 多元的 天下觀과 海東天子」,『한국사연구』105.

도현철 (1999)『고려말 사대부의 정치사상연구』, 일조각.

문화재관리국 (1900)『북한문화재관계문헌휘보』.

_____ (1985)『북한문화재실태와 현황』.

박병채 (1974)『고려가요 어석연구』, 선명문화사.

박연호 (1994)『조선전기 사대부 교양에 관한 연구』, 한국정신문화연구원 박사논문.

박용운 (1996)『고려시대 개경 연구』, 일지사.

_____ (1986)『고려시대사』, 일지사.

박종기 (1999)『오백년 고려사』, 푸른역사.

박종진 (2000)『고려시기 재정운영과 조세제도』, 서울대 출판부.

_____ (2000)「고려시기 개경 절의 위치와 기능」,『역사와 현실』38.

_____ (1999)「고려시기 개경사 연구동향」,『역사와 현실』34.

_____ (1986)「고려전기 의창제도와 그 성격」,『고려사의 제문제』, 삼영사.

박찬수 (2001)『고려시대교육제도사연구』, 경인문화사.

변태섭 (1971)「고려시대 경기의 통치제」,『고려정치제도사연구』, 일조각.

서성호 (2000)「고려시기 개경의 시장과 주거」,『역사와 현실』38.

_____ (1994)「한국 중세의 도시와 사회」,『동양 도시사 속의 서울』, 서울시정개발연구원.

송경록 (2000)『개성 이야기』, 푸른숲.

신안식 (2000)「고려시대 개경의 나성」,『명지사론』11·12합집.

_____ (2000)「고려전기의 축성과 개경의 황성」,『역사와 현실』38.

안병우 (1997)「경기제도의 성립과 경기의 위상」,『경기도 역사와 문화』, 경기도사편찬위원회.

_____ (1998)「고려후기 임시세 징수의 배경과 유형」,『한신논문집』15.

안병희 (1960)「어요二題」,『한글』127.

안지원 (1999)「高麗時代 國家 佛敎儀禮 硏究」, 서울대 국사학과 박사학위논문.

양주동 (1995)『개정 麗謠箋註』, 을유문화사.

여증동 (1982)「쌍화점노래 연구」,『고려시대의 가요연구』, 새문사.

유봉학 (1993)「朝鮮後期 開城知識人의 동향과 北學思想 수용; 崔漢綺와 金澤榮을 중심으로」,『규장각』16.

윤훈표 (1997)「고려말 설장수의 축성론」,『한국사상사학』9.

이강근 (1991)『한국의 궁궐-빛깔있는 책들』, 대원사.

이범직 (1996)『한국중세예사상연구』, 일조각.

이병도 (1946)『고려시대의 연구』, 을유문화사(재판 1980; 아세아문화사).

이병희 (1999)「高麗時代 伽藍構成과 佛敎信仰」,『豪佛 鄭永鎬敎授 停年退任紀念論叢』.

이원교 (1992)「전통건축의 배치에 대한 지리체계적 해석에 관한 연구」, 서울대 건축학과 박사학위논문

이익주 (2001)「신흥유신의 성리학 수용과 이제현의 정치활동」,『전농사론』7.

이희덕 (1984)『고려유교정치사상의 연구』, 일조각.

장지연 (2000)「개경과 한양의 도성구성 비교」,『서울학연구』15.

_____ (2000)「여말선초 천도논의에 대하여」,『한국사론』43.

장호수 (2000)「개성지역 고려왕릉」,『한국사의 구조와 전개』, 혜안.

전규태 (1976)「속요의 어석연구」,『고려속요의 연구』, 정음사.

전룡철 (1980)「고려의 수도 개성성에 대한 연구(1)(2)』『력사과학』2·3.

정병욱 (1977)「악기의 구음으로 본 별곡의 여음구」,『한국고전시가론』, 신구문화사.

정요근 (2001)「고려 전기 역제의 정비와 22역도」,『한국사론』45.

정학수 (1996)「고려 경기의 성립과정」, 건국대 사학과 석사학위논문.

조선유적유물도감 편찬위원회 (2000)『북한의 문화재와 문화유적』III·IV, 서울대 출판부.

조선총독부 (1918~29)『조선고적도보』6~9: 고려시대 1~4.

최병헌 (1988)「고려건국과 풍수지리설」,『한국사론』18.

_____ (1981)「高麗中期 玄化寺의 創建과 法相宗의 隆盛」,『韓㳓劤博士停年紀念史學論叢』.

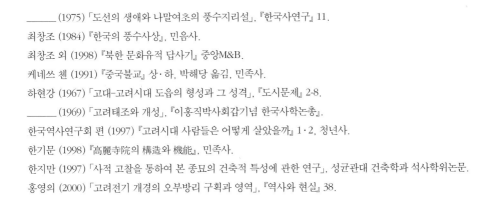
_____ (1975)「도선의 생애와 나말여초의 풍수지리설」,『한국사연구』11.

최창조 (1984)『한국의 풍수사상』, 민음사.

최창조 외 (1998)『북한 문화유적 답사기』중앙M&B.

케네쓰 첸 (1991)『중국불교』상·하, 박해당 옮김, 민족사.

하현강 (1967)「고대-고려시대 도읍의 형성과 그 성격」,『도시문제』2-8.

_____ (1969)「고려태조와 개성」,『이홍직박사회갑기념 한국사학논총』.

한국역사연구회 편 (1997)『고려시대 사람들은 어떻게 살았을까』1·2, 청년사.

한기문 (1998)『高麗寺院의 構造와 機能』, 민족사.

한지만 (1997)「사적 고찰을 통하여 본 종묘의 건축적 특성에 관한 연구」, 성균관대 건축학과 석사학위논문.

홍영의 (2000)「고려전기 개경의 오부방리 구획과 영역」,『역사와 현실』38.

_____ (1998)「고려 수도 개경의 위상」,『역사비평』45.


細野涉 (1998)「高麗時代의 開城 -羅城城門의 比定을 中心とする復元試案-」,『조선학보』166.

村山智順 (1931)『朝鮮의 風水』; 최길성 역, 1990,『조선의 풍수』, 민음사.

# 찾아보기

286

## 주요 도판 출전

『고려시대의 불화』(시공사 1996)

『규장각 명품도록』(서울대 규장각  2000)

『대고려국보전』(삼성문화재단·호암미술관 1995)

『동원 이홍근 수집 명품전』(한국고고미술연구소 1997)

『북한문화재도록』(국립문화재연구소 1993)

『북한문화재해설집』1 석조물 편(국립문화재연구소 1997)

『북한의 문화재와 문화유적』IV 고려편(서울대 출판부 2000)

『사진으로 보는 근대한국』상: 산하와 풍물(서문당 1996)

『사진으로 보는 한국백년』(동아일보사 1978)

『성균관대학교 박물관도록』(1998)

『이화여자대학교 박물관도록』15: 명품 200선(1986)

『조선고적도보』

『한국의 도량형』(국립민속박물관 1997)

『한국화장문화사』(열화당 1987)

『한성판윤전』(서울특별시립박물관 1997)

## 고려의 황도 개경

초판 1쇄 발행 / 2002년 1월 30일
초판 7쇄 발행 / 2021년 10월 20일

지은이 / 한국역사연구회
펴낸이 / 강일우
편집 / 강일우·김정혜·김종곤·서정은·신미희
펴낸곳 / (주)창비

등록 / 1986년 8월 5일 제85호
주소 / 10881 경기도 파주시 회동길 184
전화 / 031-955-3333
팩시밀리 / 영업 031-955-3399 편집 031-955-3400
홈페이지 / www.changbi.com
전자우편 / human@changbi.com